BIM의 개념부터 Revit 모델과 도면까지

조경BIM
기초 입문서

조경설계 **Revit** 활용하기

■ 실습 파일 및 완성 파일 다운로드

1. 성안당 사이트(www.cyber.co.kr)에서 회원 가입을 하고 로그인(아이디/
   비밀번호 입력)한 후 화면 왼쪽의 [무료 동영상]을 클릭합니다.

2. '조경 BIM 기초 입문서'를 클릭합니다.

※ 화면에서 도서명이 보이지 않을 경우 검색란에 『조경 BIM 기초 입문서』를
   입력하고 [검색] 단추를 클릭한 후 해당 도서명을 클릭합니다.

3. [자료 다운로드 바로가기] 버튼을 클릭하여 압축파일을 다운로드한 후 반드시
   압축을 해제하여 사용합니다.

※ 로그인을 하지 않으면 해당 버튼이 보이지 않습니다.

※ [조경BIM연구소 림]에서는 본 저서를 토대로 **조경 BIM 기초입문 교육과정**을 개설
   하고 있으며, 일정 시수 이상의 교육을 수강하면 수료증을 발부해 드립니다.
   (문의 : eduplan@limresearch.kr)

BIM의 개념부터 Revit 모델과 도면까지

조경BIM
기초 입문서

조경설계 **Revit** 활용하기

조경BIM연구소 림 인포테크
김 복 영 지음

BM (주)도서출판 **성안당**

■ 도서 A/S 안내

성안당에서 발행하는 모든 도서는 저자와 출판사, 그리고 독자가 함께 만들어 나갑니다.

좋은 책을 펴내기 위해 많은 노력을 기울이고 있습니다. 혹시라도 내용상의 오류나 오탈자 등이 발견되면 **"좋은 책은 나라의 보배"**로서 우리 모두가 함께 만들어 간다는 마음으로 연락주시기 바랍니다. 수정 보완하여 더 나은 책이 되도록 최선을 다하겠습니다.

성안당은 늘 독자 여러분들의 소중한 의견을 기다리고 있습니다. 좋은 의견을 보내주시는 분께는 성안당 쇼핑몰의 포인트(3,000포인트)를 적립해 드립니다.

잘못 만들어진 책이나 부록 등이 파손된 경우에는 교환해 드립니다.

본서 기획자 e-mail : coh@cyber.co.kr(최옥현)

홈페이지 : http://www.cyber.co.kr

전화 : 031) 950-6300

머리말

2000년대 초반 건설 분야에 BIM(Building Information Modeling)의 개념이 도입된 이후 현재는 스마트 건설을 지향하는 정부정책과 맞물리면서 건설 분야의 정보화가 실무에서 중요한 사안이 되고 있습니다.

건축, 토목과는 달리 자연소재를 다루는 조경 분야에서는 설계요소의 3D 모듈화 및 객체 표준화의 어려움, 라이브러리와 같은 BIM 콘텐츠 부족, 그리고 건축 분야에 맞추어 개발되어온 BIM용 소프트웨어의 한계 등으로 BIM의 도입과 활용에 어려움을 겪고 있습니다. 여기에 덧붙여 근본적으로 설계 대가가 적정 수준으로 책정된 조경 프로젝트의 발주가 과연 이루어질 것인가 하는 물음표를 던져봅니다.

그럼에도 불구하고 정보화를 지향하는 현대사회에서 결국 BIM은 정보모델을 지향하는 스마트 건설기술의 하나로서, 시기의 완급은 있겠지만 조경 분야에서도 도입해야 할 설계방식이자, 플랫폼이라는 것이 저의 의견입니다. 공공 부문에서의 발주가 시발점이 되겠지만, 결국 모든 건설 분야의 설계, 시공, 유지관리 등 전 시설물 주기에서 정보화가 이루어질 것입니다. BIM 모델 구축이 당장은 어려운 업무이겠지만, 건설정보의 활용이라는 측면에서는 설계사무소와 시공업체, 그리고 시설물의 운영관리를 담당하는 공공기관에서도 BIM은 무궁무진한 가능성을 가지고 있기 때문입니다.

초기에 BIM의 개념이 논의되었던 당시 'BIM=(모델 구축용) 소프트웨어'라는 공식으로 오인된 적이 있었습니다. 그렇기 때문에 우리 연구소에서 조경 BIM에 대한 첫 저서를 기획하면서 Revit의 기초 입문서로 시작하는 것이 약간은 조심스럽습니다. 그러나 조경 분야의 BIM 활성화에 있어서 가장 보편적으로 사용되는 모델 구축용 소프트웨어로 모델 작성법을 공유하는 것이 가장 쉽게 조경 BIM에 접근하는 길이 될 것이라는 생각이 듭니다. 조경 분야에 적합한 소프트웨어의 부재라는 것이 지속적으로 국내외 조경 전문가들 사이에서 공감되어 왔기 때문입니다.

이에 이 책을 통해 Revit의 기본도구들을 활용하여 지형, 포장, 조경식재, 시설물 등 조경 분야의 설계요소들을 모델링할 수 있는 방법을 소개하고 이를 공유해 나가고자 합니다. 이것은 시작에 불과합니다. 그 외에도 많은 소프트웨어들이 존재하며, 특히 정보모델을 어떻게 활용할 것인가는 또 다른 화제이고 또 다른 차원의 이야기입니다. 부족하나마 이 기초입문서가 조경 분야에서 BIM을 활용하려는 많은 분들께 큰 도움이 되었으면 좋겠습니다.

조경BIM연구소 림 인포테크 | **김 복 영**

00_0 이 책의 구성 및 활용

이 책은 총 6장으로 구성되어 있습니다. 1장에서는 BIM에 대한 이론을, 2장에서는 Revit의 용어와 기초도구에 대해 설명하고 있습니다. 그리고 3장의 프로젝트 시작 방법을 비롯하여 조경 분야에서 Revit을 활용할 수 있도록 4장에서는 지형면 및 포장재 모델링, 5장에서는 옥외시설물 및 수목 모델링, 그리고 6장에서는 물량산출 및 도면을 작성하는 방법을 설계요소별로 나누어 다루고 있습니다.

각 장은 Section으로 구성되어 있고 1장에서 6장까지 총 28개의 Section이 포함되어 있습니다. 한 개의 Section마다 단계별 설명을 따르면 하나의 객체를 모델링할 수 있습니다.

Section의 각론 개략 설명
각 섹션에서 다룰 설계요소와 모델링할 때 알아두어야 할 사항, 필요한 모델링 도구 및 기능을 개략적으로 설명하고 있습니다.

실습하기
예제에서 필요한 실습파일과 완성파일명을 알려줍니다. 실습파일로 시작하여 이 책에서 기술된 과정을 마치면 완성파일이 됩니다.

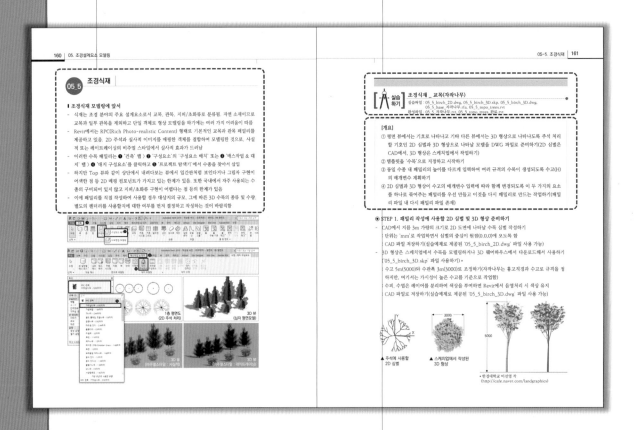

개요
실습과정을 각 단계별로 요약 및 정리하여 다음에 이어지는 모델링 과정을 미리 한눈에 살펴볼 수 있습니다.

부연설명+모델링 팁+주의사항

부연설명이 필요한 내용이나 모델링을 진행하면서 참고할 사항들, 팁 등을 별도로 제공하고 있습니다.

단계별 모델링 과정

연이어 수행해야 하는 실습예제의 복잡한 모델링 과정을 단계별로 나누어 차근차근 진행할 수 있도록 하였습니다.

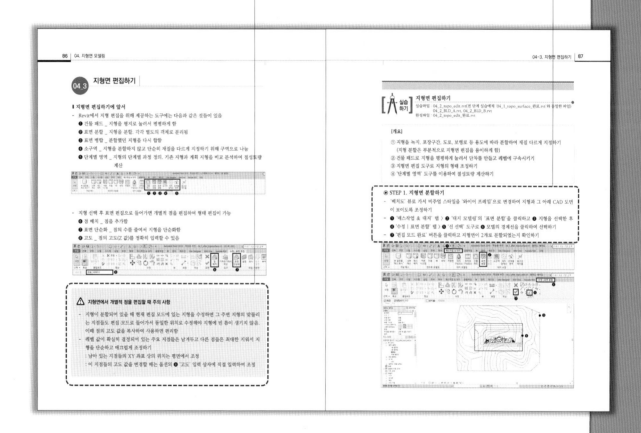

Autodesk Revit은 다른 프로그램들과는 달리 과년도 버전으로 저장되지 않습니다. 또한 최신 버전에서 작성된 예제파일들은 과년도 버전에서 열리지 않기 때문에 이 책의 예제들은 Revit 2019를 기준으로 작성되었습니다. 따라서 Revit 2019 이후 버전에서 예제파일들을 사용할 수 있고, 2018 및 그 이전 버전으로는 열리지 않습니다.

● 화면 보기 및 뷰 다루기(AutoDesk사 제공 예제)   35쪽

● 기초 모델링 도구 연습하기   47쪽

● 레벨과 그리드 설정하기   65쪽

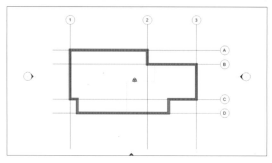

● 지형면 만들기   77쪽

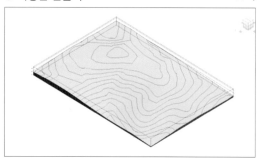

● 지형면 편집하기   87쪽

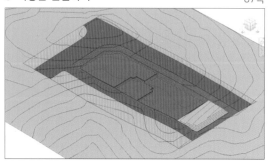

● 포장재 모델 _ 점토블록 포장/화강석판석 포장   100쪽

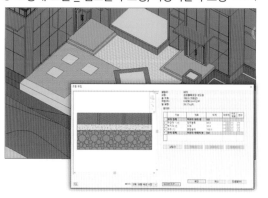

● 패밀리 작성 연습 _ 크기가 변하는 사각형 박스 122쪽

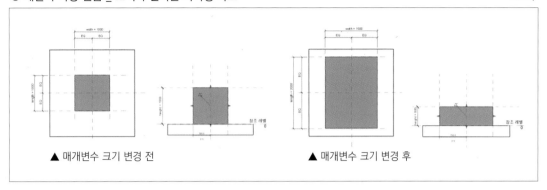

▲ 매개변수 크기 변경 전   ▲ 매개변수 크기 변경 후

● 옥외시설물 _ 벤치 130쪽

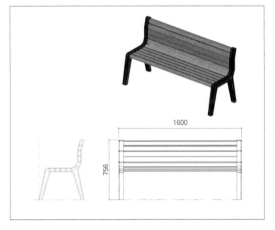

● 경계석 _ 바닥 슬래브 모서리 이용하기 142쪽

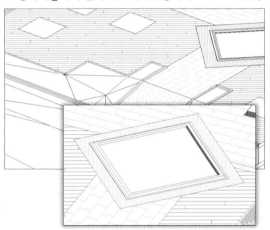

● 보도 턱 낮춤 150쪽

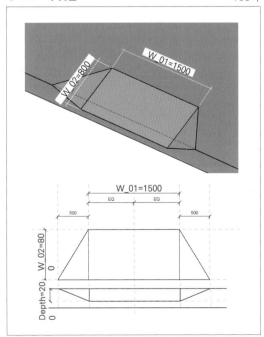

● 조경식재 _ 교목(자작나무) 161쪽

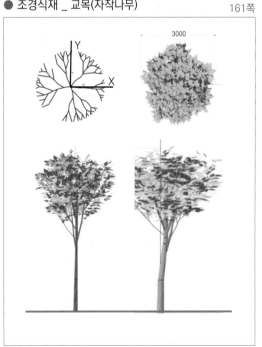

● 치수선 작성하기 172쪽

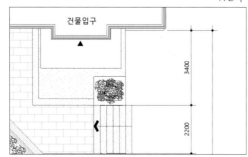

● 문자 및 지시선 삽입하기 177쪽

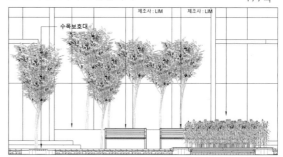

● 태그 작성하기 186쪽

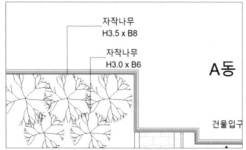

● 심벌 삽입하기 196쪽

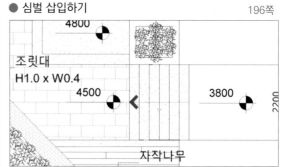

● 수목수량표 작성하기 205쪽

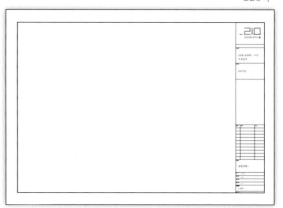

● 제목블록 작성하기 225쪽

● 녹지구적표 작성하기 213쪽

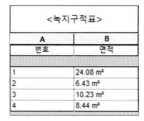

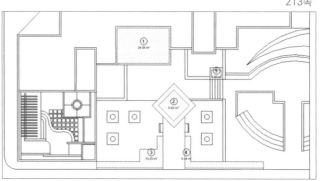

● 종합계획도 작성하기 235쪽

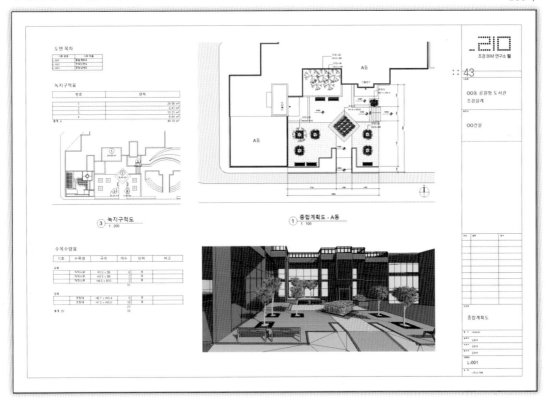

● 주요 단면도 작성하기 242쪽

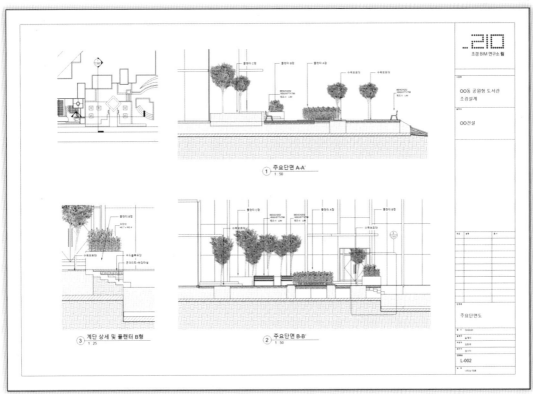

● 포장상세도 작성하기 249쪽

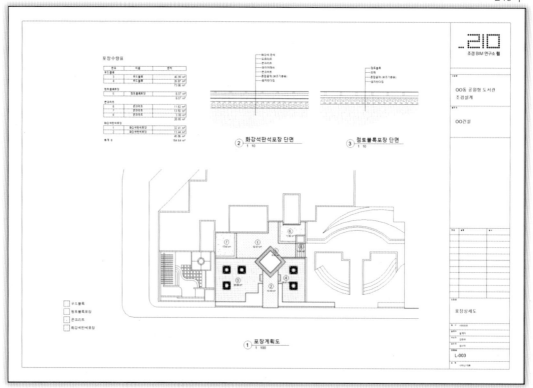

● 도면 목록 작성하기 259쪽

A	B
시트 번호	시트 이름
L-001	종합계획도
L-002	주요단면도
L-003	포장상세도

01

건설 분야 BIM의 개요

01_1 BIM이란?

▎BIM은 'Building Information Model'의 약자
- 정보모델(Information Model)을 구축하다(Building)라는 의미
  : 여기에서의 Building은 '건축물'이 아닌 '구축하다'라는 동사로 해석됨
- 3D 형태와 함께 다양한 물리적·기능적 속성정보를 포함하고 있음

▎BIM의 정의
건설 분야의 전 공정에서 다양한 참여자들이 3D 형태정보와 기능정보를 생산, 통합, 공유하면서 건설사업을 진행하는 업무절차
- 건축, 토목, 플랜트를 포함한 건설의 전 분야에서 시설물 객체의 물리적 혹은 기능적 특성에 의하여 시설물 수명주기 동안 의사결정을 하는 데 신뢰할 수 있는 근거를 제공하는 디지털 모델과 그 작성을 위한 업무절차[1]
- 설계, 시공, 운영·유지에 이르기까지 프로젝트에 대한 조정되고 신뢰할 수 있는 정보를 토대로 하는 통합적 설계 프로세스(영국조경협회)

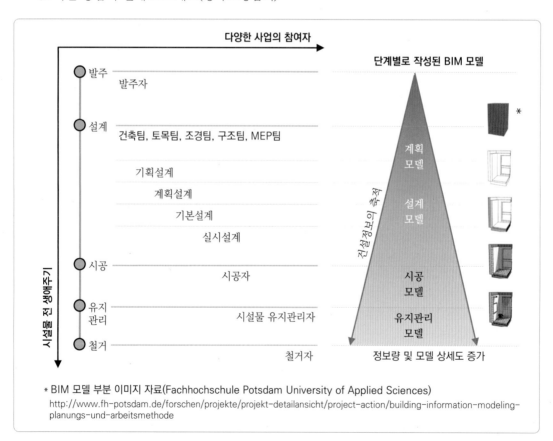

* BIM 모델 부분 이미지 자료(Fachhochschule Potsdam University of Applied Sciences)
http://www.fh-potsdam.de/forschen/projekte/projekt-detailansicht/project-action/building-information-modeling-planungs-und-arbeitsmethode

---

1. 국토해양부(2010). 건축 분야 BIM 적용 가이드

BIM의 특징

▌[특징 (1)] _ 3D 형상정보 + 속성정보 포함

- 품명, 단가, 재료, 건설공정, 에너지 효율성 등 다양한 물리적·기능적 정보 포함
  : 조경식재의 경우 생태적 속성 등 다양한 정보를 포함할 수 있음
- 일반적인 3D 모델링과는 달리 속성정보를 포함하여 모델링을 수행함

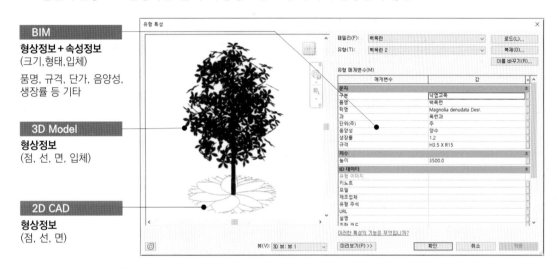

▌[특징 (2)] _ 상호운용성 지향

- 프로젝트 참여자들이 다양한 소프트웨어를 사용해도 정보를 담고 있는 파일의 교환과 공유가
  원활하게 이루어지도록 함
  : 호환 가능한 포맷 또는 표준화된 포맷의 파일을 사용해서 가능
  : 국제적으로 표준화된 포맷으로는 BIM 표준 파일 포맷 IFC(Industry Foundation Classes)
    가 개발되어 있음
- BIM은 궁극적으로 표준포맷에 의한 개방형 BIM을 지향하고 있음

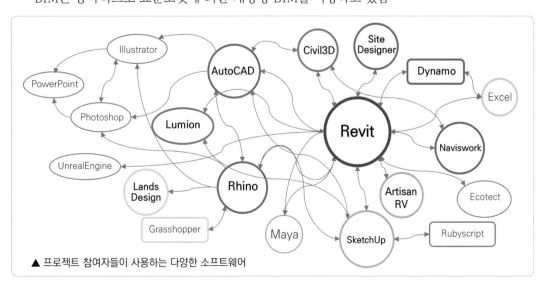

▲ 프로젝트 참여자들이 사용하는 다양한 소프트웨어

▌ **[특징 (3)] _ 파라메트릭 모델링 방식**

- 점, 선, 면이 아닌 벽, 지붕, 바닥 등의 객체 단위로 모델링하게 됨

  : 객체 형상, 위치가 변경되면 다양한 시점에서 추출되는 도면이 자동으로 수정됨

- 고정된 형상과 속성이 아닌 정해진 규칙과 변하는 수(변수, Parameter)로 운용

  : 일정한 규칙, 조건을 설정하고 매개변수(파라미터)를 변경하면 다양한 객체 제작 가능

[일반적인 모델링 방식]	**[파라메트릭 모델링 방식]**
$1 + 2 = 3$ 상수 상수 하나의 결과물	$1 + a = \square$ 상수 변수 다양한 결과물
• 상수 '1'과 '2'를 더하여 '3'이라는 하나의 숫자가 나옴 • 기본적인 형태에 하나로 확정된 폭과 길이에 의해 단일한 형상을 생성	• 상수 '1'과 변수 'a'를 더하여 무수히 많은 숫자가 나올 수 있음 • 기본적인 형태가 정의된 상태에서 길이가 변하는 변수일 때 무수히 많은 형상을 생성

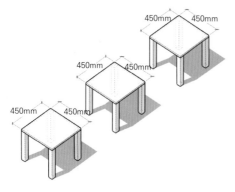

▲ 의자 폭 450×길이 450은 한 가지

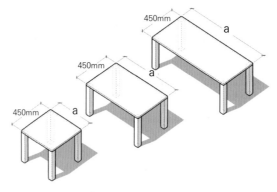

▲ 의자 폭 450×길이 a는 무수히 많음

01_3 BIM의 효과

▌ **[효과 (1)] _ 설계업무의 효율성 향상**

- 기존 방식에서는 각각의 2D 도면들을 별도로 작성

  : 설계변경에 따라 수량산출, 도면 작성 등 단순한 업무 반복

  : 이로 인해 정보의 누락, 오류, 불일치 등 설계하자 발생

- BIM 설계방식에서는 정보화된 3D 파라메트릭 모델을 토대로 도면, 수량산출, 관련 도서들의 작성과 업데이트가 자동화됨

  : 이로써 오류를 없애고 추가적인 시간과 노동력 소요를 감소시킬 수 있음

▌[효과 (2)] _ 분야 간 원활한 협업 도모

- BIM 설계방식에서는 분야별 모델이 각 단계마다 통합모델로 합쳐짐
  : 이로써 정보 설계단계마다 공유되어 원활한 협업을 도모할 수 있음
- 이를 통해 지속적 협의와 간섭체크가 이루어져 설계의 질 향상. 설계변경의 최소화와 이에 따른
  마지막 단계의 업무량 감소
  : 설계변경이 용이하고 비용이 적게 드는 초기 설계과정에 집중하도록 업무시기를 당겨줌

▶ 설계단계별 통합모델 구축
가상건설기술단(2010)
BIM 적용 설계 가이드
(3차원 건축설계지침)

구분	기획업무	계획설계	기본설계	실시설계
토목				
	대지모델	계획토목문서	기본토목모델	실시토목모델
조경				
		계획조경문서	기본조경모델	실시조경모델
설비				
		계획설비문서	기본설비모델	실시설비모델
구조				
		계획구조문서	기본구조모델	실시구조모델
건축				
	공간모델	계획건축문서	기본건축모델	실시건축모델
통합				
	기본통합모델	계획통합문서	기본통합모델	실시통합모델

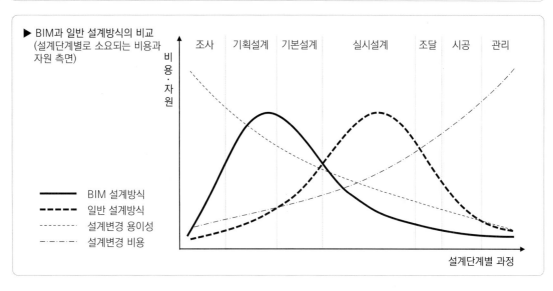

▶ BIM과 일반 설계방식의 비교
(설계단계별로 소요되는 비용과
자원 측면)

비용·자원

조사　기획설계　기본설계　실시설계　조달　시공　관리

―――― BIM 설계방식
----- 일반 설계방식
········· 설계변경 용이성
―·―· 설계변경 비용

설계단계별 과정

01_4 BIM의 활용

▌BIM의 활용 차원(Dimension)

- BIM 모델이 가지는 형태 및 속성정보를 활용하여 설계업무뿐만 아니라 시공, 운영 및 유지관리에 이르기까지 다양한 다음의 업무들을 수행할 수 있음
- 4D(+Time) : 시간에 따른 건설현장의 공정 시뮬레이션
  5D(+Cost) : 물량산출 및 견적
  6D(+Operation) : 시설물의 운영 및 유지관리
  7D(+Management) : 에너지 효율성 및 친환경성
- nD로 확장되고 있으며 '친환경 BIM', 'Green BIM'이라는 용어 등장

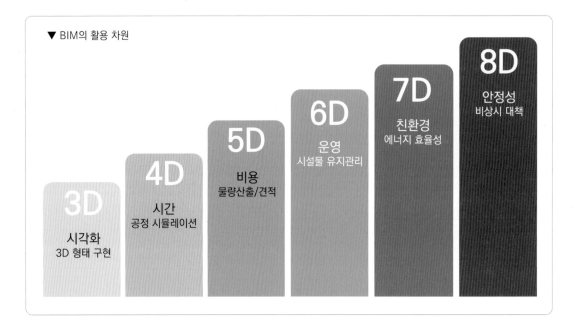

▼ BIM의 활용 차원

01_5 조경 분야의 BIM 도입

▌조경 BIM 모델링을 위한 소프트웨어

- BIM 기술은 정보모델을 구축하는 기술과 구축한 정보모델을 활용하는 기술로 구분됨
- BIM 모델을 구축하는 것은 그 모델을 활용하기 위한 것으로, 모델을 구축하면서 어떻게 활용할 것인가를 함께 고민해야 함(본 교재에서는 조경설계 업무의 효율성을 높이는 데 초점을 맞추어 정보모델 구축 방법을 설명하고 있으며, 도면 및 물량산출의 자동화에 활용 방향을 맞추고 있음)
- BIM 모델 구축과 활용을 위한 소프트웨어는 건축 분야에 맞추어 개발되어 있고 조경모델을 위한 기초 콘텐츠가 부족하므로 조경 BIM 모델을 구축하는 데 여러 가지 어려움이 있음

▌조경 BIM 모델 구축용 소프트웨어

- BIM 모델을 구축하는 도구를 'BIM 저작도구(BIM Authoring Tool)'라고 함
- BIM 저작도구 중 조경 분야에서 이용할 만한 독립적 소프트웨어로 다음과 같은 것들이 있음
  : Autodesk사의 Revit, Civil3D
  : Graphisoft사의 ArchiCAD, CADLine사의 ArchiLine
  : 특히 조경 전용 소프트웨어로서 Nemetschek사의 Vectorworks Landmark
- 독립적 소프트웨어에 추가 설치하여 사용하는 조경용 플러그인에 다음과 같은 것들이 있음
  : Revit용 ArtisanRV, Site Designer, Topo Align 등
  : Rhino용 Lands Design 등
- 현재 건축 및 토목 분야에서는 Revit을 사용하는 설계가들이 많음
  : AutoCAD와의 호환성 측면에서 Revit이 뛰어나기 때문
- 해외 조경 분야에서도 Revit 사용자들이 많으며 그 외에 Vectorworks Landmark를 사용하는 조경설계가들도 상당수 있음
  : Revit으로 조경 BIM 모델을 구축하는 데 한계가 있지만, 건축 분야에 이미 많이 사용하고 있으므로 파일 공유를 위해 Revit을 사용하고 있음

▌BIM 모델 활용을 위한 소프트웨어

- BIM 모델을 활용하여 다양한 업무를 수행할 수 있도록 도움을 주는 도구를 'BIM 분석도구(BIM Analysis Tool)'라고 함

- BIM 분석도구는 모델의 활용 목적에 따라 다양하게 개발되어 있음
  : 분야별 모델의 통합, 간섭체크, 공정관리를 위한 도구 _ Naviswork
  : 설계, 시공, 운영 등 모든 단계에서 사용하는 클라우드 솔루션 _ BIM 360, BIMx
  : 환경분석 도구_ EcoTect, Green Building Studio, Eco Designer, VE-Pro

- 위와 같이 하나의 프로젝트를 수행하면서 모델 구축을 위한 BIM 저작도구 외에 모델 활용을 위해 다양한 소프트웨어들을 사용하게 됨. 이를 위해 상호운용성을 확보하는 것이 중요함

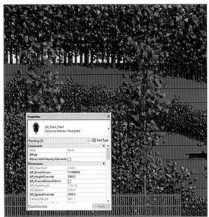

▲ Revit용 ArtisanRV 작업 화면

이미지 자료 : CS Design Software(http://www.csdhub.com/cs-artisanrv-revit/cs-artisan-rv-parametric-planting)

01_6 알아두어야 할 용어

▌LOD(Level Of Development) _ 모델링의 상세수준

- 기획, 계획설계, 중간설계, 실시설계, 시공의 5단계에 따른 모델의 상세수준 가이드라인
  : 미국건축가협회(AIA)[2]와 국가BIM표준(NBIMS)[3]에서 정한 기준으로써 100단계에서 500단계로 구분하여 상세수준을 정하고 있음(미국 내 기준)
- BIM 모델과 정보는 연속적이며 LOD는 프로세스가 진행되면서 점차 높아짐
- 국내에서는 이와 유사하게 BIL(BIM Information Level)을 정해 두고 있음
- 사업의 참여자 간 협의에 의해 분야별 또는 부분별로 상세수준을 이와 다르게 적용할 수 있음

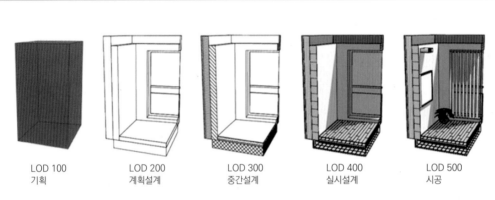

LOD 100 기획   LOD 200 계획설계   LOD 300 중간설계   LOD 400 실시설계   LOD 500 시공

▲ 건축에서의 LOD 사례(Fachhochschule Potsdam University of Applied Sciences)

http://www.fh-potsdam.de/forschen/projekte/projekt-detailansicht/project-action/building-information-modeling-planungs-und-arbeitsmethode

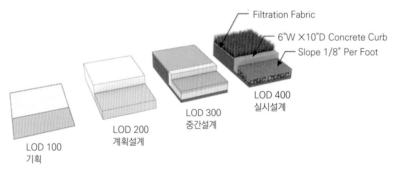

Filtration Fabric
6"W × 10"D Concrete Curb
Slope 1/8" Per Foot

LOD 100 기획   LOD 200 계획설계   LOD 300 중간설계   LOD 400 실시설계

▲ 조경에서의 포장 및 경계석 LOD 사례

(Landscape Architecture Magazine, Vectorworks 이미지 자료. http://landscapearchitecturemagazine.org/2019/12/10/bona-fide-bim)

---

2. American Institute of Architects
3. National Building Information Modeling Standards

▌BIM 라이브러리 _ '3D 형상정보 + 속성정보'를 담고 있는 모델링 단위 개체

- CAD 프로그램의 블록과 같은 개념으로 물리적 형태 정보 외에도 속성정보를 함께 담고 있음
  : Revit에서는 'Family'라고 부름
- 3D 정보모델의 제작 효율성을 증대시키기 위하여 정부 차원에서 라이브러리를 개발하여 무료 배포하고 있는 국가가 늘고 있음
- 국내에서는 2015년 이후 국토교통부에서 한국형 BIM 표준 라이브러리를 개발, 배포 중
  : 바닥, 벽, 천장, 기초 등 건축요소와 교량, 우수시설, 표지판 등 토목요소 등의 객체 포함
  : 국토부(www.molit.go.kr), 한국형 BIM 표준 라이브러리(lib.kbims.or.kr), 건설사업정보 시스템(www.calspia.go.kr/bimlibrary/Bim/index.jsp) 참고

> ⚠️ **라이브러리 무료 다운로드가 가능한 사이트**
>
> - Revit, ArchiCAD, Vectorworks 등 BIM용 소프트웨어 파일 포맷, IFC 포맷 제공
> - 아직까지 건축, 토목용 객체들이 대부분이며 제조 및 판매업체들과 연계하기도 함
>   (1) National BIM Library(http://www.nationalbimlibrary.com)
>   : 영국 왕립건축가협회(RIBA)[4]의 국가건설표준(NBS)[5]에서 운영하는 자료 사이트
>   (2) BIM Objects(http://www.bimobject.com)
>   : 스웨덴 소재 BIM 콘텐츠 관리 시스템 운영회사에서 운영하는 BIM 자료 사이트
>   : 조경 카테고리(Landscaping)를 구비하고 있으며 옥외시설물 및 수목 객체 제공
>
> **[BIM Object 사례]**
> : ❶ Browse BIM objects 〉 ❷ BIM object categories 〉 ❸ Landscaping 〉
> Fencing, Gates, Outdoor Furniture, Playground, Trees 등

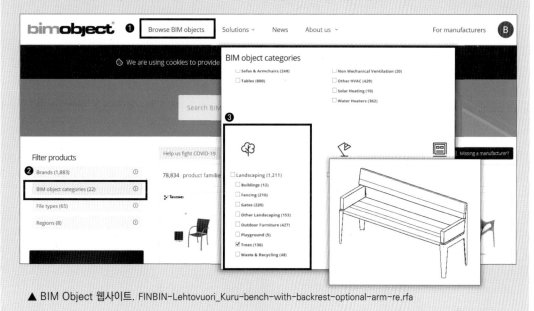

▲ BIM Object 웹사이트. FINBIN-Lehtovuori_Kuru-bench-with-backrest-optional-arm-re.rfa

4. Royal Institute of British Architects
5. National Building Specification

BIM과 설계업무 절차의 변화 | 01_7

▌기존의 일반적 설계방식

- 일반적 설계방식에서는 설계안을 평면으로 그리면서 구체화하고 차후 3D 모델을 비롯하여 입면도, 단면도의 도면들과 물량산출을 각각 별도로 작성함
- 수정사항이 생기면 그와 연관된 도면, 산출자료들을 찾아서 수동으로 변경해야 함

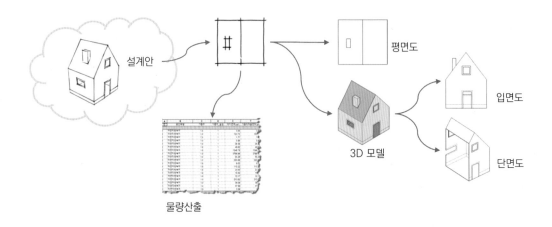

▌새로운 BIM 설계방식

- BIM 설계방식에서는 설계를 수행하면서 동시에 3D 정보모델을 작성하고 정사영 시점을 변경하면서 평면도, 입면도, 단면도 등의 2D 도면을 추출해 냄(2D 도면들은 3D 모델을 다른 뷰에서 바라보는 것임)
- 도면이나 3D 모델 등 어느 특정 시점에서 수정 작업을 하면 관련된 모든 도면이 자동으로 업데이트됨

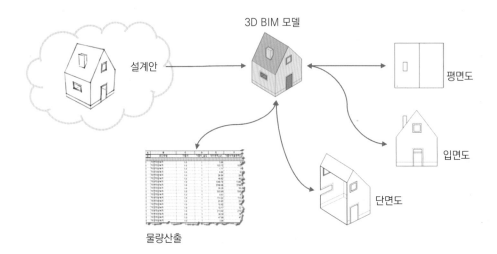

02

Revit 용어 및 기초도구

02_1 Revit 용어

▌Revit의 요소 _ 모델요소 / 기준요소 / 뷰 특정요소

- **모델요소** : 실제 3D 형상을 나타내는 요소 관련된 모든 뷰에서 나타남

  : 건축의 벽, 문, 창 등과 같이 지형, 식재, 포장재, 시설물 등과 같은 일반적 요소들

- **기준요소** : 모델링을 하는 데 도움을 주는 요소

  : 그리드, 레벨, 참조선, 참조 평면

- **뷰 특정요소** : 작업한 특정 뷰에서만 나타나는 모델 설명 요소들로서 도면화하는 데 사용됨

  : 치수, 주석, 2D 상세 요소 등

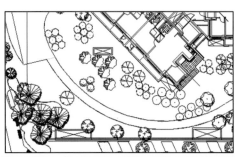

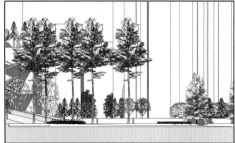

▲ 모델요소(식재)
식재를 평면, 입면 또는 3D 뷰 중 하나의 뷰에서
배치하면 다른 모든 뷰에서 나타남

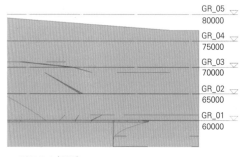

▲ 기준요소(레벨)
입면에서 레벨의 높이를 설정하면 모델링을 하면서
레벨에 맞추어 모델요소들을 배치 가능

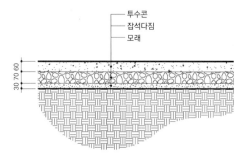

▲ 뷰 특정요소(치수, 주석, 2D 상세요소)
포장재의 단면을 끊고 치수와 태그를 기입하면 특정
한 뷰에서만 나타남

▋Revit 모델의 위계 _ 프로젝트 / 요소 / 인스턴스
　　　　　　　　　　└→[카테고리 / 패밀리 / 유형]

- **프로젝트** : 설계가 이루어지는 모델 전체를 의미함. 단일 건축물, 구획된 조경공간 등 건설 분야의 단일 시설물 전체 모델을 지칭하며 구성요소, 설계도면, 뷰, 일람표 등 모든 정보 포함
- **요소** : Revit의 모델링 단위 요소를 의미함. 카테고리, 패밀리, 유형으로 구성되어 있음
    ① 카테고리 : 벽, 문, 창, 바닥재 등과 같은 모델요소 또는 태그, 문자 참고 등과 같은 주석 요소들의 합(예 : 수목)
    ② 패밀리 : 카테고리 내 유사한 요소들의 소그룹(예 : 백목련)
    ③ 유형 : 패밀리 내 크기 등 특정 속성을 가지는 개별적으로 정의된 객체
      (예 : 백목련 H3.0, 백목련 H3.5, 백목련 H4.0)
- **인스턴스** : 프로젝트에서 하나의 유형이 모델의 특정 위치에 배치된 것

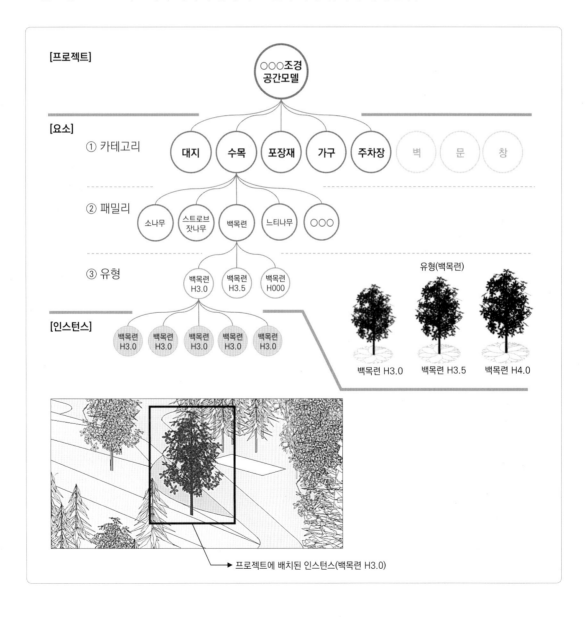

▌ **패밀리의 종류**

- 패밀리는 작성 및 사용 방법에 따라 (1) 시스템 패밀리(System Family) (2) 로드 가능한 패밀리(Loadable Family) (3) 내부 편집 패밀리(In-place Model)로 나뉨

[(1) 시스템 패밀리]

- Autodesk사에서 제작하여 프로젝트에 미리 저장해 둔 벽, 바닥, 천장 등의 패밀리
    : 다른 유형의 패밀리를 호스트[6]할 수 있음(예 : 시스템 패밀리인 벽에 창문이 호스트됨)
- 독립된 파일로 저장할 수도 없고 외부 파일로부터 로드할 수도 없음
- 패밀리 작성, 삭제, 수정은 불가능하나 패밀리 유형을 복제, 수정하여 사용하게 됨
- 프로젝트 간 시스템 패밀리를 같이 사용하려면 두 개의 파일을 연 상태에서 프로젝트 표준 전송 기능을 사용해야 함(❶ '관리' 탭 〉 ❷ '설정'의 '프로젝트 표준 전송')

[(2) 로드 가능한 패밀리]

- 사용자가 불러와서 자유롭게 사용할 수 있는 문, 가구, 수목, 시설물 등 일반적인 패밀리
    : 시스템 패밀리에 호스트되는 요소로서 시스템 패밀리를 제외한 패밀리들이 거의 해당
- 컴포넌트 삽입하기
    : ❶ '건축' 탭 〉 ❷ '구성요소' 〉 ❸ '구성요소 배치' 클릭 후 ❹ '특성' 창에서 유형 선택
    (또는 프로젝트 탐색기에서 원하는 패밀리를 탐색하여 선택 후 화면에 드래그 앤 드롭)
    : 조경 패밀리는 '매스작업 & 대지' 탭 〉 '대지 모델링' 〉 '대지 구성요소'(수목, 기타 주차장)에서도 추가적으로 찾을 수 있음
- 패밀리들은 일반적으로 레벨에 연결되어 있음
    : ❺ 레벨 선택(삽입하면서 해당 요소가 놓일 평면을 '특성' 창에서 구속할 수 있음)

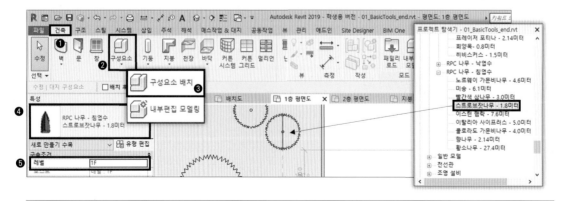

---

6. 호스트 : 일반 물체들이 스냅이 잡히면서 달라붙는 작업 기반이 되는 물체 또는 그 현상
    (벽, 천장, 바닥 등 부착이 이루어지는 물체)

[(3) 내부 편집 패밀리]

- 사용자가 일회용으로 프로젝트에서 작성, 사용하고 별도 파일로 저장하지 않는 패밀리
  : 모델에 반복해서 재사용하지 않는 고유한 형상의 일회성 요소들
- 프로젝트 파일에서 간편하게 제작할 수 있지만 단일 유형만 포함되어 있음
  (❶ '건축' 탭 〉 ❷ '빌드'의 '구성요소' 〉 ❸ '내부편집 모델링')
- 여러 번 반복해서 사용하면 수정 시 번거롭고 이름에 번호가 추가되어 관리가 복잡해지므로
  반복되는 요소들은 로드 가능한 패밀리로 작성할 것

⚠ 로드 가능한 패밀리 vs. 내부 편집 패밀리

[로드 가능한 패밀리]

- '특성' 창의 ❶ '유형 편집' 버튼을 클릭하고 ❷ '유형 특성' 창에서 변수를 조정할 수
  도 있고 복제하여 다양한 유형의 패밀리를 만들 수도 있음(예 : 수목의 경우 수고 변경)
- 패밀리 자체 편집 가능(ⓐ '수정 | 수목' 탭 〉 ⓑ '패밀리 편집')

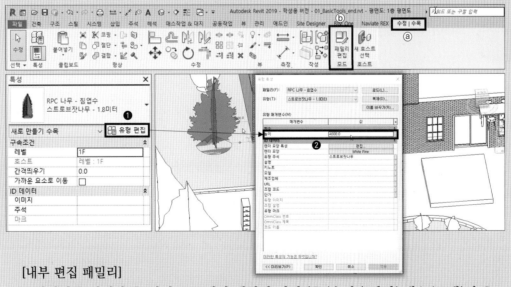

[내부 편집 패밀리]

- 패밀리를 선택한 후 편집 모드에서 패밀리 편집 (ⓐ '수정 | 바닥' 탭 〉 '모델'의 ⓑ
  '내부 편집')

Revit의 파일 형식

▌* .RVT / * .RFA / * .RTE / * .RFT
- RVT _ 프로젝트 파일
  : 전체 모델의 모든 정보를 담고 있는 일반적인 Revit의 파일 포맷
  : 모델의 요소, 뷰, 주석, 일람표, 시트(도면) 등의 모든 정보를 포함하고 있음
- RFA _ 패밀리 파일
  : 모델의 구성요소, 주석 요소 등을 독립된 파일로 저장해 둔 포맷
  : 벽, 바닥, 창문, 문, 식재, 옥외시설물 등 설계요소들을 프로젝트에 언제든지 삽입할 수 있음
  : 패밀리는 ① 시스템 패밀리(System Family), ② 로드 가능한 패밀리(Loadable Family),
   ③ 내부 편집 패밀리(In-Place Family)의 세 가지로 구분
- RTE _ 템플릿 파일 포맷
  : 새로운 프로젝트를 시작하면서 자주 사용하는 설정 값들을 미리 지정해 둔 파일 포맷
  : 프로젝트에 필요한 기준이 되는 정보와 셋팅을 담고 있으며 기본적 템플릿이 제공되고 있음
- RFT _ 패밀리 템플릿 파일
  : 새로운 패밀리를 작성할 때 종류별로 필요한 정보들을 미리 설정해 둔 파일 포맷
  : 패밀리 작성을 용이하게 함

Revit의 화면구성

▌실 행 후 첫 화 면
- Revit의 첫 실행화면에서 프로젝트 또는 패밀리 파일을 열어서 작업 가능

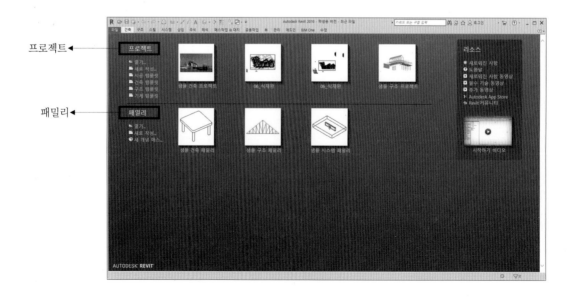

▌ 새로운 프로젝트 작성하기

- 새로운 프로젝트를 템플릿으로 시작하고 단위 설정하기

  : 이후 단위 확인은 ⓐ '관리' 탭 〉 '설정'의 ⓑ '프로젝트 단위'에서 가능

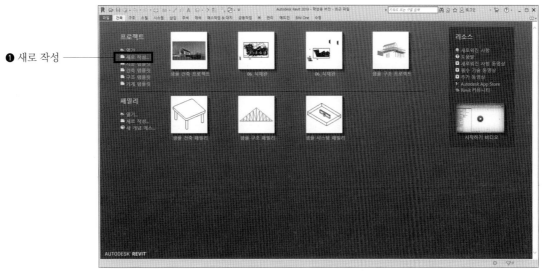

❶ 새로 작성

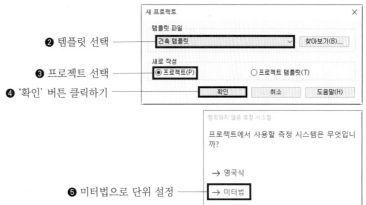

❷ 템플릿 선택

❸ 프로젝트 선택

❹ '확인' 버튼 클릭하기

❺ 미터법으로 단위 설정

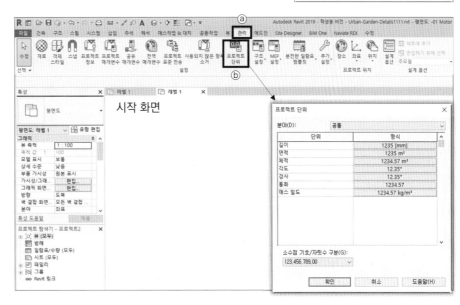

▌Revit의 화면구성

- 기본적인 화면구성을 익히면 기능과 도구를 알게 됨
- 차후 단축키를 사용하면 작업속도가 빨라짐

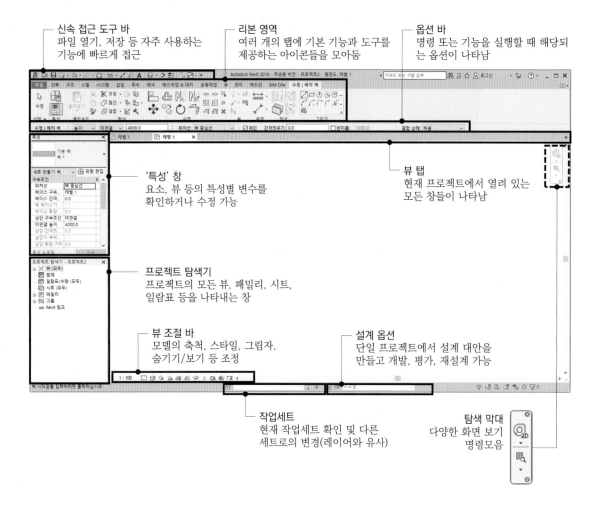

신속 접근 도구 바
파일 열기, 저장 등 자주 사용하는 기능에 빠르게 접근

리본 영역
여러 개의 탭에 기본 기능과 도구를 제공하는 아이콘들을 모아둠

옵션 바
명령 또는 기능을 실행할 때 해당되는 옵션이 나타남

'특성' 창
요소, 뷰 등의 특성별 변수를 확인하거나 수정 가능

뷰 탭
현재 프로젝트에서 열려 있는 모든 창들이 나타남

프로젝트 탐색기
프로젝트의 모든 뷰, 패밀리, 시트, 일람표 등을 나타내는 창

뷰 조절 바
모델의 축척, 스타일, 그림자, 숨기기/보기 등 조정

설계 옵션
단일 프로젝트에서 설계 대안을 만들고 개발, 평가, 재설계 가능

작업세트
현재 작업세트 확인 및 다른 세트로의 변경(레이어와 유사)

탐색 막대
다양한 화면 보기 명령모음

- 이상 화면구성 요소들의 켜기/끄기는 메인 메뉴의 ❶ '뷰' 탭 〉 ❷ '사용자 인터페이스'를 클릭 하여 나오는 ❸ 목록에서 체크 박스에 체크하기

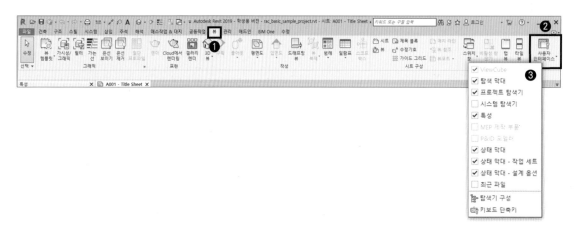

02_4 화면 보기

▌마우스 사용하기

- 확대/축소(Zoom In/Zoom Out) : 마우스 휠을 위로 밀거나 아래로 당기기
- 화면 이동(Pan) : 마우스 휠을 누른 채로 움직이기
- 화면 전체 보기(Zoom Extents) : 마우스 휠을 더블클릭하기 [Z] + [E] 또는 [Z] + [F]
- 3D 화면 둘러보기(Orbit) : [Shift] 와 마우스 휠을 함께 누르면서 화면 돌리기

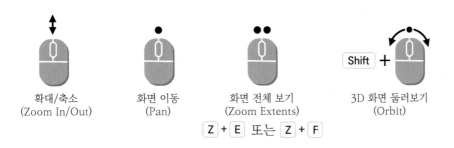

확대/축소
(Zoom In/Out)

화면 이동
(Pan)

화면 전체 보기
(Zoom Extents)
[Z] + [E] 또는 [Z] + [F]

3D 화면 둘러보기
(Orbit)

▌탐색 막대 사용하기

- 영역 확대(Zoom Window) : 드래그하여 사각형 영역을 그려서 확대하기 [Z] + [R]
- 축소 보기(1/2배) : 반으로 축소하여 보기
- 창에 맞게 줌(Zoom To Fit) : 현재 뷰에서 화면 전체 보기 [Z] + [E] 또는 [Z] + [F]
  *화면 전체 보기와 동일한 기능
- 창에 맞게 전체 줌(Zoom All To Fit) : 열린 모든 뷰에서 화면 전체 보기 [Z] + [A]
- 시트 크기 줌(Zoom Sheet Size) : 도면 크기에 맞추어 보기
- 이전 초점이동/줌 : 이전 화면 보기
- 다음 초점이동/줌 : 다음 화면 보기(이전 화면 보기를 실행한 후)

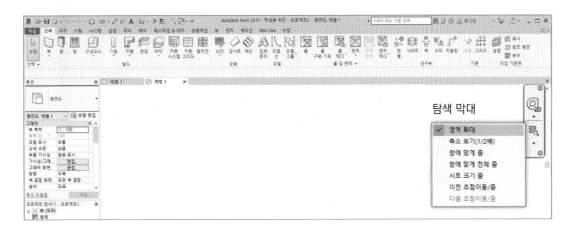

02_5 뷰 다루기

▌신속 접근 도구 바 이용하기
- ❶ 기본 3D 뷰 보기(아이소메트릭 뷰)
- ❷ 구획 : 단면 뷰 작성하기
- ❸ 가는 선 : 선의 굵기 보기 T + L

⚠️ 숨기기 단축키
E + H 요소 숨기기
V + H 카테고리 숨기기

▌뷰 조절 바 이용하기
- ❹ 화면의 스케일 ❺ 상세수준 ❻ 비주얼 스타일 조정하기
- ❼ 태양 경로 ❽ 그림자 켜고 끄기
- ❾ 뷰 자르기 ❿ 자르기 영역 표시하기
- ⓫ 임시 숨기기/분리 ⓬ 숨겨진 요소 표시하기
  : 임시 숨기기 _ 선택한 요소를 임시로 숨기기
  : 분리 _ 선택한 요소를 제외한 다른 요소들을 임시로 숨기기
  : 숨겨진 요소 표시하기 _ 숨겼던 요소들을 다시 표시하기

▌뷰 '특성' 창 이용하기
- 뷰 '특성' 창은 화면 뷰에서 어떤 요소도 선택하지 않은 상태에서 나타남
- ⓭ 그래픽 : 뷰 조절 바 기능과 유사
- ⓮ 언더레이 : 현재 레벨 외에 다른 레벨 요소들을 중간 톤으로 보여줌. 서로 다른 레벨(층)의 요소 간 위치 관계를 파악할 때 유용함
- ⓯ 범위 : 뷰 자르기, 뷰 범위

실습하기 화면 보기 및 뷰 다루기

실습파일 : Autodesk사에서 제공하는 Revit 무료 샘플 파일 열고 사용하기

[개요]

① 3D 뷰, 화면 및 비주얼 스타일 다루기
② 특정 뷰의 요소별 가시성/그래픽 재지정하기

◉ 3D 뷰 만들기

- 아이소매트릭 뷰 만들기

  : ❶ '뷰' 탭 〉 ❷ '작성'의 '3D 뷰' 〉 ❸ '기본 3D 뷰' 클릭하기

  : ❹ 프로젝트 탐색기에서 새로운 뷰 확인. 뷰 이름은 마우스 오른쪽 버튼 클릭 후 수정 가능

- 투시도 뷰 만들기(평면 뷰에서 카메라를 설치하여 생성)

  : ❶ 프로젝트 탐색기에서 'Site' 더블클릭하고 ❷ '뷰' 탭 〉 ❸ '작성'의 '3D 뷰' 〉 ❹ '카메라'

  : ❺ 카메라가 설치될 위치를 클릭하고 ❻ 바라보는 방향으로 타깃을 클릭하여 설정하기

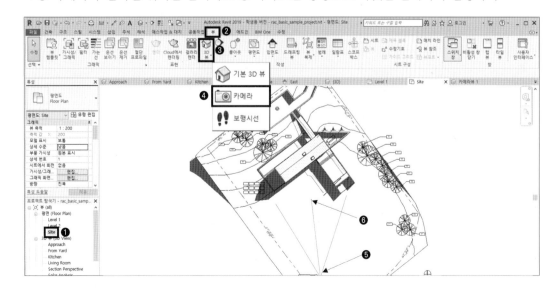

❼ 새로운 뷰가 생성됨

❽ 사각형 각 변의 조절점을 클릭 후 드래그하면서 프레임 조정하기

❾ 프로젝트 탐색기에서 새로운 뷰('카메라 뷰 1') 확인해 보기. 여기에서 뷰의 이름 수정 가능

❿ Shift 와 마우스 휠 또는 ⓫ '뷰 큐브'로 둘러보기

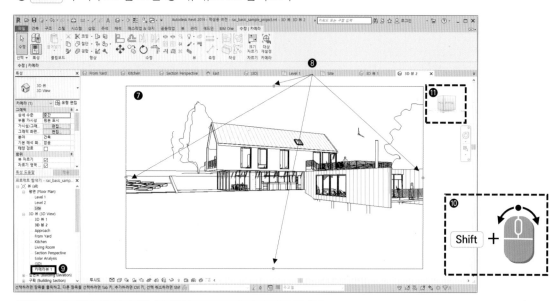

⚠️ **타일 뷰 vs. 탭 뷰**

- 타일 뷰 : 모든 창들이 열린 뷰로 보임
- 탭 뷰 : 하나의 창만 보이고 탭들이 상단에 표시됨

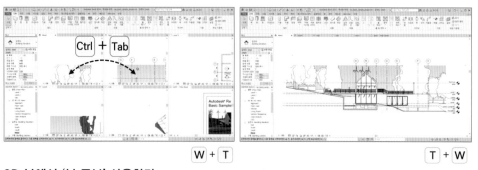

W + T   T + W

⚠️ **3D 뷰에서 '뷰 큐브' 사용하기**

- '뷰 큐브' 위에서 마우스 왼쪽 버튼을 클릭하여 드래그하면서 시점 변경 가능
- '뷰 큐브'의 면, 모서리, 꼭지점을 클릭하면 그 시점에서 보기로 바로 가게 됨

◉ 비주얼 스타일 적용하기

- Ⓐ 와이어프레임 Ⓑ 은선 Ⓒ 음영처리 Ⓓ 색상 일치 Ⓔ 사실적 Ⓕ 레이트레이싱 등 6개의 옵션이 있음

- RPC＊ 수목은 Ⓔ 사실적 Ⓕ 레이트레이싱에서 사진이 매핑된 상태로 나타남

  : ❶ 뷰 조절 바에서 ❷ 비주얼 스타일 〉 ❸ 원하는 스타일 클릭하기

  ＊RPC(Rich Photo-realistic Content) 사진 이미지를 매핑한 패밀리 객체

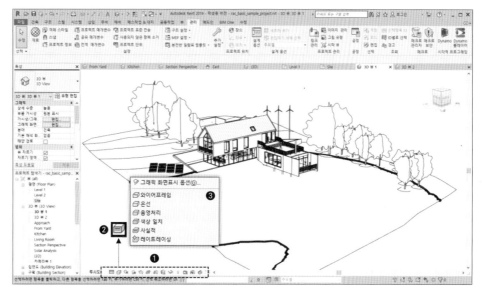

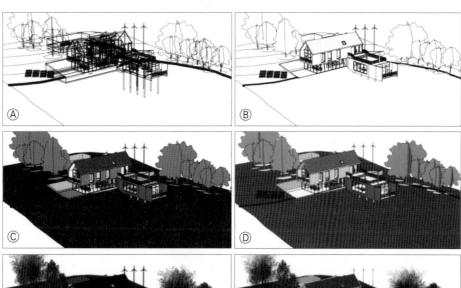

Ⓐ 와이어프레임
Ⓑ 은선
Ⓒ 음영처리
Ⓓ 색상 일치
Ⓔ 사실적
Ⓕ 레이트레이싱

◉ 뷰 자르고 조정하기

- 프로젝트 탐색기에서 ❶ 'Site' 뷰를 더블클릭하여 배치도 열기
- 도면을 '진북'에서 '도북' 방향으로 맞추기

  : '특성' 창의 방향에서 '진북'을 ❷ '도북'으로 전환하기

  : '도북' 방향 설정은 '관리' 탭 〉 '프로젝트 위치'의 '위치'에서 조정
- ❸ '자르기 영역 표시' 버튼 클릭하여 자르기 영역 보기
- ❹ 조절점 조정하여 원하는 영역 자르기

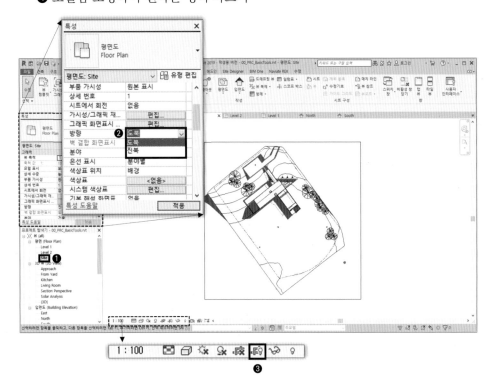

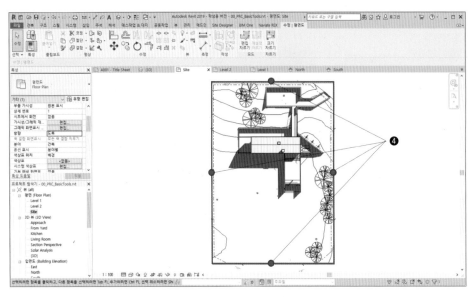

◉ 뷰에서 그래픽 재지정하기

- 지형 단면 보기

   : ❶ 프로젝트 탐색기에서 '3D' 뷰를 더블클릭하여 투시도로 가기

   : ❷ 지형 단면이 보이도록 뷰 조정하기

- 뷰 스케일 조정하고 선 굵기 보기 켜기

   : ❸ 뷰 스케일을 1 : 200으로 조정하고, 선의 굵기를 표시하기 위해 ❹ '가는 선' 도구 클릭하기

   : ❺ 지형 단면 패턴의 크기가 커지고 단면선이 굵게 나타나는 것 확인하기

- 특정요소 또는 카테고리 그래픽 재지정하기 창 열기

   : 지형을 선택하고 마우스 오른쪽 버튼 클릭 후 바로 가기 메뉴에서 ❻ '뷰에서 그래픽 재지정' 〉

   ❼ '요소별...' 선택하기

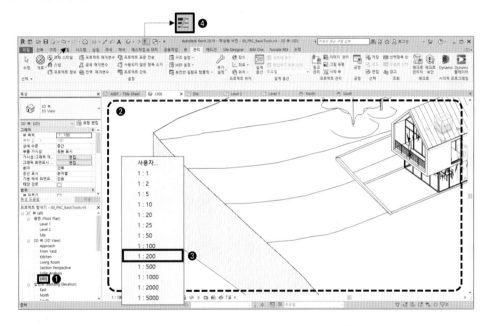

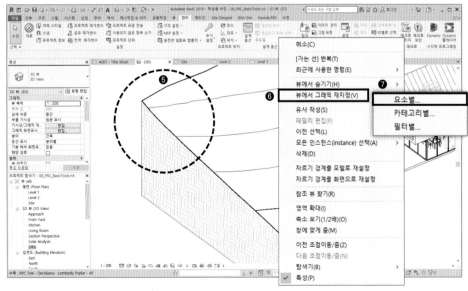

- 뷰의 '특정 요소 그래픽' 창이 나타나면 지형 단면에 나타나는 그래픽 재지정하기
  : ❶ '절단 선'에서 선의 '두께'를 '10'으로 변경하여 굵기 조정하기
  : ❷ '절단 패턴'에서 '전경 패턴'과 '배경 패턴' 및 '색상' 변경하기
- 절단 패턴 스케일 변경하기
  : ❸ '패턴 수정' 버튼 클릭하기
  : '채우기 패턴 재지정' 창에서 ❹ '채우기 패턴 편집' 버튼을 클릭하고 ❺ 가져올 축척 변경하기

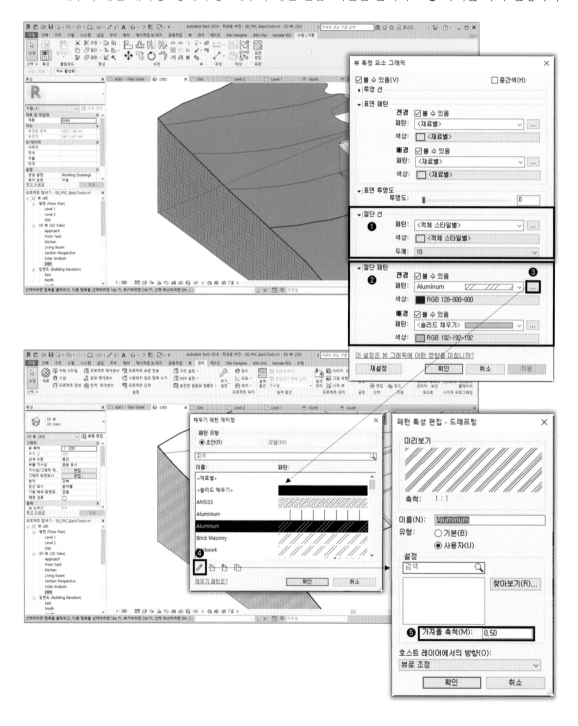

◉ **요소들의 뷰에 대한 가시성/그래픽 재지정하기**

- 특정한 '3D 뷰: {3D}에 대한 가시성/그래픽 재지정' 창에서 요소별로 가시성, 선과 면의 패턴 과 색상, 투명도, 중간색(Halftone) 등 조정 가능
- 3D 뷰로 가서 ❶ '뷰' 탭 〉 ❷ '그래픽'의 '가시성/그래픽' 버튼 클릭하기
  : 많이 사용하는 기능 중 하나로, 단축키를 암기하면 편리 V + V 또는 V + W
- ❸ '필터 리스트'에서 '건축', '토목', '구조' 등 카테고리 선택 가능
- 요소별로 가시성과 그래픽 지정하기
  : ❹ '지형'의 '삼각형 모서리'에 체크하고 ❺ 선의 색상 변경하기
    (가시성은 숨기기와 같은 기능. 링크 파일의 가시성도 ❻ '가져온 카테고리' 탭에서 CAD 도 면의 레이어별로 설정 가능)

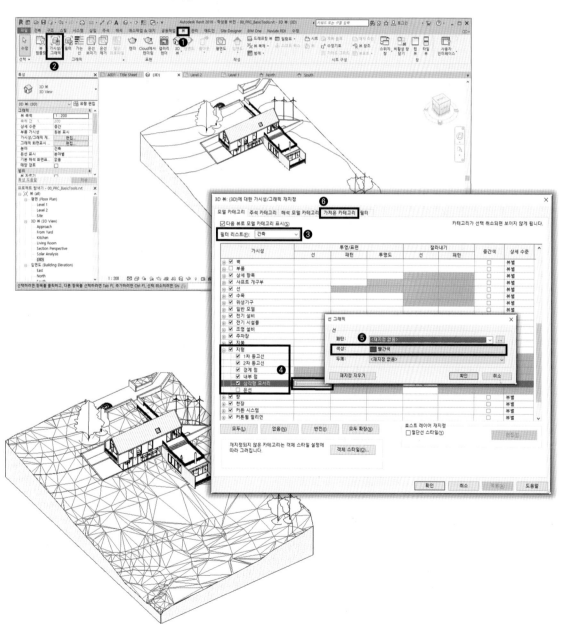

02_6 기초 모델링 도구

▌그리기

- 요소들의 형태를 모델링할 때 두 가지 방법이 가능함
    : (1) 그리기 도구 _ 기하학적 선, 도형의 형태를 사용하여 요소 그리기
    : (2) 선택 도구 _ 기존 요소를 선택하여 새로운 요소의 기초로 잡기(선 또는 면 선택)
- ❶ 우선 벽, 문, 창 등 모델링할 요소를 선택하고 ❷ 하단의 요소에 대한 옵션을 선택한 후 ❸
    '수정 | 배치 벽' 탭에서 ❹-(1) '그리기' 도구 또는 ❹-(2) '선택' 도구로 모델링 시작하기

❶ 모델링할 요소 선택
(예 : '벽' 선택)

❷ 요소에 대한 옵션 선택
(예 : '벽' 선택)

❸ '수정 | 배치 벽'
탭 자동 등장

❹-(1) '그리기' 도구
또는
❹-(2) '선택' 도구

- 이전에 작업했던 특성의 요소들과 동일한 요소를 작성하려면 ❶ 물체를 선택하고 마우스 오
    른쪽 버튼 클릭 후 바로 가기 메뉴에서 ❷ '유사 작성' 선택하기

❶ 물체 선택 후 마우스
오른쪽 버튼 클릭

▌보조도구

- 그리거나 편집할 때 다음의 보조도구가 활용

  (1) 임시 치수선(Temporary Dimensions)

  : 물체 선택 후 임시 치수선의 숫자 텍스트를 클릭하여 입력하면 정확한 값이 반영됨

  (2) 정렬선(Alignment Lines)

  : 수평, 수직, 특정 각도 등으로 이동

  (3) 스냅(Snaps)

  : CAD의 객체스냅과 같은 개념으로, 점, 선, 면 등에 스냅이 잡힘

  (4) 참조 평면(Reference Plane)

  : 무한히 계속되는 평면

  : ❶ '건축' 탭 〉 ❷ '작업 기준면'의 '참조 평면' 선택 후 화면에서 ❸ 시작점과 ❹ 끝점 클릭

  : 2D 뷰에서 그릴 수 있으며 그린 뷰에서뿐만 아니라 연관된 다른 뷰에서도 나타남(예 : 1층 평면에서 그리면 2층 평면에서도 볼 수 있음)

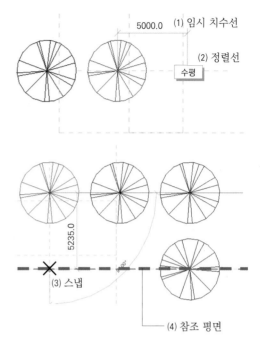

▼ 1F 평면도

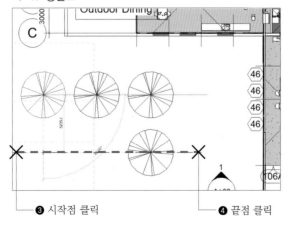

❸ 시작점 클릭　　❹ 끝점 클릭

▼ 2F 평면도

1층 평면도에서 그린 참조 평면이 2층 평면도에서도 보임

▌요소 특성 편집하기

- 수정하려는 요소 바로 선택하기(Modify) [M] + [D]
- 벽, 문, 창 등 ① 좌우 ② 전면/후면이 존재하는 일부 요소들의 방향 반전시키기 [Spacebar]

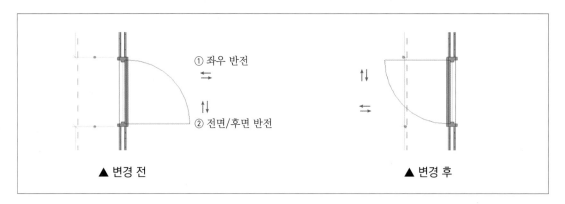

① 좌우 반전
② 전면/후면 반전
▲ 변경 전
▲ 변경 후

▌그룹 만들기 / 해제하기 / 지우기

- 그룹 만들기 [G] + [P]

  : 자주 반복되는 모델링 요소들을 그룹으로 묶어서 사용하기

  : 선택 후 그룹 만들기를 시행하여 나타난 창에서 ❶ 이름 지정하기

  : 그룹을 만들고 나면 ❷ 프로젝트 탐색기에서 확인 가능하며 그룹마다 구속조건으로 ❸ 참조레벨 설정 가능

- 그룹 해제하기 [U] + [G]

  : 만든 그룹 해제하기

- 그룹 지우기

  : 프로젝트에서 사용한 그룹들을 모두 지우고 프로젝트 탐색기에서 그룹 정의 없애기

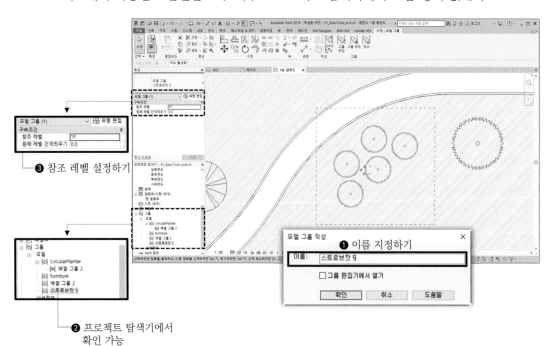

❸ 참조 레벨 설정하기

❶ 이름 지정하기

❷ 프로젝트 탐색기에서 확인 가능

▌모델 선 vs. 상세 선

- 실제 모델 요소 외에 모델링 과정을 돕기 위해 그리는 선
- ⑴ 모델 선 _ 3D 요소로서 1층 평면에서 그려도 2층 평면, 투시도 등에서 모두 보임
  : ❶ '건축' 탭 〉 ❷ '모델'의 '모델 선'

- ⑵ 상세 선 _ 2D 요소로서 요소를 그린 뷰에서만 보임(뷰의 특정요소)
  : ❶ '주석' 탭 〉 ❷ '상세정보'의 '상세 선'

- 모델 선과 상세 선 모두 선의 종류, 굵기, 색상 별도로 지정 가능
  : '수정 | 배치 선' 탭 〉 ❸ '선 스타일'

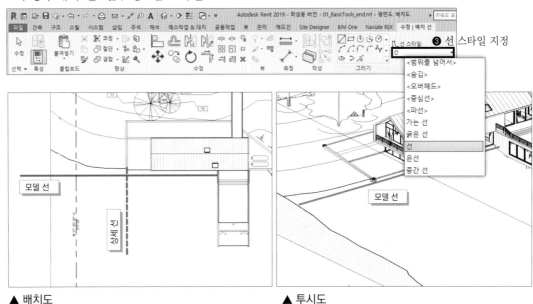

▲ 배치도
배치도에서 모델 선과 상세 선을 그림

▲ 투시도
배치도에서 그린 모델 선만 투시도에서 나타나고 상세 선은 나타나지 않음

▌유형 일치 특성 M + A

- 요소 하나의 유형 특성을 다른 요소의 유형 특성을 복사하여 일치되도록 변환하기
  : ❶ '수정' 탭 〉 ❷ '클립보드'의 '유형 일치 특성' 버튼 클릭하기
  : ❸ 복사하려는 특성의 요소 클릭하고 ❹ 적용하려는 특성의 요소 클릭하기

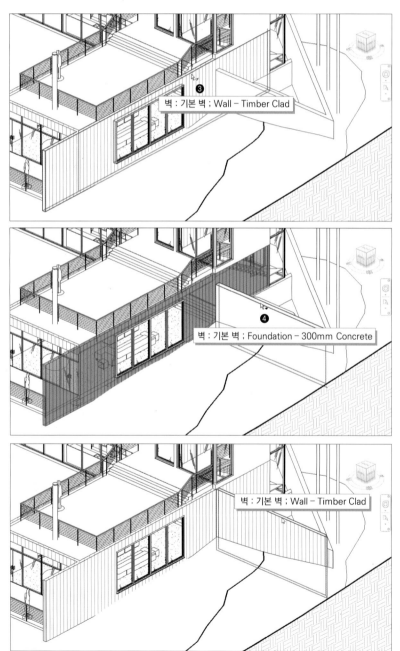

▲ 유형 일치 특성 적용 후 같은
특성으로 벽이 전환된 모습

[실습하기] 기초 모델링 도구 연습하기

실습파일 : 02_2_baselines.dwg, 02_2_bench.rfa
완성파일 : 02_2_basicTools_완료.rvt

[개요]

① CAD 도면을 불러와서 벽과 바닥 도구로 건물, 경계석 및 녹지 등 모델링하기
② 그리기 및 보조 도구 연습하기
③ 수목, 옥외시설물 등 패밀리(라이브러리) 사용하기

⊙ STEP 1. 새 프로젝트 만들기

- 메인 메뉴의 ❶ '파일' 탭 〉 ❷ '새로 만들기' 〉 ❸ '프로젝트' 클릭하기
- '새 프로젝트' 창이 나타나면 ❹ '건축 템플릿'을 선택하고 ❺ '확인' 버튼 클릭하기('1층 평면도'에서 시작)

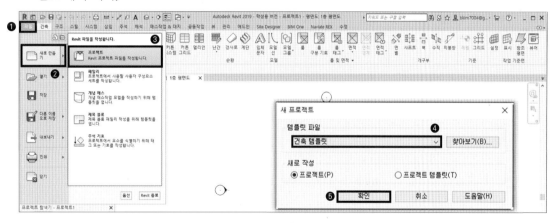

⊙ STEP 2. CAD 도면 불러오기

- ❶ '삽입' 탭 〉 ❷ '링크'의 'CAD 링크' 클릭 ❸ 'CAD 형식 링크' 창에서 '02_2_baselines.dwg' 찾기. 옵션에서 ❹ '색상'은 '유지', ❺ '위치'는 '자동 – 원점 대 원점' 선택하기

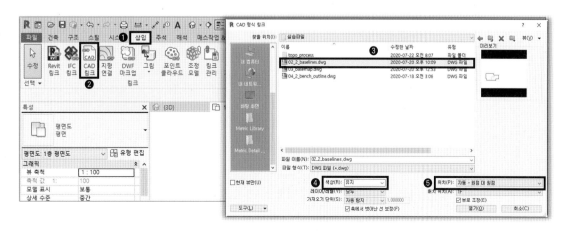

◉ **STEP 3. 벽 도구로 건축물 그리기**

- 외벽을 그리기 위해 ❶ '건축' 탭 〉❷ '벽'의 '벽: 건축' 클릭하기

  : ❸ '수정 | 배치 벽' 탭 〉❹ '그리기'의 '선' 도구 선택하기

  : ❺ '특성' 창에서 '기본 벽 외벽 - 옹벽 위 붉은벽돌' 선택하기

  : ❻ 옵션 바에서 '높이' : '3000', '위치선' : '벽 중심선', '체인'에 체크하고 CAD 선 따라 그리기

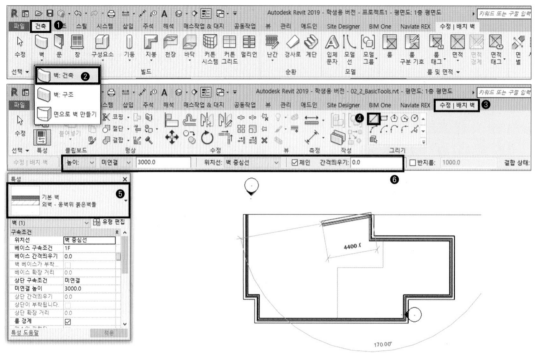

- '선 선택' 도구로 실내 벽체 그리기

  : 외벽과 같은 방식으로 그리되 ❼ '수정 | 배치 벽' 탭 〉❽ '그리기'의 '선 선택' 도구 클릭하기

  : ❾ '특성' 창에서 '기본 벽 일반 – 200mm' 선택하기

  : ❿ 하늘색(Cyan)의 내벽을 '선 선택' 도구로 클릭해 나가기

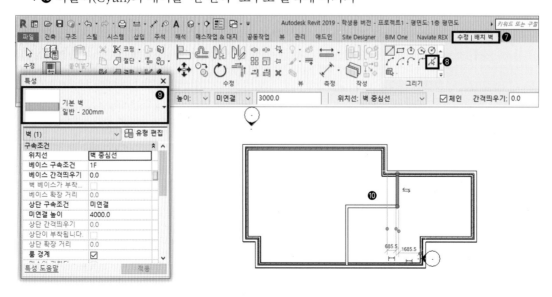

⊙ STEP 4. 여러 뷰를 보면서 문과 창문 넣기

- 프로젝트 탐색기에서 ❶ '남측면도' 더블클릭하여 열기
- ❷ '건축' 탭 〉 '빌드'의 ❸ '문'을 클릭하고 '특성' 창에서 ❹ '미닫이 2-패널 1830×2134mm' 선택하기

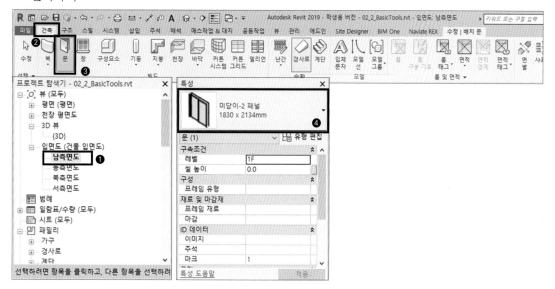

- 임시 치수선을 이용하여 정확한 위치에 창문 배치하기(미닫이-2 패널 1730×2032mm)

  : 좌측에서 2000, 우측에서 2000 떨어진 곳에 문을 각각 1개씩 배치하기

  : 정확한 위치에 배치하기 위해 문을 선택한 후 나타나는 임시 치수선에 '2000' 입력하기

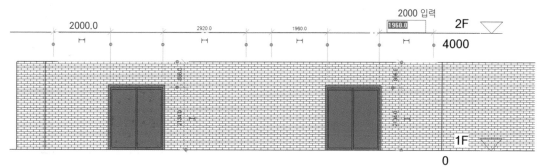

- 실내벽에 미닫이 문 배치하기

  : 프로젝트 탐색기에서 '3D' 뷰를 더블클릭하여 열기

  : '건축' 탭 〉 '빌드'의 '문'을 클릭하고 '특성' 창에서 '단일 주거용 750×1800mm' 선택하기

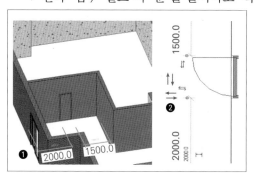

- 왼쪽 그림과 같이 ❶ 실내 벽의 2000과 1500 지점에 문 배치하기
- '1층 평면도'로 가서 문 방향 반전시키기

  : ❷ 반전 기호를 클릭하거나 Spacebar 입력하기

⊙ STEP 5. 참조 평면 넣기

- 수평 방향으로 참조 평면 넣기

 : '1층 평면도' 뷰로 가기

 : '건축' 탭 〉 ❶ '작업 기준면'의 '참조 평면' 클릭하기

 : 오른쪽 그림과 같이 ❷ 좌측 벽의 중심에서 상단으로
  연장된 지점을 찾아 클릭하여 그리기 시작한 후 수직
  방향으로 내려 긋기

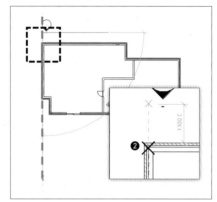

- 참조 평면을 수평 방향으로 3개 복사하기

 : 앞에서 그린 참조 평면을 클릭하고 ❸ '수정 | 참조 평면' 탭 〉 ❹ '수정'의 '복사' 도구 클릭
  하기

 : 옵션 바에서 ❺ '구속', '다중'에 체크하기

 : ❻ 기준점과 ❼ 이동점을 순서대로 클릭하여 참조 평면을 한 개 복사하기

 : 같은 방법으로 복사하여 수평의 참조 평면을 총 4개 만들기

- 같은 방법으로 아래의 그림과 같이 수직 참조 평면을 한 개 그린 후 복사하여 총 4개 만들기

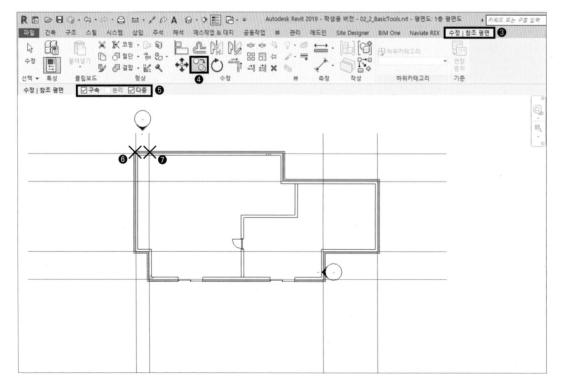

- 건물 주변으로 녹지를 만들 때 참조할 참조 평면 넣기(녹지는 벽 중심선에서 '5000'의 거리)

  : '건축' 탭 〉 '작업 기준면'의 '참조 평면'을 클릭하고 ❶ '선 선택' 도구 클릭하기

  : 옵션 바의 ❷ '간격띄우기'에 '5000' 입력하기

  : 화면에서 ❸ 참조 평면에 커서를 가까이 가져가서 ❹ 건물 반대편의 원하는 부분으로 참조

  : 평면이 그려지도록 마우스 움직이면서 클릭하기(등간격 복사하기인 Offset 도구와 유사한 작성 방법)

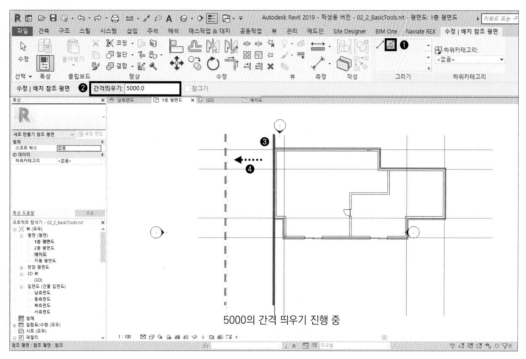

- 같은 방법으로 참조 평면을 사방으로 4개 만들어 두기

  : 4개 참조 평면의 길이를 조정하여 ❺ 지점과 같이 4개의 교차점이 생기도록 조정하기

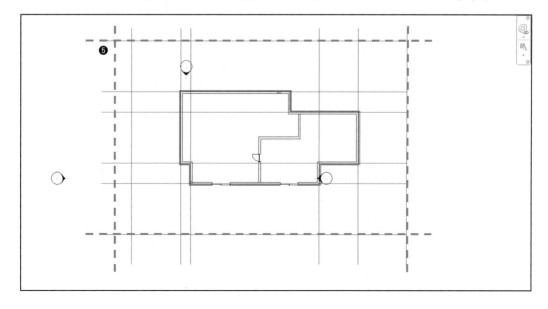

◉ STEP 6. 벽 도구로 경계석 만들기

- 패밀리 유형 복제하기

: ❶ '건축' 탭 〉 ❷ '벽 : 건축'을 클릭하고 ❸ '특성' 창에서 '기본 벽 일반 – 200mm' 선택하기

: '특성' 창의 ❹ '유형 편집' 버튼을 클릭하고 '유형 특성' 창이 나타나면 ❺ '복제' 버튼 클릭하기

: 새로 복제될 벽 유형의 이름에 ❻ '일반 – 150mm' 적기

: 벽의 두께 및 구조를 편집하기 위해 ❼ '구조'의 '편집' 버튼 클릭하기

: '구조'의 두께를 ❽ '150'으로 변경하고 ❾ '확인' 버튼을 여러 번 클릭해서 빠져나오기

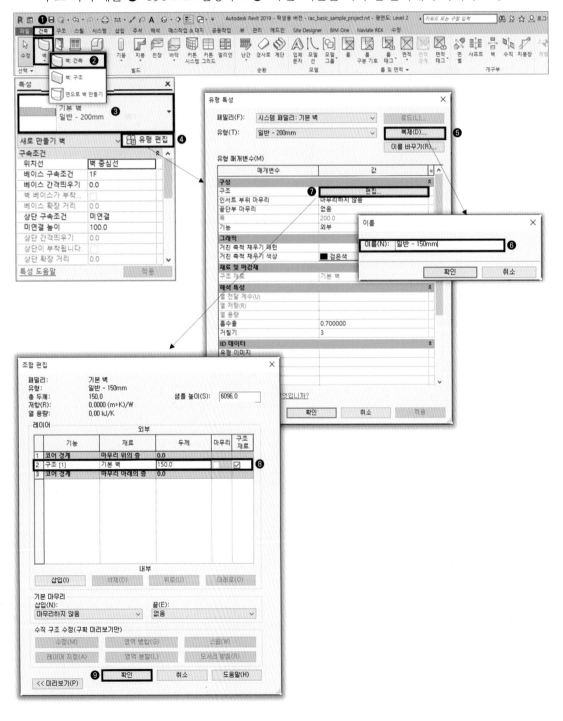

- 건물 외벽으로부터 '5000' 떨어져서 배치된 참조 평면을 기준으로 경계석 만들기
  : '건축' 탭의 '벽 : 건축'을 클릭하고 '특성' 창에서 방금 복제하여 만들었던 ❶ '기본 벽 일반 –
  150mm' 선택하기
  : '수정 | 배치 벽' 탭의 ❷ '그리기'의 '선' 도구를 선택하고 옵션 바에서 ❸ '높이' 값에 '100'
  지정하기
  : ❹ 아래의 그림과 같이 참조 평면을 따라서 경계석 그리기

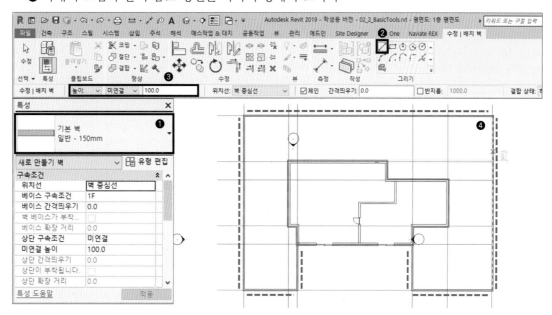

- 경계석의 둥근 모서리 만들기
  : 벽 도구가 실행되고 있는 상태로 계속해서 '그리기'의 ❺ '모깎기 호' 도구 클릭하기
  : 옵션 바에서 ❻ 높이 '100'을 확인하고 ❼ '반지름'에 체크한 후 '1000' 입력하기
  : ❽ 교차하는 두 선들을 클릭하여 6개 지점에서 둥근 모서리 만들기

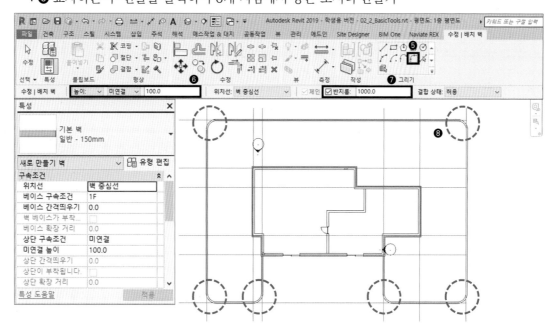

⊙ STEP 7. 바닥 이용해 녹지 모델링하기

- 바닥 패밀리 복제하여 녹지 만들기

  : ❶ '건축' 탭 〉 ❷ '빌드'의 '바닥'에서 ❸ '바닥: 건축' 선택하기

  : '특성' 창에서 ❹ '바닥 일반 150mm'를 선택한 후 ❺ '유형 편집' 버튼 클릭하기

  : '유형 특성' 창이 나타나면 ❻ '복제' 버튼을 클릭한 후 ❼ '이름'에 '녹지'를 입력하고 '확인' 버튼
  클릭하기. '구조'의 ❽ '편집' 버튼을 클릭하고 '조합 편집' 창이 나타나면 ❾ '구조'의 '두께'
  를 '10'으로 수정하기

  : ❿ '구조'의 '재료 탐색기' 버튼을 클릭하고 창 열기

  : ⓫ '라이브러리 패널 표시' 버튼을 클릭해서 하단 패널 표시하기

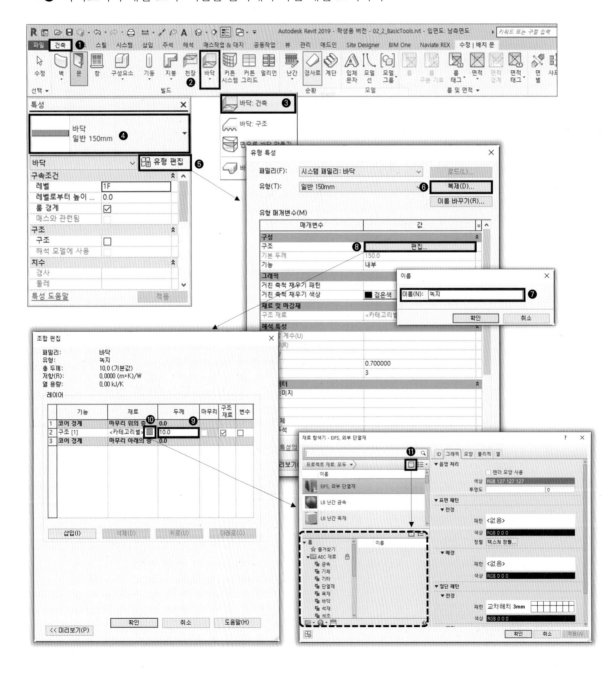

- 녹지에 입힐 재질 찾기

: 라이브러리 패널에서 ❶ 'AEC 재료' 클릭하기

: ❷ 검색 창에 '잔디' 입력하여 검색하면 하단에 '수목'과 '잔디'가 검색됨

: '수목'을 클릭하고 ❸ '문서에 재료를 추가하기' 버튼 클릭하기

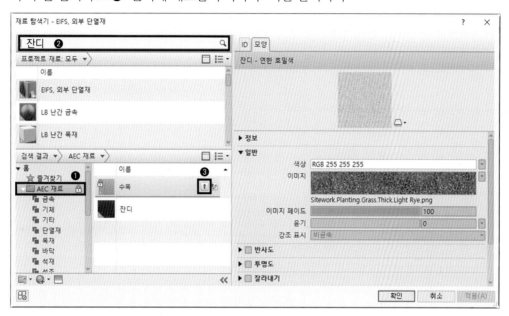

: 프로젝트 재료에 ❹ '수목'이 새로 추가되면 마우스 오른쪽 버튼 클릭 후 바로 가기 메뉴에서 ❺ '이름 바꾸기'를 선택하고 '녹지'라고 이름 변경하기

: '그래픽' 탭의 ❻ '색상'을 클릭한 후 ❼ 녹지에 입힐 적당한 색상을 고르고 ❽ '확인' 버튼 클릭하기

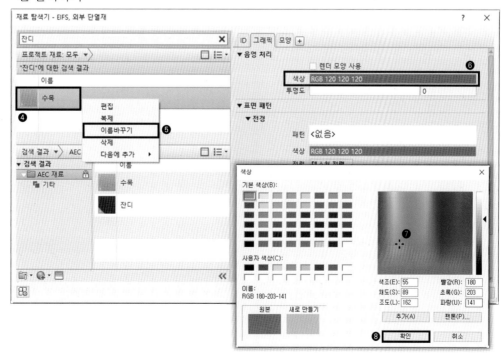

- 앞의 과정에서 만들어진 '녹지'는 ❶과 같음. ❷ '확인' 버튼을 클릭하여 '재료 탐색기' 창에서
  빠져나가면 ❸과 같이 재료의 구조에 '녹지'가 들어가게 됨
  : 다시 ❹ '확인' 버튼을 클릭하고 '조합 편집' 창을 빠져나가면 ❺ '녹지'라는 유형이 생긴 것
  을 확인할 수 있음. 마지막으로 ❻ '확인' 버튼을 클릭하고 '유형 특성' 창에서 빠져나가기

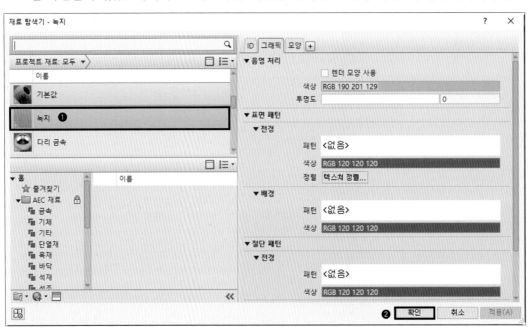

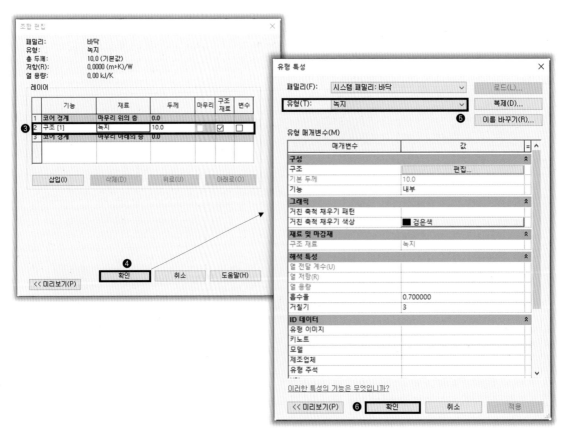

- 재료 유형 복제가 완료되면 곧바로 선을 스케치하여 바닥 만들기

   : ❶ 선 그리기 도구들을 이용하여 아래와 같이 스케치하고 ❷ '편집 모드 완료' 버튼 클릭하기

   : 이때 녹지는 경계석의 안쪽 선을 기준으로 함

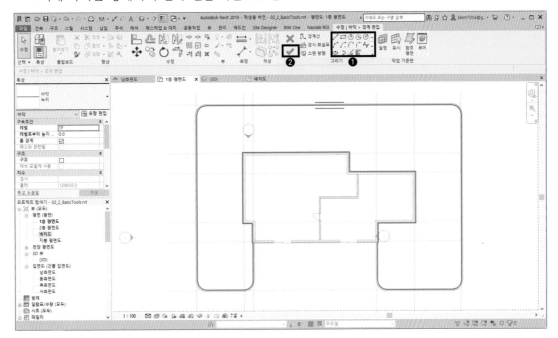

◉ STEP 8. 바닥 이용하여 보도 포장재 모델링하기

- 같은 방법으로 포장재 유형을 새로운 유형으로 복제하여 만들고 입구 부분 모델링하기

   : ⓐ 바닥은 1F 레벨에 구속되어 작성되며 이를 기준으로 두께만큼 하단으로 내려가서 배치됨

   : ⓑ 반면 벽으로 모델링했던 경계석은 레벨을 기준으로 상단으로 올라가서 배치됨

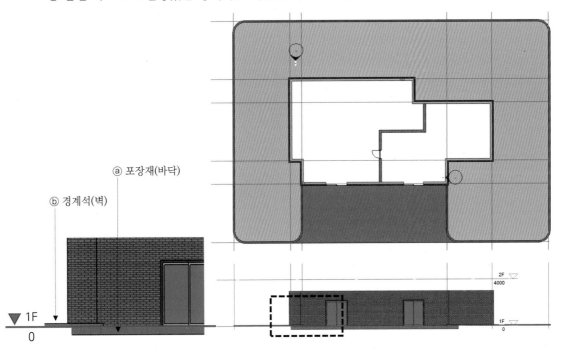

◉ **STEP 9. 로드 가능한 패밀리로 옥외시설물 배치하기**

- ❶ '삽입' 탭 〉 ❷ '라이브러리에서 로드'의 '패밀리 로드'를 클릭하고 ❸ 로드할 패밀리
  (02_2_bench.rfa)가 위치한 폴더를 찾아서 선택한 후 ❹ '열기' 버튼 클릭하기

- ❺ 커서에 붙어서 움직이는 패밀리를 바닥에 클릭하기
  : 작업 중인 뷰의 기준 레벨인 '1F'에 자동으로 달라붙어 배치됨

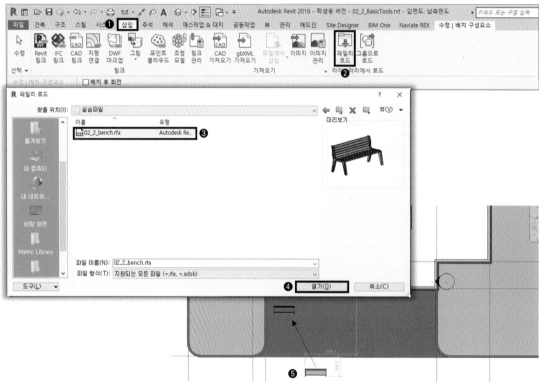

- 벤치들을 복사하여 배치하기

  : '복사' 도구로 총 4개의 벤치를 만든 후 '이동' 도구로 각 벤치의 위치 잡기

  : 4개 중 Ⓐ 하나는 회전, Ⓑ 하나는 대칭시키기(Spacebar 를 누를 수도 있음)

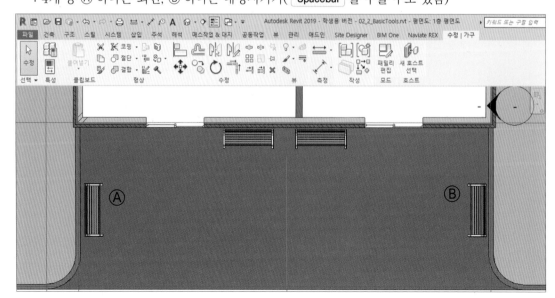

◉ STEP 10. 수목 패밀리 불러와서 모델링하기

- 수목 패밀리 불러오기

: ❶ 프로젝트 탐색기에서 '수목' 패밀리를 찾아서 폴더 확장하기('매스작업 & 대지' 탭 〉 '대지' 구성요소에서 불러올 수도 있음

: ❷ 'RPC나무 – 침엽수' 〉 '스트로브잣나무 – 1.8미터'를 찾아 클릭하여 ❸ 화면으로 드래그하기

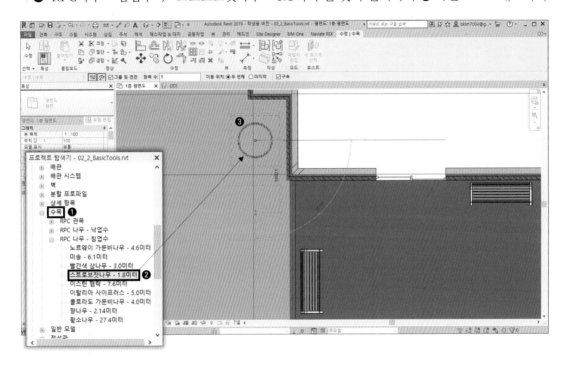

- 수목 배열 복사하기

: '수목'을 선택하고 '수정 | 수목' 탭 〉 ❹ '수정'의 '배열' 도구 클릭하기

: 옵션 바에서 ❺ '선형', '항목 수' : '5', '이동 위치' : '두 번째' 선택, '구속'에 체크하기

: ❻ 수목의 중심을 클릭한 후 아래쪽으로 드래그하면서 ❼ 두 번째 수목의 중심과 '1800' 위치에 왔을 때 클릭하기

: ❽ 마지막 수목의 중심점을 클릭한 후 이동하면서 녹지 내부로 끌어들여 간격 조정하기

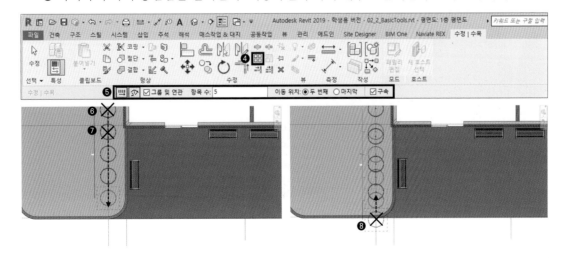

- 기타 수목 배치하고 3D 뷰에서 보기

▲ 기본 3D 뷰/은선

▲ 카메라 뷰/은선

▲ 카메라 뷰/사실적

03

Revit 프로젝트의 시작

기준점 설정하기

03_1

▌기준점의 종류

- 프로젝트의 주요한 원점으로서 프로젝트 기준점과 조사점의 두 가지가 있음
- (1) **프로젝트 기준점**(Project Based Point)

  : 건축물의 한 쪽 구석점 또는 그리드 선들의 교차점 등 프로젝트 참여자들이 공유하는 기준점

  : 설계 시 기준이 되는 가상의 점(0,0,0)
- (2) **조사점**(Survey Point)

  : 대지의 구석점 또는 대지의 두 경계선의 교차점 등 측량 좌표계의 원점

  : 위도와 경도, 진북에 대한 실제 지점으로서 프로젝트의 지리적 위치 결정

  : 일조 스터디, 보행시선 및 렌더링된 이미지의 그림자 생성, 위치별 날씨 데이터 해석 등 모델
  에 대한 환경적 콘텍스트 제공

▌기준점 보기

- 프로젝트 기준점과 조사점은 모두 배치도(Site) 평면 뷰에서만 보임(기본 설정)

  : 다른 2D 또는 3D 뷰에서도 보려면 뷰에 대한 가시성/그래픽 재지정에서 가시성 켜기

  (대지 〉 조사점, 프로젝트 기준점)
- 프로젝트를 새로 시작하면 프로젝트 기준점과 조사점이 중심에 서로 겹쳐서 위치하고 있음

  : 차후 프로젝트 기준점과 조사점에 유효한 값을 입력하면 두 개가 서로 다른 위치에 배치될
  수도 있음

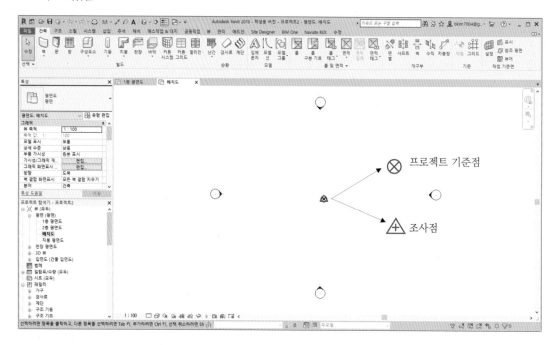

▎실제 위치 값 불러오기

- 인터넷 매핑 서비스를 사용하여 프로젝트의 위치 설정하기
  : ❶ '관리' 탭 〉 ❷ '프로젝트 위치'의 '장소' 〉 ❸ 지도에서 위치 지정

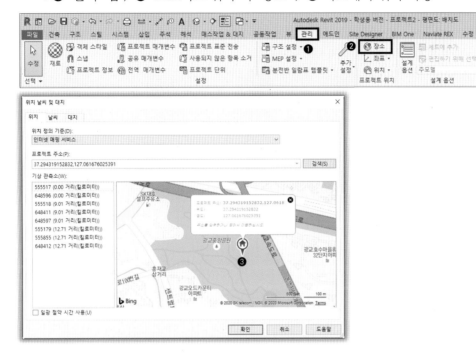

- 링크된 CAD 도면 또는 Revit 파일에 좌표가 입력되어 있을 경우 좌표 획득하기
  : ❶ '관리' 탭 〉 ❷ '프로젝트 위치'의 '좌표' 〉 ❸ '좌표 획득'

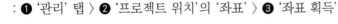

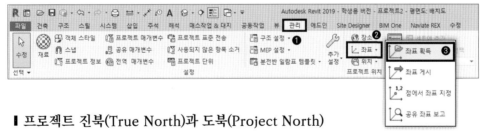

▎프로젝트 진북(True North)과 도북(Project North)

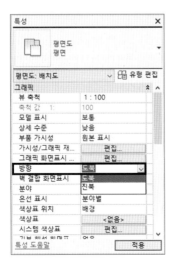

- 진북은 측량 기준점의 Y축 방향이고, 도북은 프로젝트 진행 상 임의로 설정한 Y축 방향
  : 수직 및 수평선에 맞추어 작업하는 것이 훨씬 쉽기 때문에 도북을 사용하게 됨
- 도북 설정하기
  : '관리' 탭 〉 '프로젝트 위치'의 '위치' 〉 '도북 회전'에 서 원하는 각도 선택
- 진북과 도북의 방향 전환
  : 아무것도 선택하지 않은 상태에서 우측의 뷰 '특성' 창에서 뷰의 옵션 수정하기(방향 : 진북 또는 도북)

03_2 외부 파일 가져오기

▌외부 파일 불러오기

- 불러오기 방식

: 링크(Link) _ 외부 파일 링크하기. 상대경로, 절대경로 설정 가능. 업데이트 가능

: 가져오기(Import) _ 외부 파일을 그대로 삽입하기. 업데이트 불가

- 불러오기 가능한 파일 포맷

: Revit(＊.rvt), IFC(＊.ifc, ＊.ifcXML), CAD(＊.dwg, ＊.dxf, ＊.skp, ＊.sat, ＊.dgn)

: 이미지 파일(＊.bmp, ＊.jpg, ＊.jpeg, ＊.png)

: 포인트 클라우드(＊.rcp, ＊.rcs)

▌링크 관리

- '삽입' 탭 〉 '링크'의 '링크 관리'에서 나타난 '링크 관리' 창에서 다시 '로드할 경로 재지정', '다시 로드', '언로드', '제거' 등 관리 가능

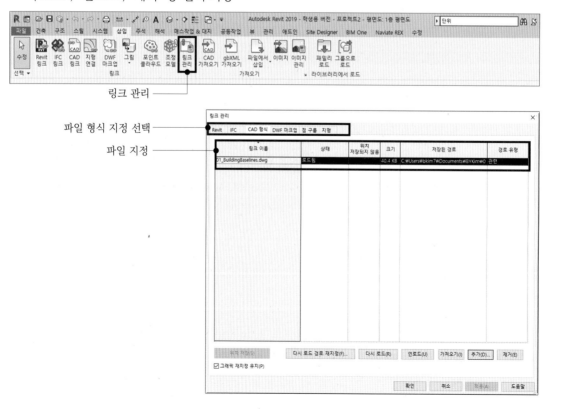

레벨 및 그리드 설정하기

03_3

▌모델링 기준요소가 되는 레벨과 그리드

- 수직적 기준이 되는 레벨

    : 여러 패밀리들의 참조로 사용되는 수직의 기준면. 입면에서 그리며 선으로 표현

    : 건물의 층, 벽의 상단과 하단, 로드 가능한 패밀리들의 수직적 위치에 대한 구속조건이 됨

- 수평적 기준이 되는 그리드

    : 평면설계 시 패밀리 배치에 참조가 되는 선. 건축에서는 기초 기둥, 벽 등을 배치할 때 사용

 레벨과 그리드 설정하기

실습파일 : 03_1_baselines.dwg(2장의 '02_2_baselines.dwg'과 동일한 파일)
완성파일 : 03_1_Level+Grid_완료.rvt

[개요]

① CAD 도면 불러오고 기준점 확인하기
② 레벨 설정하고 벽 구속시키기
③ 주요 지점에 그리드 설정하기

◉ STEP 1. 새 프로젝트 만들기

- 새 프로젝트를 작성하기 위해 ❶ '새로 작성'... 〉 ❷ '건축 템플릿' 〉 ❸ '확인' 버튼 클릭하기
- 단위를 확인하기 위해 ❹ '관리' 탭 〉 ❺ '설정'의 '프로젝트 단위'에서 ❻ '단위' 확인하기

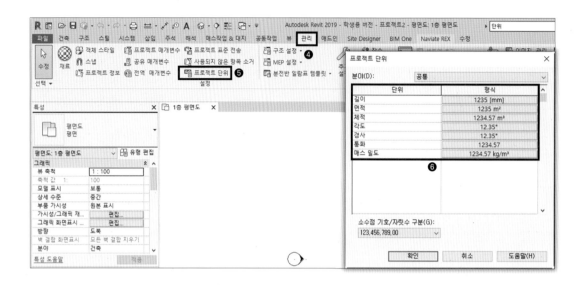

◉ STEP 2. CAD 도면 불러오기

- '1층 평면도' 뷰에서 ❶ '삽입' 탭 〉 ❷ '링크'의 'CAD 링크'를 클릭한 후 ❸ '03_1_baselines.
dwg' 찾기. ❹ '색상'은 '유지', ❺ '위치'는 '자동 – 원점 대 원점' 선택하기

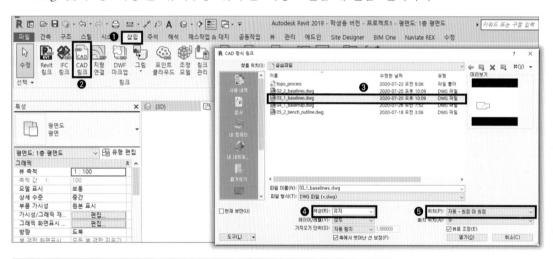

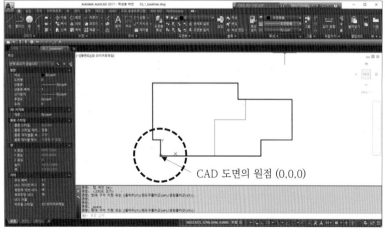

CAD 도면의 원점 (0,0,0)

◀ CAD 도면 화면
(AutoCAD)

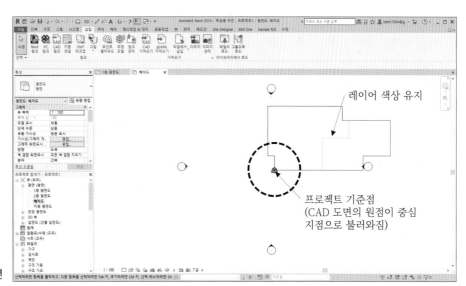

레이어 색상 유지

프로젝트 기준점
(CAD 도면의 원점이 중심
지점으로 불러와짐)

▶ Revit 화면

⦿ STEP 3. 레벨 설정하기

- 프로젝트 탐색기에서 ❶ '남측면도'를 더블클릭하여 ❷ 남측면도 뷰가 열렸는지 확인하기
  : ❸과 같이 '1F(0)', '2F(4000)', '지붕(7600)' 레벨이 기본 설정되어 있는지 확인하기
- '지붕' 레벨의 이름과 수치 수정하기
  : ❹ '지붕' 텍스트를 클릭하고 '3F'로 수정, ❺ '7600' 텍스트를 클릭하고 '7500'으로 수정하기

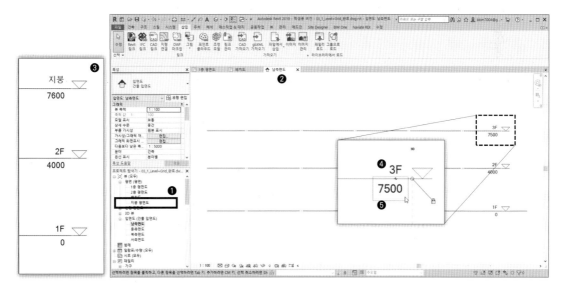

⚠ 벽의 모델링 시 놓일 위치와 높이 구속하기

- 다음 과정에서 벽을 모델링하면서 현재 기준 층인 1F(0)에 배치하거나 다른 층을 지정
  할 수 있으며, 높이는 상단 레벨인 2F(4000) 또는 3F(7500)에 구속시킬 수 있음
- 벽과 같이 레벨에 구속된 요소들은 레벨의 높이를 수정하면 그에 따라 함께 변경됨

- 레벨 추가하기
  : ❶ '건축' 탭 〉 ❷ '기준'의 '레벨' 도구 클릭하기
  : ❸ 3F 레벨이 시작될 좌측 점에서 마우스를 위쪽으로 올리면서 임시 치수선 수치가 '3500'
    되는 지점 클릭하여 시작점 정의하기
  : 수평으로 이동하면서 ❹ 우측 끝점을 클릭하여 레벨 선 그리기

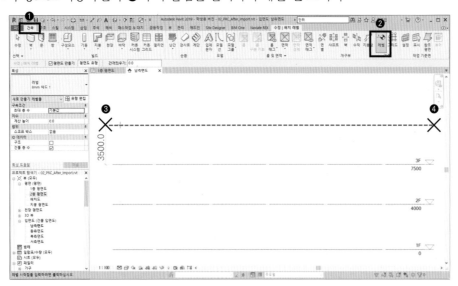

◉ STEP 4. 레벨의 스타일 편집하기

- 위에서 그린 레벨 선택 후 ❺ '특성' 창에서 '유형'을 ❻ '삼각형 헤드'로 수정하기
- ❼ 프로젝트 탐색기에서 연동된 평면도가 생성된 것과 이름 확인하기. 레벨과 평면도의 이름이
  다른 경우 프로젝트 탐색기에서 뷰의 이름 수정하기

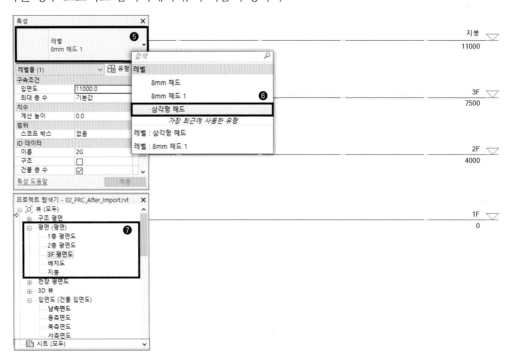

◉ STEP 5. 그리드 설정하기

- ❶ 1층 평면도로 가서 ❷ '건축' 탭 〉 ❸ '기준'의 '그리드' 도구 클릭하기
- 화면에서 ❹ 시작점과 ❺ 끝점을 클릭하여 그리드 넣기
  : 입면도 표시 기호가 그리드와 겹치면 기호를 적당히 이동하기

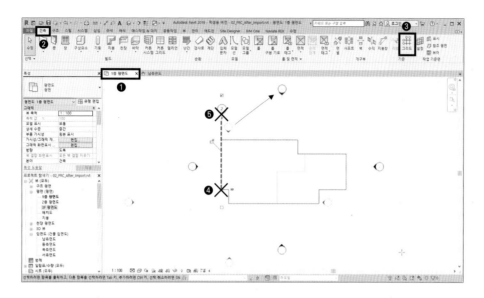

- 그리드 선택 후 ❻ '특성' 창에서 번호 확인하고 '2'로 되어 있다면 '1'로 수정하기
  : 자동으로 '1'로 시작하지만 그리드를 그린 후 지운 적이 있다면 다른 번호로 시작할 수 있음
- ❼ 그리드의 끝점을 잡고 아래로 이동하면서 ❽ 클릭하여 CAD 선보다 조금 늘려주기

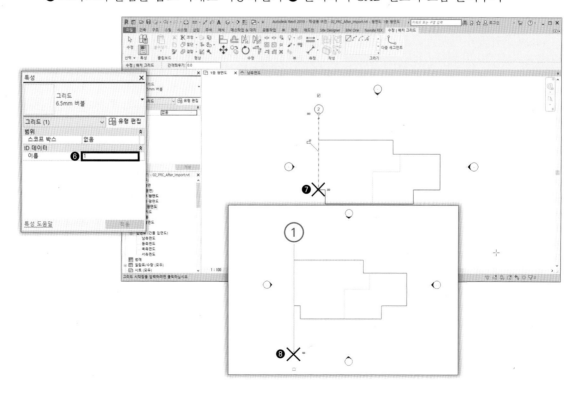

⦿ STEP 6. 그리드 복사하기

- 그리드 선택 후 ❶ '수정 | 그리드' 탭 〉 '수정'의 ❷ '복사'를 클릭하고 ❸ '구속', ❹ '다중'에 체크하기. 그리드의 ❺ 끝점을 클릭한 후 ❻ '1100', ❼ '7000' 지점을 클릭하여 차례대로 복사하기

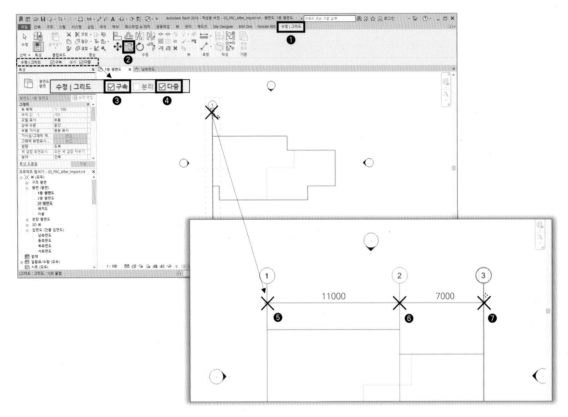

- 같은 방법으로 아래의 그림과 같이 수평 방향으로 '2000', '5000', '2000' 간격의 그리드 그리기
- 이때 '특성' 창에서 첫 번째 그리드를 A로 지정하여 B, C, D 레이블이 차례대로 자동 입력되도록 하기

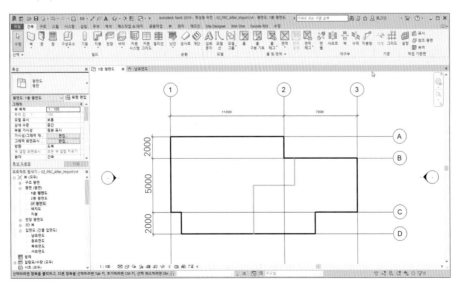

⊙ STEP 7. 벽 모델링하면서 레벨에 구속시키기

- '건축' 탭 〉 '벽' 〉 '벽: 건축' 선택하기(벽의 유형은 어떤 것이나 상관없음)
- 옵션에서 ❶ '높이', ❷ '2F'를 선택하고 ❸ 외벽을 따라 그리기
  : 남측면도에서 벽의 높이가 2F에 붙어있는 것 확인하기

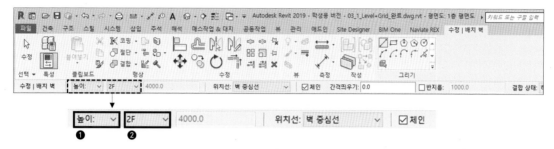

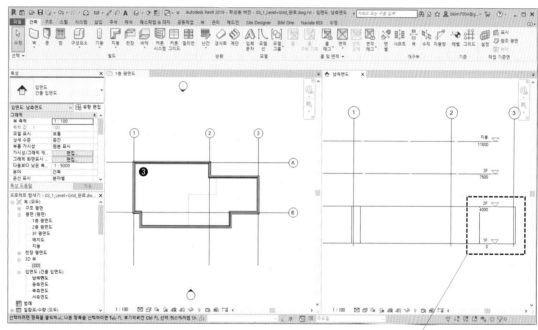

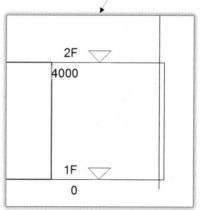

◉ STEP 8. 레벨 높이 수정하고 벽의 높이 확인하기

- ❶ 남측면도에서 ❷ '2F' 레벨의 높이 '4000'을 '3500'으로 수정하기

- ❸ 곧바로 벽의 높이도 2F 레벨의 높이와 동일하게 수정되었는지 확인하기

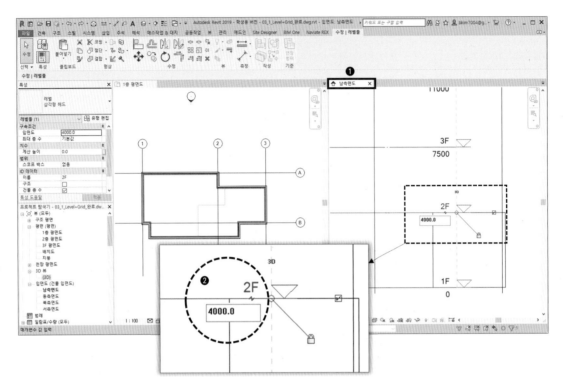

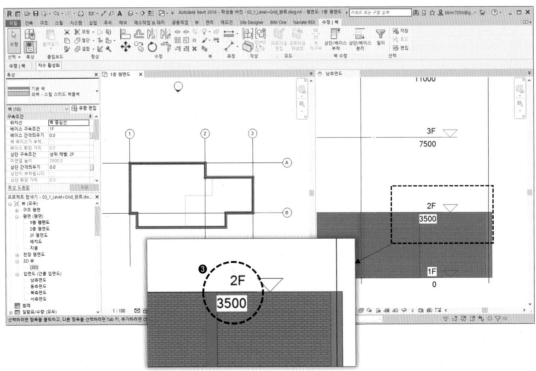

04

지형면 모델링

04_1 지형면 모델링 프로세스

▌지형면 모델링의 전반적 프로세스

◉ STEP 1. CAD에서 파일 정리하기

- 등고선을 모델링할 부지 외에 여유 있게 남겨두기

  : Revit의 지형면은 불규칙 삼각망(TIN ; Triangulated Irregular Network)으로 형성됨

  : 이로 인해 최단 길이의 점들이 연결되면서 모델 외곽선이 부정형적으로 만들어짐(하단 그림의 ⓐ, ⓑ, ⓒ, ⓓ)

  : 따라서 차후에 구획상자(ⓔ, 3D 뷰의 '특성' 창에서 켜고 끄기 가능)로 잘라 외곽 부분을 박스 형태로 정리하기 위해 여유 있게 등고선을 남겨두는 것이 필요함

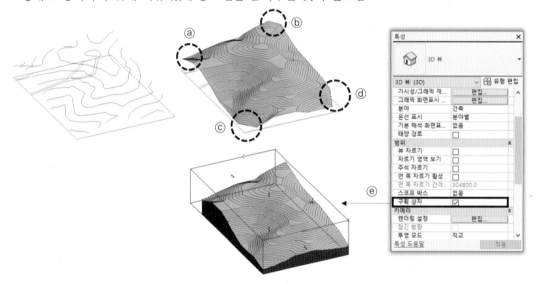

- 레벨과 연계하여 평지가 될 부분을 CAD 도면에서 미리 선으로 표시해 두기(ⓐ의 파란 선)

  : 지형이 여러 단으로 구성될 경우 Revit에서 서로 다른 건물 패드의 영역으로 분리하는 데 참고용 선으로 사용(ⓑ의 3단 건물 패드)

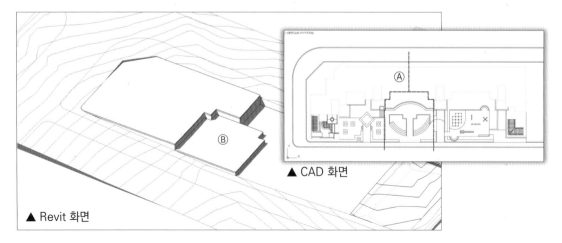

▲ Revit 화면

▲ CAD 화면

◉ STEP 2. Revit에서 지형 만들기

- Revit에서 CAD 파일을 불러오고 여기에 포함된 등고선 레이어를 이용하여 지형 만들기
  : 측량 지점 등 기타 포인트 파일 사용 가능(CSV, 콤마를 삭제한 TXT)
- 점을 개별적으로 추가하여 지형 만들기도 가능
  : ❶ '수정 | 표면 편집' 탭 〉 ❷ '도구'의 '점 배치'를 클릭하고 이어서 원하는 지점에 ❸ 점 찍기)

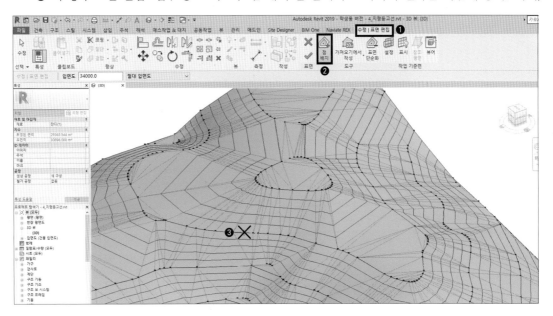

◉ STEP 3. 만들어진 지형 편집하기

- Revit에서 지형 조작하기
  : ❶ '매스작업 & 대지' 탭 〉 ❷ '대지 수정'
  : 건물 패드로 누르기, 표면 분할과 표면 병합, 소구역 나누기, 대지경계선 지정, 단계별 영역
  지정, 등고선 레이블 달기 가능

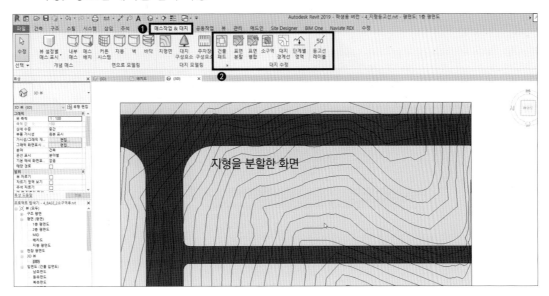

- ❶ '매스작업 & 대지' 탭 〉 ❷ '단계별 영역' 도구를 활용하여 공정 추가하기
  : ❸ 기존 지형(붉은색, Existing)과 새 구성 지형(녹색, New Construction)을 생성하여 형상을 비교하고 ❹ 절성토량을 계산할 수 있음

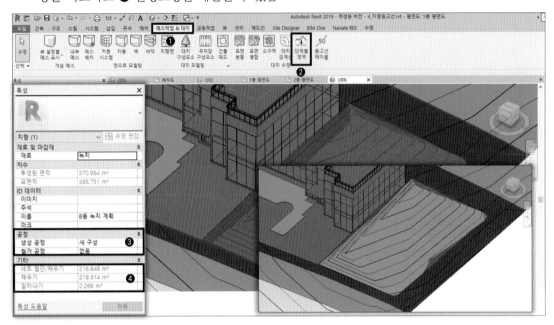

- 관련 플러그인 사용 가능
  : ❺ Site Designer(Autodesk사에서 제공하는 무료 애드인)
  : 마운딩, 보도 및 도로, 경계석, 옹벽 등을 모델링하는 도구 제공

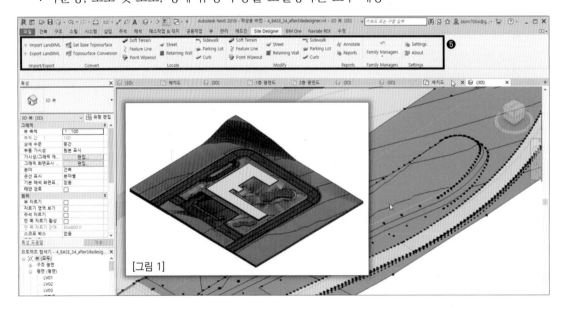

▲ [그림 1] 이미지 자료(Autodesk사. http://knowledge.autodesk.com/ko/support/revit-products/learn-explore/ca as/CloudHelp/cloudhelp/2019/KOR/Revit-AddIns/files/GUID-0866C35A-51D5-444E-8231-0079EE3E4E6- htm.html)

지형면 만들기

▌지형면 모델링에 앞서
- Revit에서 지형면은 일반적으로 CAD 도면의 등고선을 불러와서 생성함
- 생성된 지형면은 불규칙 삼각망으로 이루어져 있음
- 이렇게 생성된 지형면은 건축 '바닥'과는 다른 모델링 방식으로 만들어지므로 서로 호환되지 않는다는 한계가 있음
- 따라서 차후 녹지와 마운딩이 들어가는 부분은 '표면 분할' 도구를 이용하여 건물 패드로 정지 작업을 한 후 포장재가 설치되는 부분과 분리하여 작업하는 것이 효율적임

지형면 만들기
실습파일 : 04_1_topo_basemap.dwg
완성파일 : 04_1_topo_surface_완료.rvt

[개요]

① CAD 도면 불러오기
② CAD 도면의 등고선 레이어로 지형면 만들기
③ 등고선 간격 조정하고 레이블 달기
④ 대지 경계선 작성하고 면적 확인하기

◉ STEP 1. 새 프로젝트 만들기
- 메인 메뉴의 ❶ '파일' 탭 〉 ❷ '새로 만들기' 〉 ❸ '프로젝트' 클릭하기
- '새 프로젝트' 창이 나타나면 ❹ '건축 템플릿'을 선택하고 ❺ '확인' 버튼 클릭하기

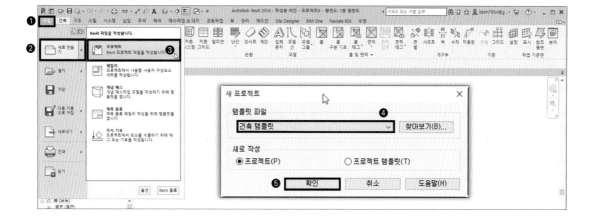

⦿ STEP 2. CAD 도면 불러오기

- ❶ '삽입' 탭 〉 ❷ '링크'의 'CAD 링크' 클릭하기
- 'CAD 형식 링크' 창이 나타나면 ❸ '04_1_topo_basemap.dwg' 파일 찾기
- 옵션의 ❹ '색상'은 '유지', '위치'는 ❺ '자동 - 원점 대 원점'을 선택하고 열기
  : CAD 도면의 원점 ⓐ는 Revit으로 작성된 건축 모델의 좌측 하단 벽체 중심점에 맞춰져 있음. 차후 이 원점을 기준으로 분야별 모델들이 정확히 맞추어짐

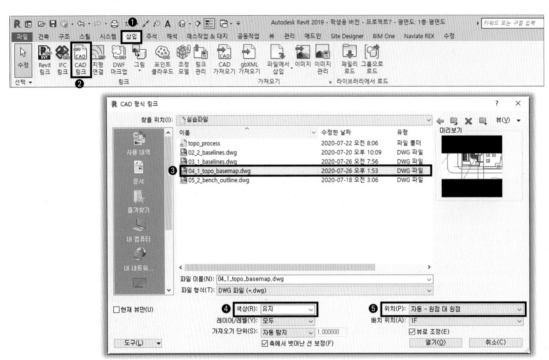

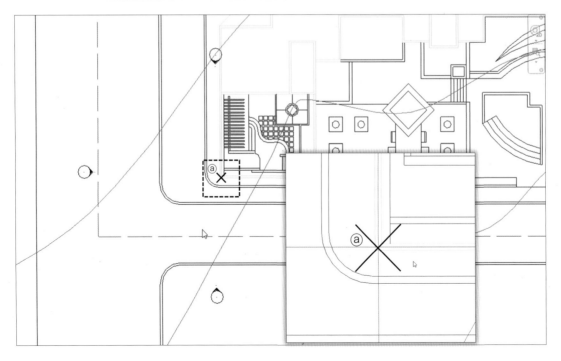

⚠️ 작업할 CAD 도면 미리 살펴보기

- CAD 도면(04_1_topo_basemap.dwg)은 다음과 같은 레이어로 구성되어 있음
  ① boundary : 모델의 최대 외곽선 경계
  ② buildings : 건축선
  ③ center_lines : 건축 벽체 중심선
  ④ contours : 등고선
  ⑤ landscape_plan : 조경계획선
  ⑥ level_line : 지형의 단차 경계선

- CAD에서 'center_lines' 레이어는 꺼져 있으며 그 상태로 Revit에 불러오면 레이어가 꺼진 채로 불러와짐

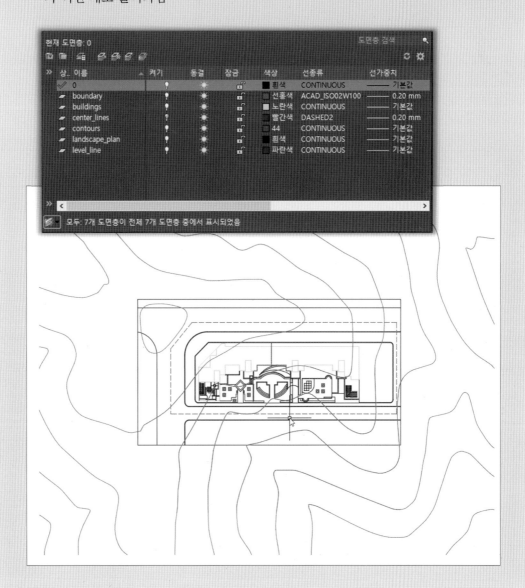

◉ STEP 3. CAD 등고선으로 지형면 생성하기

- 프로젝트 탐색기에서 ❶ '배치도'를 더블클릭하여 배치도 뷰 열기
  : 지형은 배치도에서만 보이도록 설정되어 있음
- ❷ '매스작업 & 대지' 탭 〉❸ '대지 모델링'의 '지형면' 클릭하기
- ❹ '수정 | 표면 편집' 탭 〉❺ '도구'의 '가져오기에서 작성' 〉❻ '가져오기 인스턴스 (instance) 선택' 클릭하기. ❼ CAD 도면을 클릭하고 '선택된 레이어에서 점 추가' 창에서 ❽ 'contours' 레이어 선택 후 ❾ '확인' 버튼 클릭하기
- 다시 화면으로 되돌아가면 ❿ '표면'의 '표면 마감' 버튼 클릭하기

● STEP 4. 지형면 재질 변경하기

- 현재 은선으로 되어 있는 ❶ 비주얼 스타일을 ❷ '색상 일치'로 바꾸기
- 밝은 톤으로 재질 변경하기

  : 지형면을 클릭하여 선택하고 '특성' 창의 ❸ '재료 탐색기' 버튼 클릭하기

  : 나타난 '재료 탐색기' 창에서 ❹ '라이브러리 패널 표시' 버튼을 클릭하면 하단 창이 나타남

  ❺ 검색 창에서 '수목'을 찾아서 ❻ '문서에 재료를 추가하기' 버튼 클릭하기

- 프로젝트 재료에 ❼ '수목'이 새로 추가되면 마우스 오른쪽 버튼을 클릭하여 '녹지'라고 이름을
  변경하고 ❽ '그래픽' 탭의 ❾ 색상을 클릭한 후 ❿ 적당한 색상 고르기

- ⓫ '확인'과 '적용' 버튼을 여러 번 클릭하고 화면으로 되돌아가서 재질이 제대로 적용되었는지
  확인하기

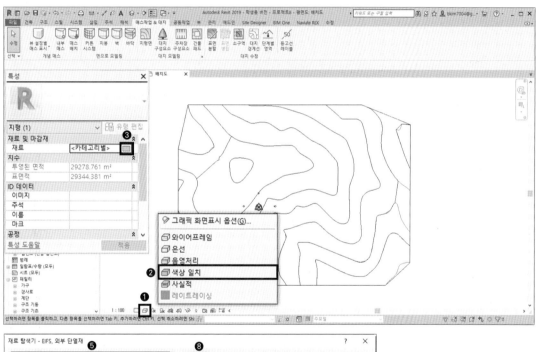

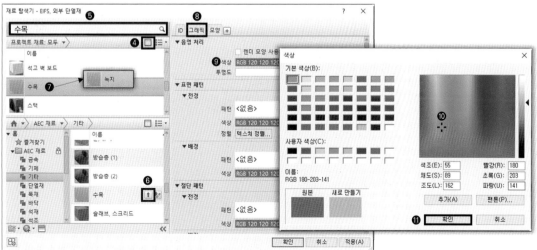

◉ STEP 5. 등고선의 간격 조정하기

- ❶ '매스작업 & 대지' 탭 〉 ❷ '대지 모델링' 옆의 아이콘을 클릭하여 ❸ '대지 설정' 창 열기
- '추가 등고선'의 '증분' 값을 현재 '1000'에서 ❹ '500'으로 수정하고 ❺ '확인' 버튼 클릭하기

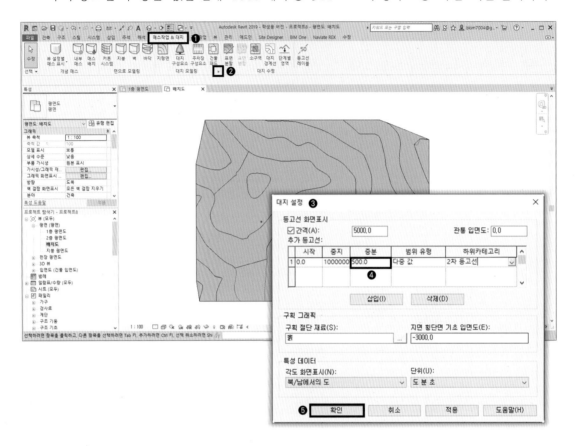

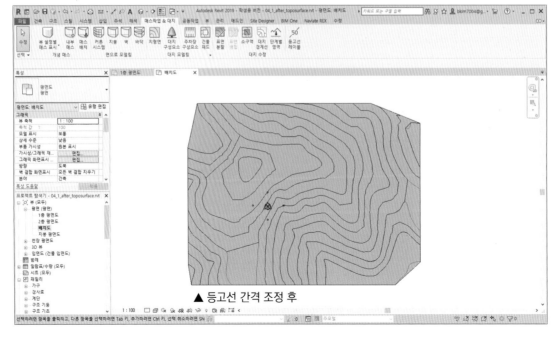

▲ 등고선 간격 조정 후

◉ STEP 6. 등고선에 레이블 및 삼각형 모서리(TIN) 표시하기

- ❶ '매스작업 & 대지' 탭 〉 ❷ '대지 수정'의 '등고선 레이블' 클릭하기
- 화면에서 등고선 레이블을 표시하려는 부분에서 ❸ 시작점과 ❹ 끝점 클릭하기
- 레이블이 너무 작거나 크면 ❺ 하단 스케일 클릭하여 조정하기(하단 그림은 ❻ '1 : 1000'임)

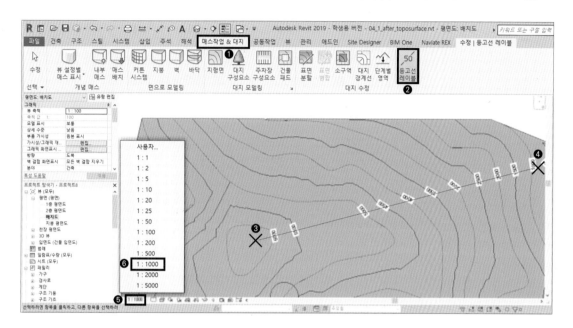

- 해당 뷰에 대한 가시성/그래픽 재지정 창 열기
  : 단축키 사용하기 V + V 또는 V + W
- 나타난 창의 '모델 카테고리'에서 '지형' 〉 '삼각형 모서리'에 체크하고 '적용' 버튼 클릭하기

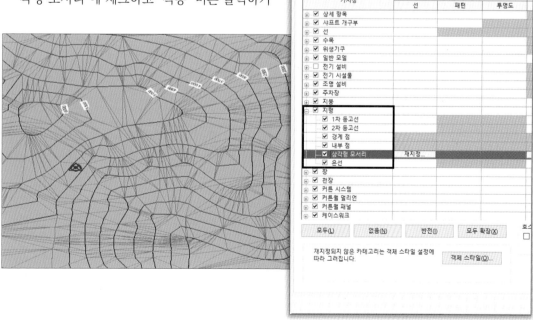

◉ **STEP 7. 대지 경계선 만들기**(평면 뷰에서만 가능)
- 뷰에 대한 가시성/그래픽 재지정에서 삼각형 모서리를 다시 끄기
- ❶ '비주얼 스타일'을 ❷ '와이어프레임'으로 변경하기
- ❸ '매스작업 & 대지' 탭 〉 ❹ '대지 수정'의 '대지 경계선' 클릭하기
  : '대지 경계선 작성' 창에서 ❺ '스케치하여 작성' 선택하기
  : ❻ '수정 | 대지 경계선 스케치 작성' 탭 〉 '그리기'의 '선 선택' 도구를 클릭하고 CAD 도면
  의 ❼ 대지 경계선 선택하기(분홍색 경계선 위에 마우스 포인터를 올려놓고 Tab 누르기.
  Tab 을 누르면 한 번에 선택 가능). ❽ '편집 모드 완료' 버튼 클릭해서 종료하기
- 대지 경계선을 클릭하여 '특성' 창이 나타나면 ❾ 대지 면적 확인하기(면적 : 3768.167㎡)

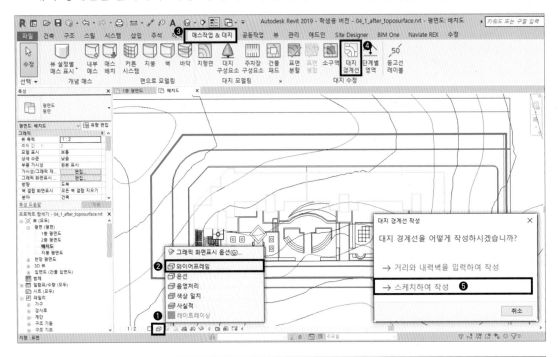

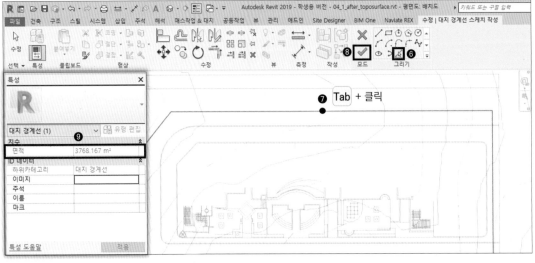

⊙ STEP 8. 구획 상자로 지형 외곽선 정리하기

- 프로젝트 탐색기에서 '3D 뷰'로 가고 비주얼 스타일은 '색상 일치'로 바꾸기
- 아무것도 선택되지 않은 상태에서 '특성' 창 〉 ❶ '범위'의 '구획 상자'에 체크하기
   : 구획 상자는 3D 형상의 가장자리를 사방으로 자유롭게 잘라낼 수 있도록 하는 도구임
- 화면에 나타난 ❷ 삼각형 조절점들을 조정하여 지형의 가장자리를 적절히 잘라내기

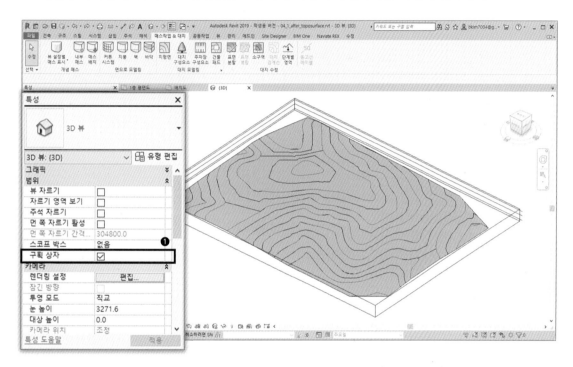

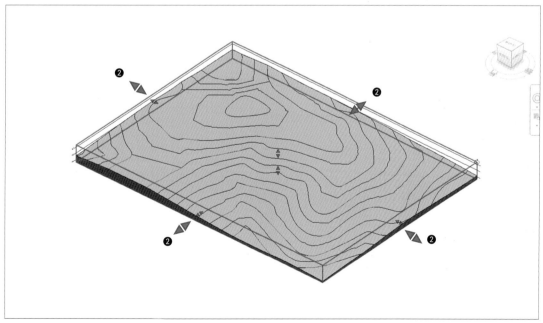

지형면 편집하기

▌지형면 편집하기에 앞서
- Revit에서 지형 편집을 위해 제공하는 도구에는 다음과 같은 것들이 있음
  - ❶ 건물 패드 _ 지형을 평지로 눌러서 평평하게 함
  - ❷ 표면 분할 _ 지형을 분할. 각각 별도의 객체로 분리됨
  - ❸ 표면 병합 _ 분할했던 지형을 다시 합함
  - ❹ 소구역 _ 지형을 분할하지 않고 단순히 재질을 다르게 지정하기 위해 구역으로 나눔
  - ❺ 단계별 영역 _ 지형의 단계별 과정 정의. 기존 지형과 계획 지형을 비교 분석하여 절성토량
    계산

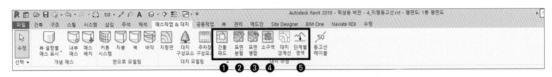

- 지형 선택 후 표면 편집으로 들어가면 개별적 점을 편집하여 형태 편집이 가능
  - ❻ 점 배치 _ 점을 추가함
  - ❼ 표면 단순화 _ 점의 수를 줄여서 지형을 단순화함
  - ❽ 고도 _ 점의 고도(Z 값)를 정확히 입력할 수 있음

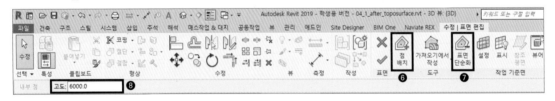

> ⚠ **지형면에서 개별적 점을 편집할 때 주의 사항**
>
> - 지형이 분할되어 있을 때 현재 편집 모드에 있는 지형을 수정하면 그 주변 지형의 맞물리
>   는 지점들도 편집 모드로 들어가서 동일한 위치로 수정해야 지형에 빈 틈이 생기지 않음.
>   이때 점의 고도 값을 복사하여 사용하면 편리함
> - 레벨 값이 확실히 결정되어 있는 주요 지점들은 남겨두고 다른 점들은 최대한 지워서 지
>   형을 단순하고 매끄럽게 조정하기
>   : 남아 있는 지점들의 XY 좌표 상의 위치는 평면에서 조정
>   : 이 지점들의 고도 값을 변경할 때는 옵션의 ❽ '고도' 입력 상자에 직접 입력하여 조정

지형면 편집하기

실습파일 : 04_2_topo_edit.rvt(전 단계 실습예제 '04_1_topo_surface_완료.rvt'와 동일한 파일)
　　　　　04_2_BLD_A.rvt, 04_2_BLD_B.rvt
완성파일 : 04_2_topo_edit_완료.rvt

[개요]

① 지형을 녹지, 포장구간, 도로, 보행로 등 용도에 따라 분할하여 재질 다르게 지정하기
　　(지형 분할은 부분적으로 지형면 편집을 용이하게 함)
② 건물 패드로 지형을 평평하게 눌러서 단차를 만들고 레벨에 구속시키기
③ 지형면 편집 도구로 지형의 형태 조정하기
④ '단계별 영역' 도구를 이용하여 절성토량 계산하기

⊙ STEP 1. 지형면 분할하기

- '배치도' 뷰로 가서 비주얼 스타일을 '와이어 프레임'으로 변경하여 지형과 그 아래 CAD 도면
  이 보이도록 조정하기
- ❶ '매스작업 & 대지' 탭 〉 ❷ '대지 모델링'의 '표면 분할'을 클릭하고 ❸ 지형을 선택한 후
  ❹ '수정 | 표면 분할' 탭 〉 ❺ '선 선택' 도구로 ❻ 모델의 경계선을 클릭하여 선택하기
- ❼ '편집 모드 완료' 버튼을 클릭하고 지형면이 2개로 분할되었는지 확인하기

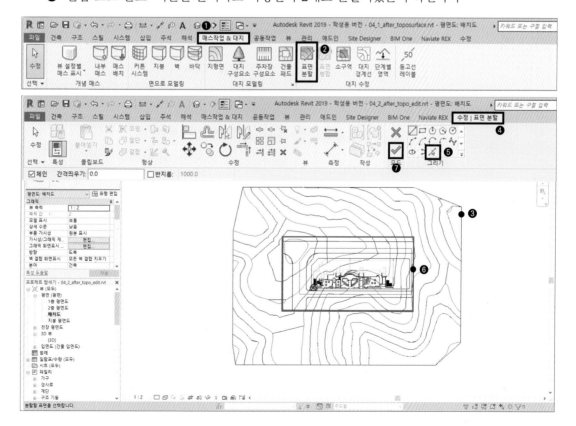

⦿ STEP 2. 지형면 계속 분할하고 재질 입히기

- 같은 방법으로 아래의 그림처럼 사각형 박스 내 지형면을 ①부터 ⑥까지 6개로 나누기

  : 나누면서 원하는 지형이 선택되도록 Tab 을 누르면서 분할하기

  : 방금 전 분할했던 주변 ⑦까지 총 7개가 됨

- 분할된 지형면의 재질을 아래와 같이 설정하거나 자유롭게 입히면서 ❶ 음영 처리되는 색상을 필요에 따라 변경하기

  : ② 도로 _ '아스팔트, 포장도로, 진회색'

  : ⑥, ⑦ 녹지 및 주변부 _ '녹지'('수목'에서 이름을 변경한 재질)

  : ④ 보도 _ '벽돌, 도로포장재'(차후 건물 패드로 누르면 일부 재질이 자동으로 변경됨)

  : ①, ③, ⑤ 대상지 외 블록 _ '콘크리트, 현장타설 회색'

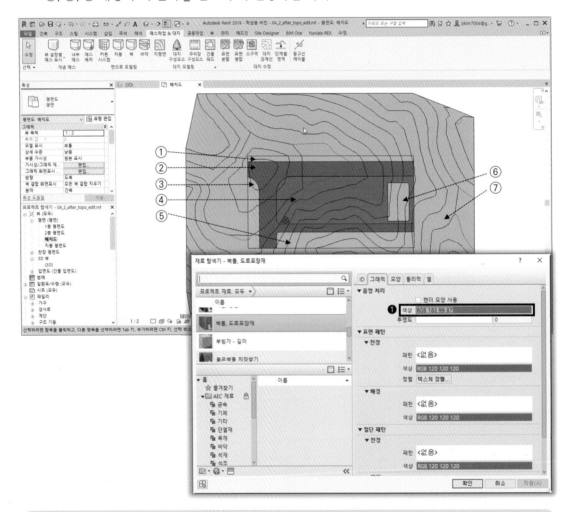

> ⚠ **지형면 분할을 위해 CAD 도면의 선들을 선택하여 사용할 경우의 유의점**
>
> - 선과 선이 만나는 지점, 점이 끝나는 지점이 정확히 마무리되어야 함
>
> - 특히 호와 직선이 만나는 지점은 CAD에서 정확히 맞추어 그려도 Revit에서 불러오면서 어긋나는 경우가 종종 있음. 이런 경우에는 약간 안쪽으로 선을 다시 그려야 함

⊙ STEP 3. 레벨 설정하기

- 조경 모델은 세 개의 단차로 나뉘어 있음. 이 단차들을 레벨에 구속시키려면 먼저 레벨을 설정해야 함

  : 설정할 두 개의 레벨에 Revit 건축물 모델들도 들어서게 됨

- 레벨 설정을 위해 프로젝트 탐색기 〉 ❶ '남측면도'를 더블클릭하여 뷰 열기

- 기존에 설정되어 있는 레벨을 조정하거나 새로운 레벨 만들기

  : 우선 ❷ 레벨 범위의 조절점을 클릭 후 드래그하면서 선을 지형의 우측 외부까지 연장시키기

  : 반대쪽도 마찬가지로 지형의 좌측 외부까지 연장시키기

  : ❸ 아래의 표 및 그림을 참고하여 레벨 설정하기

기존 레벨	수정된 레벨(또는 새로 생성 ＊)	차후 건축 모델의 레벨과의 관계
1F (0)	LV 0 (0)	
2F (4000)	LV 1 (2000)	• 불러온 건축물 B동의 지상층 레벨 • 차후 'LV 1'에 앉혀질 포장재들의 상단 높이
지붕 (7600)	LV 2 (3000)	• 두 건축물 사이의 중간 단 • 차후 'LV 2'에 앉혀질 포장재들의 상단 높이
-	LV 3 (4500) ＊	• 불러온 건축물 A동의 지상층 레벨 • 차후 'LV 3'에 앉혀질 포장재들의 상단 높이

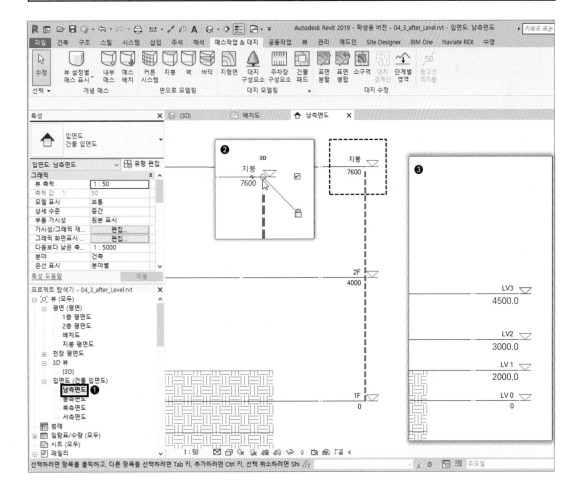

◉ STEP 4. 건물 패드 만들고 레벨에 구속시키기

- '배치도' 뷰로 가서 '와이어 프레임'으로 보기. ❶ '매스작업 & 대지' 탭 〉 ❷ '대지 모델링'의 '건물 패드'를 클릭하고 ❸ '수정 | 패드 경계 작성' 탭 〉 ❹ '그리기'의 '선 선택' 도구 클릭하기
- 건물 패드의 외곽선을 지정하기 위해 ❺ 그림과 같이 선들을 선택하거나 그리기
- 건물 패드를 레벨에 구속시키기 위해 '특성' 창 〉 ❻ '구속조건'의 '레벨'에 'LV 3'을 지정하고 '레벨로부터 높이 간격 띄우기'는 '-1000*'을 입력 후 ❼ '편집 모드 완료' 버튼 클릭하기
  : * 차후 상단에 '자연토사'가 앉혀질 것을 고려한 고도(토심 '950' + 상단과의 간격 '50')

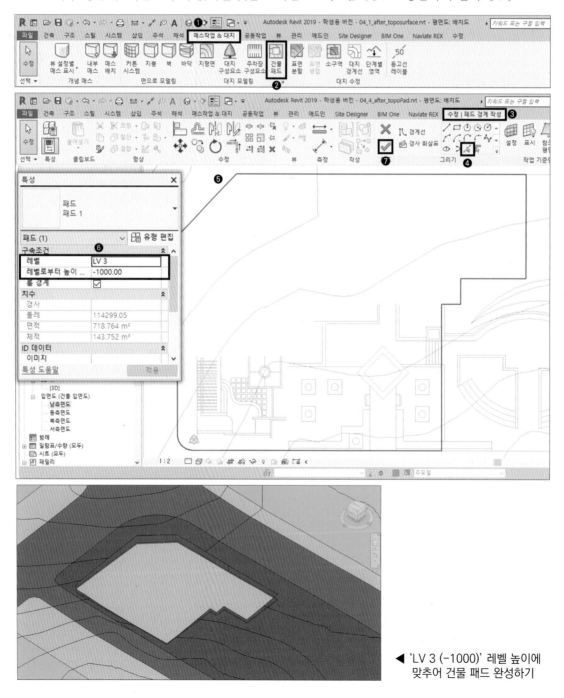

◀ 'LV 3 (-1000)' 레벨 높이에
맞추어 건물 패드 완성하기

- '‎LV 2 (-1000)' 레벨에 구속되는 중간 단의 건물 패드를 앞의 방법과 동일하게 만들기

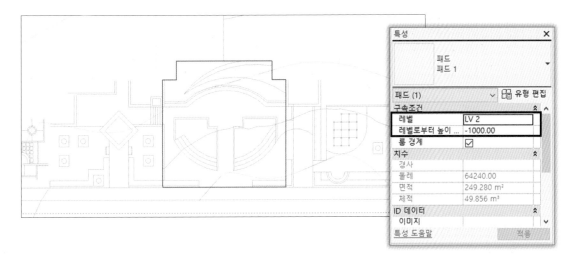

- 'LV 1 (-1000)' 레벨에 구속되는 건물 패드도 이상의 방법과 동일하게 완성하기

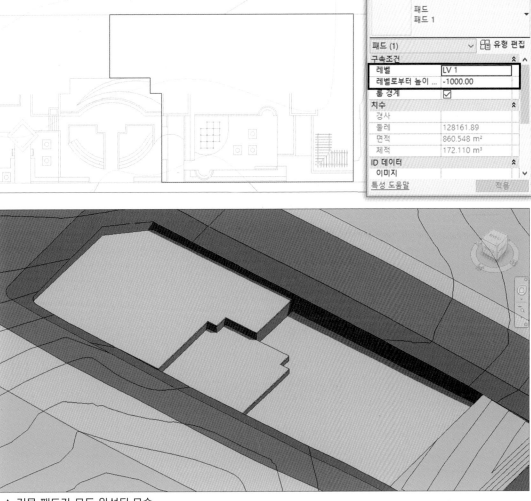

▲ 건물 패드가 모두 완성된 모습

⚠ **뷰의 가시성/그래픽에서 화면에 나타나는 등고선 조정하기**

- 작업 편의를 위해 각 뷰의 가시성/그래픽 조정하기
  : 작업하던 뷰에서 '가시성/그래픽 재지정' 창 열기

  (V + V 또는 V + W)

- 지형에 대한 가시성, 선, 면의 색상, 굵기, 패턴 등 그래픽 조정하기
  : ❶ '모델 카테고리' 탭 〉 ❷ '지형' 〉 ❸ '1차 등고선', '2차 등고선' 속성 조정하기

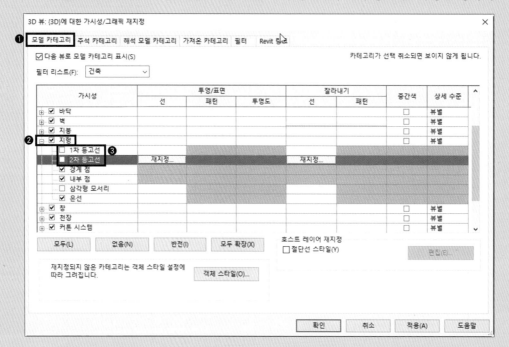

- CAD 도면의 등고선에 대한 가시성 및 그래픽 조정하기
  : ❹ '가져온 카테고리' 탭 〉 ❺ 'contours'의 속성 조정하기

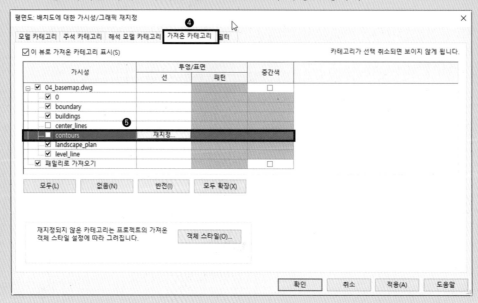

⊙ STEP 5. 건축물 Revit 모델 파일 불러오기

- ❶ '삽입' 탭 〉 ❷ '링크'의 'Revit 링크' 클릭하기
- 'RVT 가져오기/링크' 창에서 ❸ '04_2_BLD_A.rvt' 파일을 찾아서 클릭하고 옵션에서 ❹
  '위치'의 '자동 – 원점 대 원점'을 선택한 후 ❺ '열기' 버튼 클릭하기
  : CAD 도면과 건축물 Revit 모델의 원점이 프로젝트 기준점(ⓐ)으로 일치됨
  : 건물이 건물 패드에 붙어있지 않고 상단에 떠있는 상태임(차후 하단에 바닥재 배치)
- 동일한 방식으로 '04_2_BLD_B.rvt' 파일도 불러오기

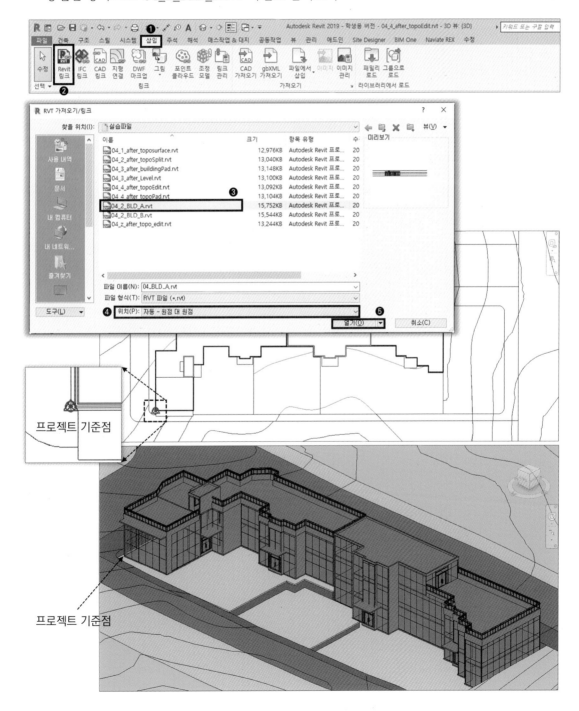

> ⚠️ **단계별 영역 도구(Graded Region)로 지형면의 공정(Phase) 작업하기**
>
> - 지형면의 공정은 다음과 같은 순서대로 진행됨
>   ① '특성' 창에서 기존 지형을 생성 공정에 '기존'으로 지정하고
>   ② '단계별 영역' 도구를 클릭한 후
>   ③ 새로운 지형면 생성하기
>   ④ 새로 생성된 지형면을 원하는 형태로 편집하기
>
> - 이 과정을 마치고 나면 절성토량이 자동으로 계산되어 '특성' 창에 나타남

⊙ STEP 6. 지형면 공정 작업 시작하기

- ❶ B동 건물의 우측 지형을 선택하고 '특성' 창의 ❷ 'ID 데이터'의 '이름'에 'B동 동측 녹지'라고 입력하기

- ❸ '공정'의 '생성 공정'은 '기존'으로 지정하기('기존 지형'으로 지정하면 ❹와 같이 지형면의 색상이 회색으로 변함)

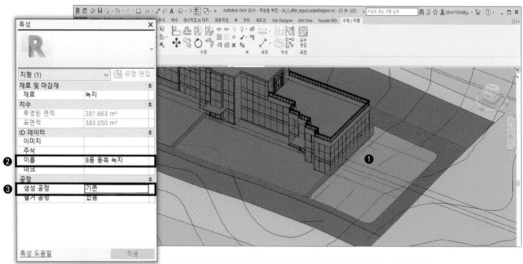

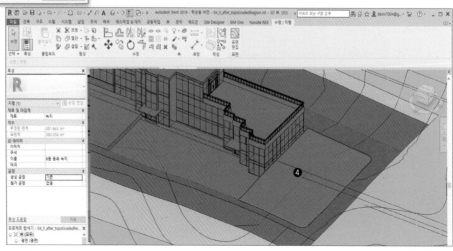

- ❺ '매스작업 & 대지' 탭 〉❻ '대지 수정'의 '단계별 영역' 도구 클릭하기
- '단계별 영역 편집' 창에서 ❼ '기존 지형면과 정확히 똑같은 새 지형면 작성'을 선택하고 ❽ 기존 지형의 외곽선 클릭하여 선택하기
- ❾ '수정 | 표면 편집' 탭 〉❿ '표면'의 '표면 마감'을 클릭하면 새로운 지형이 생성되고 기존 지형은 붉은색(Ⓐ)으로 변경되어 새로 작성된 지형(Ⓑ)과 식별됨

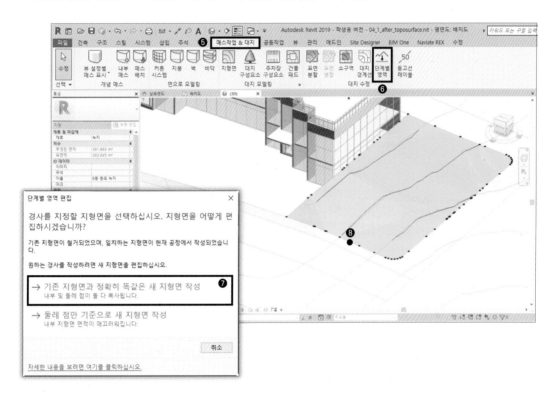

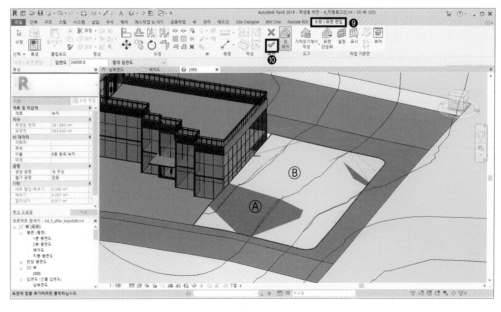

◉ STEP 7. 새로운 지형면의 3D 형상 편집하기

- ❶ 지형을 선택한 후 '특성' 창을 확인해 보면 ❷ '생성 공정'이 '새 구성'으로 되어 있고 ❸ 절 성토량도 이미 계산되어 있음
- 지형면의 점들을 편집하기 위해 ❹ '수정 | 지형' 탭 〉 ❺ '표면'의 '표면 편집'으로 가기

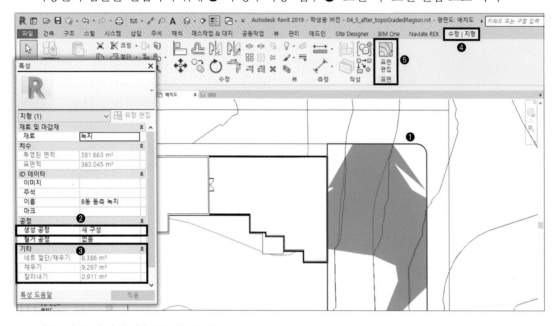

- 기존 지점 편집하기(고도 값 수정)
  : ❻ 상단부(Ⓐ)의 각 점을 선택하여 ❼ 옵션 바의 '고도' 값을 각각 확인한 후 그 부분의 점들 을 모두 선택하고 ❽ 범위 내 적당한 정수 값을 고도에 입력하기(2800)
- 같은 방법으로 하단부(Ⓑ)의 고도 값도 입력하기(2300)
  : 고도 값은 점 하나씩만 확인이 가능하지만 복수로 입력 가능함

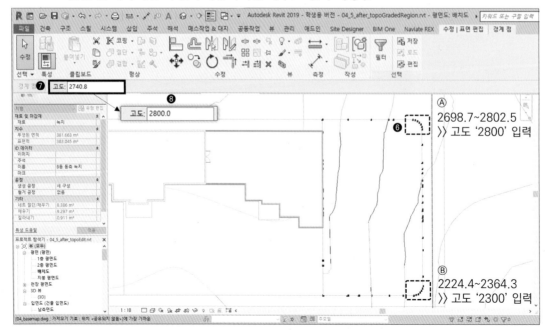

- 중간 지점의 점들 선택하여 지우기
  : 녹지의 사각형 꼭지점에 위치하는 주요 점들을 제외하고 4개 면에 위치한 점들(아래 그림의 파란색 영역 부분)은 선택하여 지우기

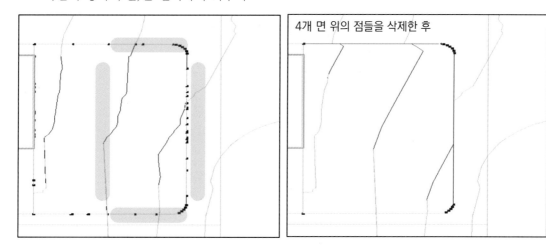

- 지형 내부에 '2500'으로 상향 조정되는 새로운 지점을 두 곳 추가하여 지형 마운딩 만들기
  : ❶ '수정 | 표면 편집' 탭 〉 ❷ '도구'의 '점 배치'를 클릭하여 나타난 ❸ 옵션 바의 입면도(고도)에 '5300'을 입력한 후 ❹ ⓐ 지점을 클릭하여 점 추가하기(2800+2500)
  : 동일한 방식으로 ❺ 옵션 바의 입면도(고도)에 '4800'을 입력한 후 ❻ ⓑ 지점을 클릭하여 점 추가하기(2300+2500)
- ❼ '표면'의 '편집 마감' 클릭하기

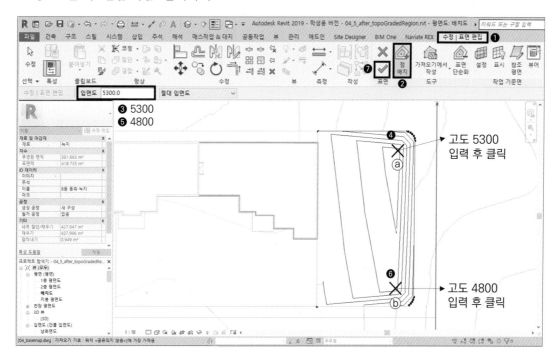

- 녹지 둘레의 주변 보도를 구성하는 점들 수정하기
  : 녹지 상의 점들을 편집하면서 Ⓐ 부분처럼 지형과 보도의 형태 간에 차이가 생김
  : 따라서 녹지와 맞물리는 보도의 점들을 녹지에서 수정된 고도 값과 동일하게 입력하고(❶ '2800', ❷ '2300'), ❸ 지운 점들은 똑같이 지우기('수정 전' 그림의 파란 영역 부분 내)

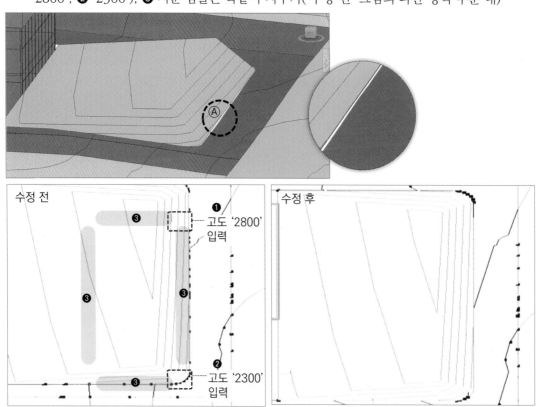

⦿ STEP 8. 절성토량 확인하기

- 지형 선택 후 '특성' 창에서 절성토량의 값 확인하기
  : ❹ 네트 절단/채우기(절성토량 절토량/성토량)

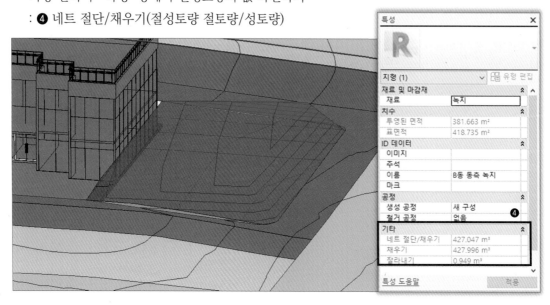

포장재 모델링하기

▌포장재 모델링에 앞서

- 시스템 패밀리인 '바닥'을 이용하여 포장재 모델링을 하면 여러 레이어로 구성된 단면 구조를 반영할 수 있음. 이때 총 두께가 자동으로 계산됨

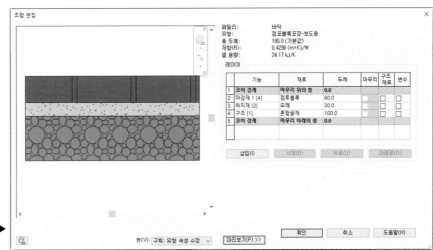

◀ 포장재 단면구조 사례
(점포블록포장 – 보도용)

- 바닥 패밀리는 레벨을 구속조건으로 설정해서 손쉽게 배치할 수 있음. 또한 레벨 값을 수정하면 그에 구속되어 있던 바닥재들의 높이가 모두 한 번에 수정되므로 편리함
- 배수 등의 이유로 바닥재에 경사를 주어야 할 경우 '수정 | 바닥' 탭 〉 '경계 편집'에서 바닥재의 '경사도'를 직접 입력하거나 경사를 표시하는 '테일의 높이'를 지정할 수 있음
- 비정형적인 표면의 바닥은 점 또는 분할선을 추가하여 모델링할 수 있음
- 수량산출에서 포장재를 구성하는 부재들은 면적과 체적이 개별적으로 자동 산출됨

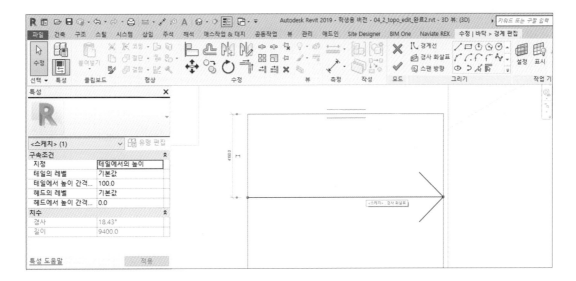

실습하기 : 포장재 모델 _ 점토블록 포장/화강석판석 포장

실습파일 : 04_3_topo_paving.rvt(전단계 실습예제 '04_2_topo_edit_완료.rvt'와 동일한 파일)
완성파일 : 04_3_topo_paving_완료.rvt

[개요]

① '바닥' 패밀리로 다양한 포장재 단면 구조 작성하기
② 바닥재의 단면 구조에서 각 재료별 음영처리 및 표면 패턴 지정하기
③ 바닥재를 모델에 앉히면서 포장재 간 겹치는 부분은 '형상 결합'으로 조정하기
④ 포장재의 경사도를 '경사 화살표'로 조정하고 램프 모델링하기
⑤ 외부공간에서 모듈화하기 어려운 계단을 바닥재로 표현하기
⑥ 점 또는 분할선을 추가하여 비정형적인 녹지 표면 모델링하기

⊙ STEP 1. '점토블록' 포장재 작성을 위한 새로운 바닥 유형 만들기

- ❶ '1층 평면도'로 가서 '건축' 탭 〉 ❷ '빌드'의 '바닥'을 클릭하고 ❸ '바닥: 건축' 선택하기

- ❹ '특성' 창의 '유형 편집' 버튼을 클릭하고 '유형 특성' 창에서 ❺ '복제' 버튼 클릭하기

- ❻ '이름' 창에서 '점토블록포장 – 보도용'을 입력하고 '확인' 버튼 클릭하기

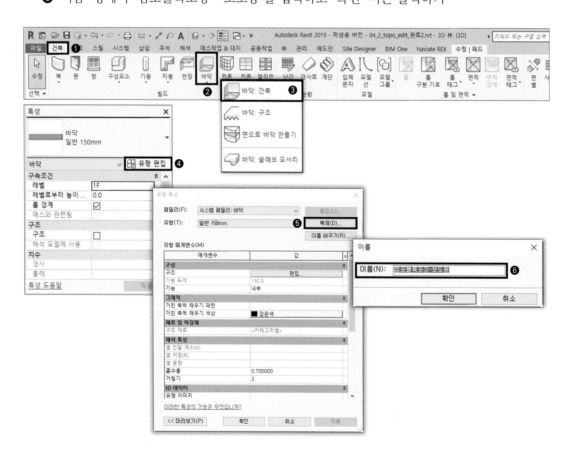

◉ STEP 2. '점토블록' 포장재 단면 구조 만들기

- 이름을 바꾸어 복제한 유형의 '특성' 창에서 ❶ '구조'의 '편집...' 버튼 클릭하기

- '조합 편집' 창이 나타나면 '기능'에서 ❷ '구조 [1]' 대신 '마감재 1 [4]' 선택하기

- 계속해서 ❸ '재료'의 '카테고리별' 옆의 '재료 탐색기' 버튼을 클릭하고 재료 선택하기

  : '재료 탐색기' 창에서 ❹ '벽돌'을 검색하여 ❺ 하단에서 '벽돌, 도로포장재'를 찾고 '문서에 재료를 추가하기' 버튼 클릭하기

  : ❻ '벽돌, 도로포장재'가 새로 추가된 것 확인하기

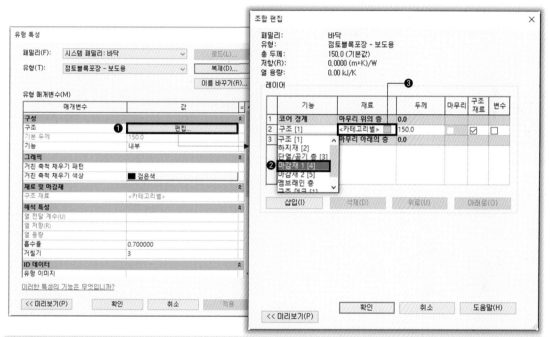

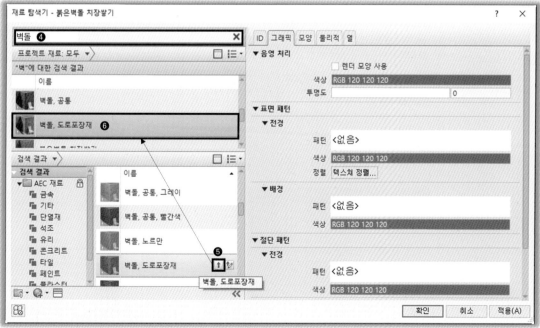

- 추가한 재료를 복제하여 '점토블록' 만들기

  : ❶ 추가한 재료에서 마우스 오른쪽 버튼 클릭 후 복제하여 '점토블록' 이름 지정하기

  : 그래픽에서 ❷ 음영 처리 시 색상 ❸ '표면 패턴' ❹ '절단 패턴'을 각각 클릭하여 적당한 패턴 주기. 패턴 크기는 ❺ '채우기 패턴 편집'을 클릭한 후 ❻ '가져올 축척'에서 조정

  : 기본적으로 제공하는 패턴 외에 다른 패턴을 적용할 경우 ❼ '새 채우기 패턴' 버튼을 클릭해서 추가(새로운 패턴의 확장명은 .PAT 파일)

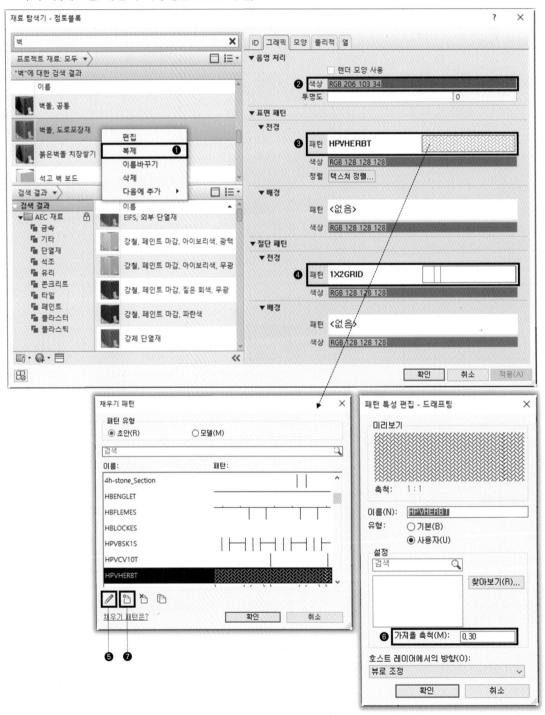

- '확인' 버튼을 몇 번 클릭하고 조합 편집 창으로 되돌아와서 ❶ '두께'에 '60' 입력하기
- '점토블록'의 하단에 두 개의 다른 재료들을 추가하기 위해 ❷ '삽입' 버튼을 두 번 클릭하기

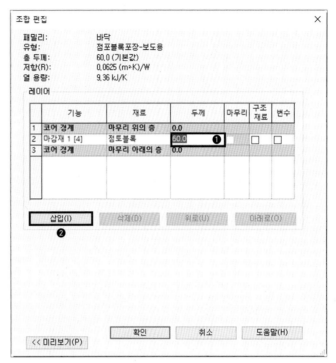

- 두 개의 재료가 추가되면 점토블록을 설정했던 것과 같은 방식으로 재료 편집하기
  ⓐ 기능 : 하지재 [2] / 재료 : 모래 / 두께 : 30
  ⓑ 기능 : 구조 [1] / 재료 : 혼합골재 / 두께 : 100
- ❸ '미리보기' 버튼을 클릭하고 ❹ 그림과 같이 포장재가 완성된 것 확인하기

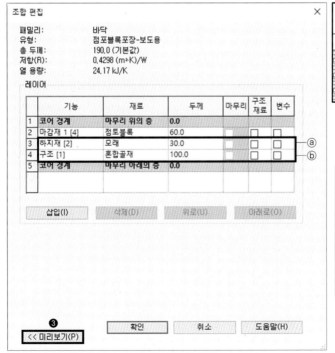

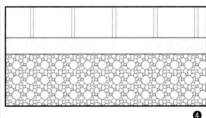

⚠️ '조합 편집창'에서 새로운 바닥재를 생성하고 나면 평면도에 간단하게라도 포장재를 만들어줘야 함. 바닥재를 생성한 후 포장재를 만들지 않고 바로 바닥재 도구 실행 모드에서 빠져나가면 새로 생성한 바닥재가 사라지게 됨

◉ STEP 3. '화강석판석' 포장재 만들기

- 점토블록 포장재를 작성한 것과 같은 방법으로 다음과 같은 구조를 가지도록 편집하기

   ⓐ 기능 : 마감재 1 [4] / 재료 : 화강석판석 / 두께 : 30

   ⓑ 기능 : 하지재 [2] / 재료 : 모르타르 / 두께 : 30

   ⓒ 기능 : 하지재 [2] / 재료 : 콘크리트 / 두께 : 46 *

   ⓓ 기능 : 하지재 [2] / 재료 : 와이어매쉬 / 두께 : 8 *

   ⓔ 기능 : 하지재 [2] / 재료 : 콘크리트 / 두께 : 46 *

   ⓕ 기능 : 구조 [1] / 재료 : 혼합골재 / 두께 : 100

- ❶ '미리보기' 버튼을 클릭하고 ❷ 그림과 같이 포장재가 완성된 것 확인하기

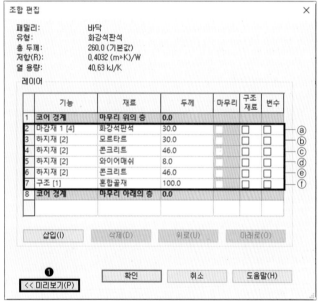

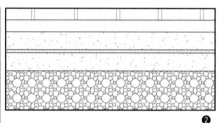

❷

* 일반적으로 콘크리트와 와이어매쉬를 합해 두께 100을 만들지만, 여기서는 8mm 와이어매쉬를 단면에서 표현하기 위해 별도로 작성. 단면도 작성 시 치수선은 와이어매쉬와 상단 및 하단의 콘크리트 층에 함께 달아서 합한 두께를 구함

◉ STEP 4. '자연토사-토목공사분' 작성하기

- 기능 : 하지재 [2] / 재료 : 자연토사(기존 재료 '흙' 복제하여 새로 생성) / 두께 : 950

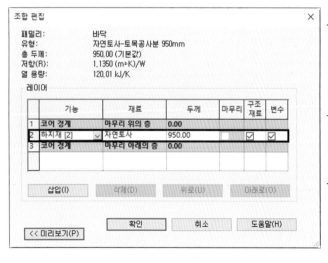

- 자연토사는 '건물 패드(건축 공사분, 누름 콘크리트)' 상단에 앉혀지며 포장재와 조경용 부토의 하부기반이 되는 토양
- 두께는 건물 패드에서 포장재까지로 상단 면이 겹치지 않도록 '950 (1000-50)'으로 설정
- 두께가 서로 다른 포장재들을 앉히면서 겹치는 부분이 생기므로 차후 '형상 결합'을 통해 정리

⊙ STEP 5. '조경용 부토' 작성하기

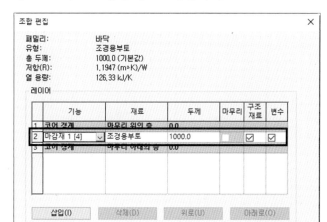

- 조경용 부토는 재식이 이루어질 상 부 토양
- 차후 모델에 앉히면서 앞서 모델링 한 자연토사와 겹치는 부분은 '형상 결합'으로 정리함

- 기능 : 마감재 1 [4]
- 재료 : 조경용부토(기존 재료 복제하여 새로 생성)
- 두께 : 1000

⊙ STEP 6. 모델에 '자연토사' 앉히기

- 배치도로 가서 와이어프레임으로 비주얼 스타일 지정하여 CAD 도면 표시하기
- 먼저 '자연토사'를 건물 패드 위에 배치하기 위해 ❶ '건축' 탭 〉 ❷ '바닥'의 '바닥: 건축'을 선택하고 '특성' 창에서 만들어 두었던 ❸ '자연토사 - 토목공사분' 지정하기
- ❹ '구속조건(LV 3, -50)'을 설정하고 ❺ '그리기' 도구로 아래의 그림과 같이 경계선 그리기
  : 경계선은 하단의 조경용 부토로만 채워질 녹지 공간(Ⓐ, Ⓑ)을 제외하고 그리기

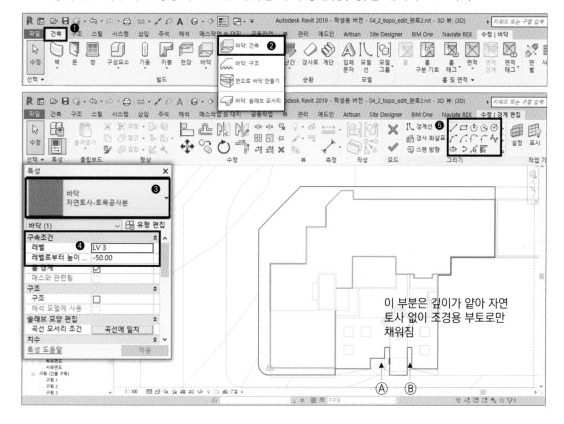

- '자연토사' 바닥재가 건물 패드 위에 모델링된 것을 화면에서 확인하기

  (건축물 하단의 지하공간 및 부재는 건축분야 모델로, 본 조경모델에서는 생략됨)

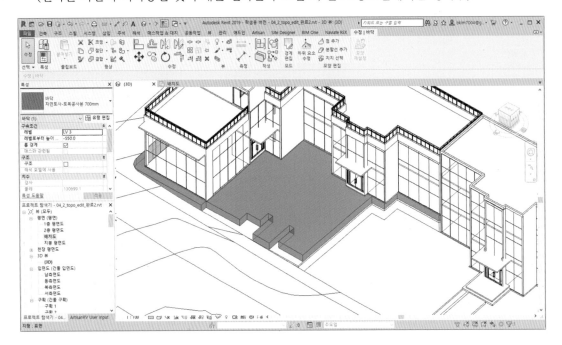

⊙ STEP 7. '자연토사' 위에 바닥 포장재 앉히고 결합시키기

- 앞의 방법과 마찬가지로 다른 바닥재 모델링하기

  : '특성' 창에서 '점토블록포장-보도용'을 선택하고 구속조건을 'LV 3'에 맞추기

  : 아래의 그림과 같이 경계선 그리기. 경계선 안쪽으로 폐곡선을 하나 더 그리면 안쪽이 뚫리고 띠 모양이 생김

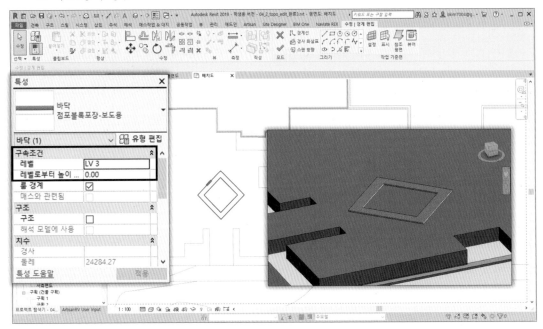

- 점토블록포장과 자연토사가 서로 겹치는 부분이 있으므로 형상 결합하여 정리하기
  : ❶ '수정' 탭 〉 ❷ '결합'의 '형상 결합'을 클릭하고 ❸ 점토블록포장과 ❹ 자연토사를 순서대로 클릭하여 선택하기. 이렇게 하면 두 번째 클릭한 자연토사에서 점토블록포장과 교차하는 부분이 제거됨
  : ❺ 형상 결합을 실행하고 나서 점토블록포장을 잠시 숨기면 자연토사에서 점토블록포장이 겹치는 부분만큼 제거된 것이 보임

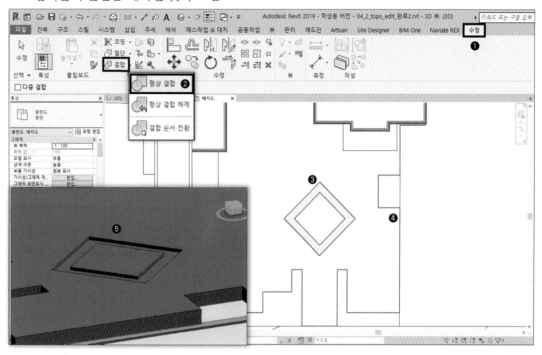

- 자연토사의 형태뿐만 아니라 '특성' 창에 나타나는 체적에도 형상이 제거된 것이 반영됨
  : ❻ 원래 형상의 '체적'은 '665.953㎥' ❼ 형상 결합 후의 '체적'은 '665.103㎥'

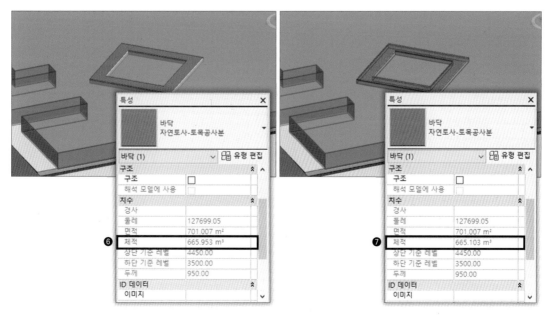

- 같은 방식으로 만들어 두었던 '화강석판석' 바닥재를 아래의 그림과 같이 배치하기
  (구속조건 'LV 3')
- '형상 결합'으로 자연토사와 겹치는 부분 제거하기

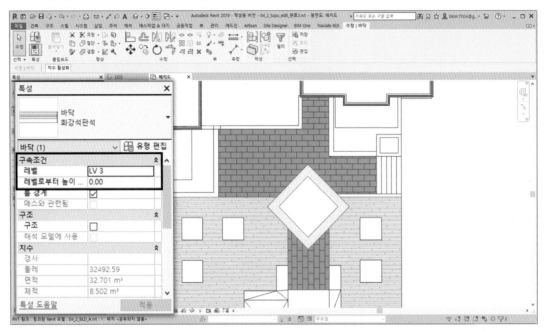

- 바닥재를 복제하여 '우드블록'을 새로 만들고 적당히 재료를 변경한 후 그림과 같이 배치하기(구속조건 'LV 3')
- 같은 방법으로 '형상 결합'을 이용하여 자연토사와 겹치는 부분 제거하기

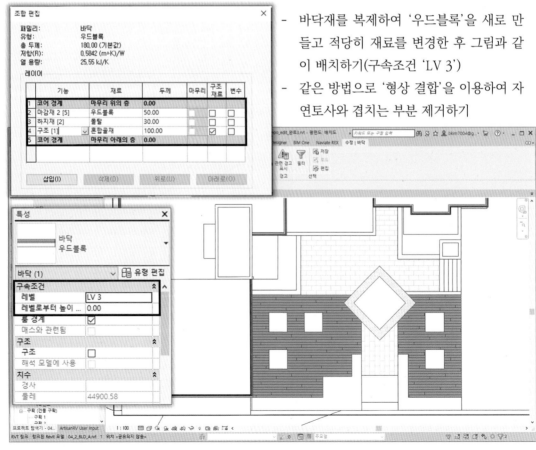

◉ STEP 8. 현관 앞 계단 및 식재대 표현하기

- 현관 입구의 두 곳에 바닥 도구로 '바닥 : 일반 − 150mm'를 두 개씩 쌓아서 계단 모델링하기
- 구속조건은 계단의 단차를 반영하여 ❶ 아랫단은 'LV 3', '150'으로 하고 ❷ 윗단은 'LV 3', '300'으로 지정하기

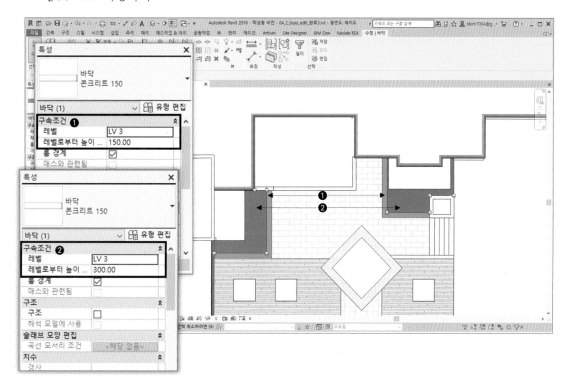

- 높이 700의 식재대는 건축 벽 도구를 사용하고 '기본 벽 일반 − 200mm'로 모델링하기
- '베이스 구속조건'으로 'LV 3'과 '−50', '상단 구속조건'으로 '미연결', '750' 입력하기

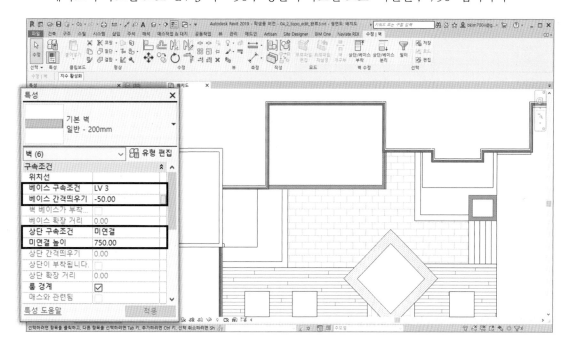

- 이어서 '조경용부토'를 아래의 그림과 같이 배치하기

    : ⓐ와 ⓑ를 제외한 바닥재 '구속조건'의 '레벨'은 'LV 3', '0'으로 하기

    : ⓐ와 ⓑ의 '구속조건'은 'LV 3', '600'으로 하여 식수대 상단 둘레보다 조금 낮추기

- '형상 결합'으로 자연토사와 겹치는 부분 제거하기

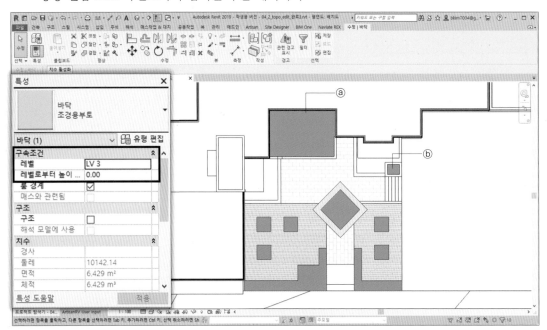

▼ 현재까지 진행된 모습

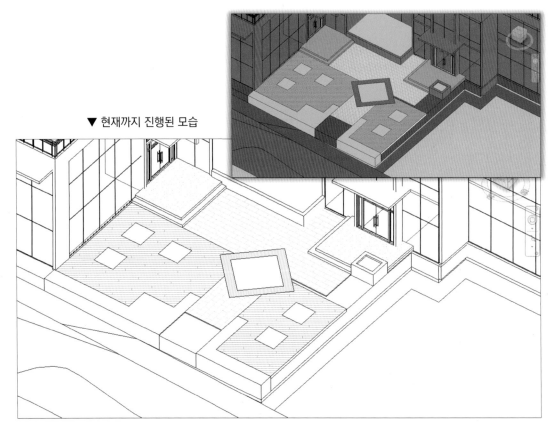

⊙ STEP 9. 경사면 모델링하기

- 바닥재(자연토사)의 두께를 조정해도 하단 면의 높이가 변하지 않게 하기

    : 맨 하단의 자연토사 바닥재를 선택하고 '특성' 창의 '유형 편집' 버튼 클릭하기

    : '유형 특성' 창에서 ❶ '구조'의 '편집' 버튼 클릭하기

    : 자연토사의 '조합 편집' 창에서 ❷ '변수'에 체크하기

- 계속해서 자연토사를 선택하고 ❸ '수정 | 바닥' 탭 〉❹ '모양 편집'의 '분할선 추가' 클릭하기

    : 화면처럼 500 상단의 ❺ 시작점과 ❻ 끝점을 각각 클릭하여 분할선 그리기

    : 같은 방식으로 ⓒ 선분도 그리기

    : ❼ '하위 요소 수정'을 클릭하고 하나의 선분을 클릭한 후 아래로부터 각각 다음의 수치 입력하기(ⓐ 선분에 '-500' ② 선분에 '-500' ⓒ 선분에 '0' 입력)

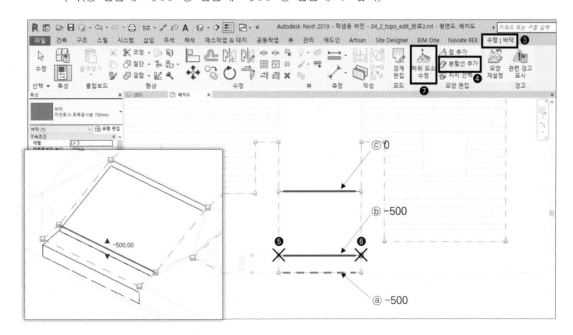

- 경사진 자연토사 위에 바닥재 올리기

    : 바닥 '일반 200'으로 경사면에서 분할선으로 나누어 놓은 두 개 구획에 사각형 그리기

    : '구속조건'의 '레벨'은 'LV3', '-500'을 지정해 가장 낮은 ⓑ 부분이 자연토사에 얹혀지고 나머지 ⓐ 부분은 일부 자연토사에 묻혀지도록 하기

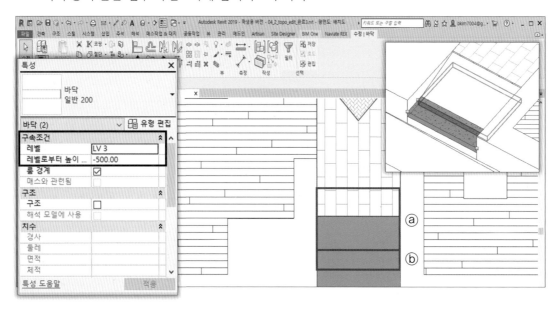

- 묻혀 있는 ⓐ 상단 바닥재에 경사를 주어 램프 만들기

    : 상단 바닥재를 선택하고 ❶ '수정 | 바닥' 탭 〉❷ '경계 편집' 모드 클릭하기

    : 나타난 창에서 ❸ '경사도 화살표' 클릭하고 위에서 아래로 ❹ 시작점과 ❺ 끝점 찍기

    : '특성' 창의 ❻ '테일에서 높이 간격 띄우기' 값에 '500' 입력하기

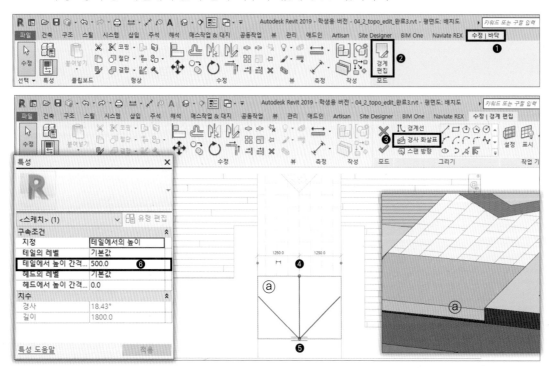

⊙ STEP 10. 계단 모델링하기

- 앞의 자연토사에서 경사면을 만들었던 것과 같은 방법으로 계단 아래에도 경사면 만들기
    : 자연토사 바닥재를 선택하고 ❶ '수정 | 바닥' 탭 〉 ❷ '모양 편집'의 '분할선 추가'로 하단 그림과 같이 원본 선의 최대한 안쪽에 등간격으로 ⓐ, ⓑ, ⓒ 선을 세 개 그리기
    : ❸ '하위 요소 수정'을 클릭하고 ❹ 맨 우측의 ⓓ 선을 선택한 후 '-500' 입력하기

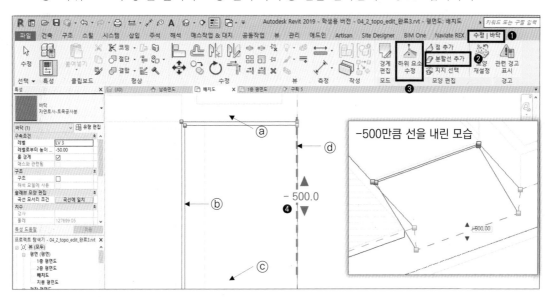

- 바닥재 유형의 ❺ '일반 200'을 선택한 후 폭 300이 되는 ❻ 계단의 ⓐ 첫 단 그리기
    : ❼ '구속조건'의 '레벨'은 'LV3', '레벨로부터의 높이'는 '0'으로 시작하기
- ❽ 5개를 복사하여 총 6단 만들기
- ❾ ⓑ를 선택하고 '-100' 입력하기. 이후 첫 단으로부터 점차적으로 -100씩 내려가도록 간격 띄우기 값 입력하기(ⓒ -200, ⓓ -300, ⓔ -400, ⓕ -500)

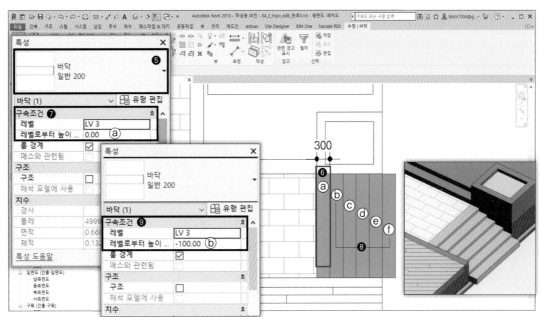

⊙ STEP 11. 녹지의 비정형적 표면 모델링하기

- 주변 지형과 램프 등 높이의 변화가 생기는 지점에 분할선 추가하기

  : 녹지를 선택하고 ❶ '수정 | 바닥' 탭 〉 ❷ '분할선 추가' 클릭하기

  : 바닥재 위에 선을 아래의 그림과 같이 그리기. 반드시 동일할 필요는 없으며 주변 지형의 경사
    를 보고 변경되는 지점들을 연결하기

  : 3D 뷰로 가서 ❸ '하위 요소 수정' 클릭하기

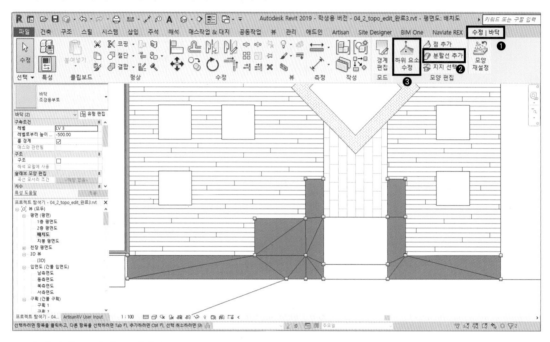

- 지형면의 높낮이 조정하기

  : ❹ 점을 선택하고 주변의 지형 및 바닥재 높이를 참고로 하여 점에 적당한 높이 값 입력하기

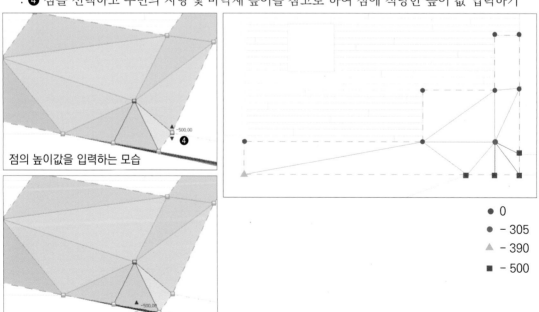

점의 높이값을 입력하는 모습

선의 높이값을 입력하는 모습

- ● 0
- ● - 305
- ▲ - 390
- ■ - 500

- 반대편 녹지도 같은 방법으로 주변 지역의 높이 변화가 생기는 지점에 분할선 추가하기
  : 녹지를 선택하고 '하위 요소 수정' 클릭 후 주변의 객체들을 참고로 하여 점이나 선에 적당한
  높이 값 입력하기. 삼각형 방향키를 조정하여 높이 조정 가능

❶ 높이를 변경하려는 선
  선택하기

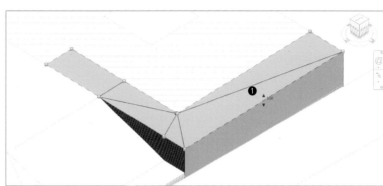

❷ 선을 위아래로 드래
  그하여 높낮이 조정
  하기

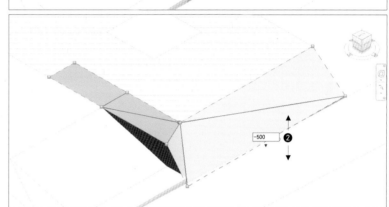

❸ 필요하다면 그 선과
  연결된 관련 점들도
  수정하기

❹ 수정한 모습 확인하기

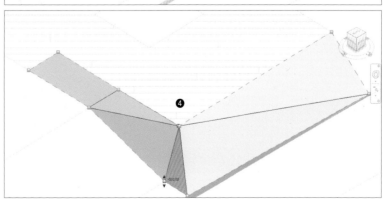

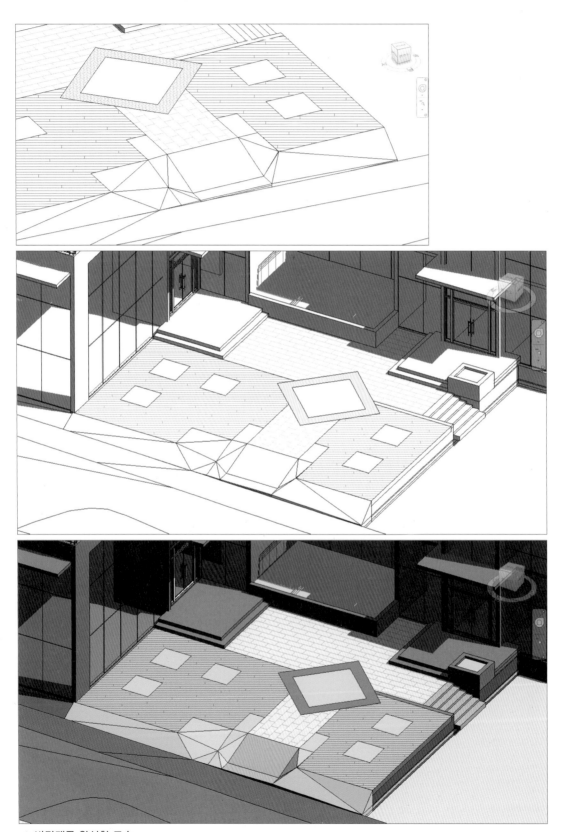

▲ 바닥재를 완성한 모습

05

조경설계요소 모델링

패밀리 작성법

▍프로젝트 외부에서 작성 가능한 패밀리

- 개별적 작성이 가능한 패밀리는 로드 가능한 패밀리(Loadable Family)로서 프로젝트 파일의 외부에서 제작하여 불러올 수 있음(RFA 파일 포맷)

  : 시스템 패밀리, 내부편집 패밀리는 외부 작성 불가

▍패밀리 작성 시작하기

- ❶ '파일' 탭 〉❷ '새로 만들기' 〉❸ '패밀리'를 클릭하고 '새 패밀리 – 템플릿 파일 선택' 창에서 ❹ 템플릿 선택

  : 이렇게 하여 열린 화면은 '프로젝트'로 시작한 화면구성과 다름

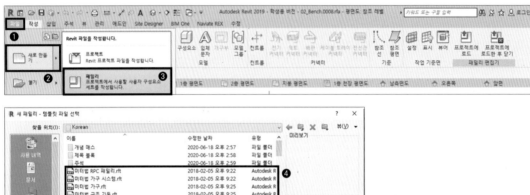

 작업 기반에 의한 패밀리 템플릿 선택하기

- 패밀리 템플릿은 특정한 '작업 기반'으로 시작할 수 있음. 작업 기반이란, 패밀리가 프로젝트에 삽입될 때 호스트가 되는 요소들로서 벽, 바닥, 천장, 지붕과 같은 시스템 패밀리가 될 수도 있고 일반적인 선, 면이 될 수도 있음

- 벽, 바닥, 천장, 지붕의 템플릿으로 시작하면 패밀리들이 이 요소들에 삽입되면서 일부 구간을 개구부로 자를 수 있음(벽의 창, 문 등)

- 일반 모델 선 기반 템플릿은 두 점에 배치하는 패밀리 작성 시 사용

- 일반 모델 면 기반 템플릿은 면에 배치되는 패밀리 작성 시 사용되며, 복잡한 호스트에도 호스트가 가능함

> ⚠️ **패밀리 작성 시 미리 계획해야 할 사항**
>
> ▶ **형상 계획**
>   : 형상에 스냅이 걸리도록 하는 참조 평면을 먼저 그려서 활용하기
>   : 패밀리 파일의 용량을 최소화할 수 있도록 경제적 형태 계획하기
>   : Revit은 돌출, 혼합, 회전, 스윕, 스윕 혼합, 보이드의 모델링 도구를 지원함
> ▶ **매개변수 결정**
>   : 패밀리의 유형별 변수 변경을 위해 형태 또는 기능적 매개변수 항목들을 미리 계획하기
> ▶ **패밀리 템플릿 선택**
>   : 패밀리 용도, 호스트될 요소(작업 기반), 수량산출 내용(개수, 면적, 부피 등) 고려하기
>   : 조경요소들은 '일반 모델 면'이나 '가구', '대지', '구조프레임-보 및 가새' 등으로 시작
> ▶ **카테고리 결정**
>   : 패밀리는 카테고리에 따라 변경할 수 있는 매개변수가 달라지므로 해당 카테고리 정하기
>   : 조경 요소들은 '대지', '수목', '가구' 등의 특정 카테고리나 '일반 모델' 선택하기

▌ 패밀리 형태 작성 도구

- '작성' 탭 〉 '양식'에 여섯 가지 모델링 도구가 있음
  ① 돌출 : 2D 모양을 그린 후 두께를 줌. 돌출 끝과 시작 값 입력
  ② 혼합 : 2D 모양의 하단과 상단을 각각 그린 후 두께를 줌. 돌출 끝과 시작 값 입력
  ③ 회전 : 평면에서 회전 축과 2D 단면 형상을 그린 후 회전시킴. 회전의 끝과 시작 각도 입력
  ④ 스윕 : 경로를 통과하는 입면 형상(프로파일)을 그려서 작성(미터법 프로파일 템플릿 이용)
  ⑤ 스윕 혼합 : 스윕과 유사하나 입면 프로파일이 2개로, 형태를 혼합할 수 있음
  ⑥ 보이드 양식 : 물체를 빼거나 뚫는 모델링 방식. 벽, 바닥, 천정 등 시스템 패밀리 절단 가능

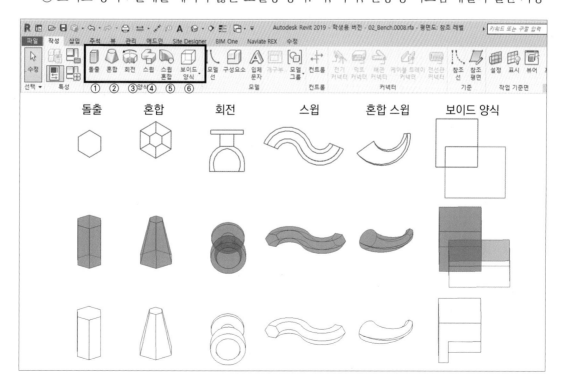

▌매개변수 작성하기

- ❶ '작성' 탭 〉 ❷ '특성'의 '패밀리 유형' 버튼을 클릭하면 나타나는 ❸ '패밀리 유형' 창에서 매개변수를 ① 편집, ② 생성, ③ 삭제하는 등 관리가 가능함

- ❹ 매개변수 유형 선택 : 일람표와 태그로 나타낼 수 있느냐의 여부에 따른 분류

  : (✕) 패밀리 매개변수 _ 매개변수를 활용하여 패밀리 유형을 만들 수 있음

  : (○) 공유 매개변수 _ 일람표의 항목이 되는 매개변수. Revit의 기본 항목 외에 사용자가 추가하고 싶을 때 사용. Text 형식으로 저장되어 팀에서 공유 가능

- ❺ 유형 또는 인스턴스 선택 : 유형 전체 또는 개별적 인스턴스에 적용되느냐의 여부 선택

  : 유형 매개변수 _ 유형 속성의 자체 값을 제어하는 것으로, 이 매개변수를 수정하면 그 유형에 해당되는 모든 인스턴스에 적용되어 일괄적으로 수정됨

  : 인스턴스 매개변수 _ '특성' 창에서 확인 가능. 인스턴스별로 개별적 제어가 이루어짐

- ❻ 공유 매개변수의 파일 생성

  : '매개변수' 창에서 새로 생성 또는 편집 후 TXT 파일로 저장

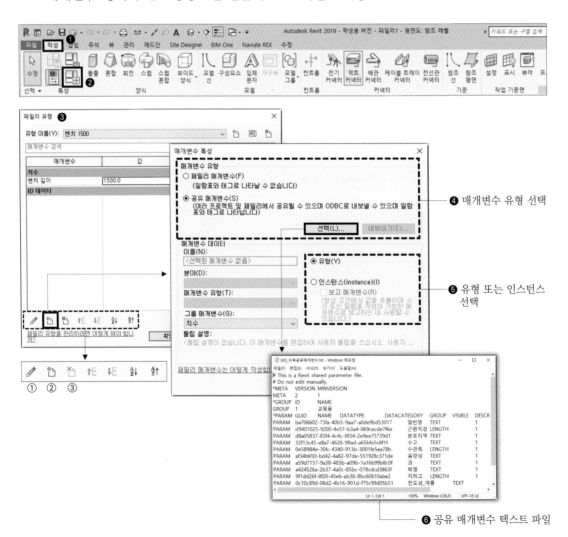

❹ 매개변수 유형 선택

❺ 유형 또는 인스턴스 선택

❻ 공유 매개변수 텍스트 파일

▌기준이 되는 보조 도구 : 참조 평면과 참조 선

(1) 참조 평면

- 참조가 되는 무한한 평면. 특정한 평면에서 그리면 관련된 입면에서도 나타남
- 패밀리의 길이 매개변수 작성에 사용됨
  (예 : 길이를 매개변수로 하여 900, 1200, 1500 등 다양한 길이의 벤치 제작 가능)

> ⚠️ **패밀리 작성 시 참조 평면 활용**
>
> 참조 평면은 패밀리에서 중요한 보조 도구로서
> ① 패밀리의 길이 매개변수 작성에 사용됨
> ② 패밀리를 프로젝트에 삽입할 때 원점을 지나는 참조 평면의 교차점이 기준점이 됨

(2) 참조 선

- 참조가 되는 선으로, 4개의 교차면이 존재. 패밀리에서, 특히 각도 매개변수의 작성에 사용됨
  (예 : 창문이 열리는 각도를 매개변수화하여 조정 가능)

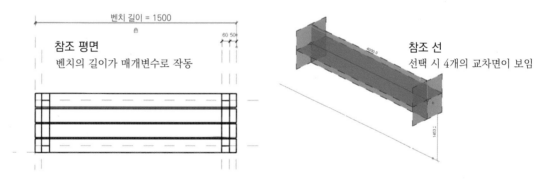

참조 평면
벤치의 길이가 매개변수로 작동

참조 선
선택 시 4개의 교차면이 보임

▌로드 가능한 패밀리 불러오기

- Revit의 기본 라이브러리 또는 제작한 패밀리 파일 불러오기
  : ❶ '삽입' 탭 〉 ❷ '라이브러리에서 로드'의 '패밀리 로드'
- Revit 설치 시 기본 설정된 라이브러리 폴더의 위치
  'C:\ProgramData\Autodesk\RVT2019\Libraries\Korea' 조경 관련 폴더
- 조경 분야는 '대지' 내 〉 물류, 액세서리, 유틸리티, 주차장, '수목' 내 〉 RPC 수목 등 존재

[실습하기] 패밀리 작성 연습 _ 크기가 변하는 사각형 박스

실습파일 : 미터법 일반 모델 면 기반.rft(Autodesk사에서 기본 제공하는 패밀리 템플릿 중 하나)
완성파일 : 05_1_resizable_box_완료.rfa

[개요]

① 템플릿 '미터법 일반 모델 면 기반'으로 시작하여 패밀리 작성하기
② 1000×1000×1000 크기의 3D 박스 형상을 '돌출' 도구로 만들기
③ 가로 폭(Width), 세로 폭(Length), 높이(Height)를 매개변수로 설정하기
④ 완성된 패밀리를 프로젝트 파일에 업로드하기

◉ **STEP 1. 패밀리 작성 시작하기**

- ❶ '파일' 탭 〉 ❷ '새로 만들기' 〉 ❸ '패밀리'를 클릭하고 '새 패밀리 – 템플릿 파일 선택' 창
  에서 ❹ '미터법 일반 모델 면 기반.rtf' 템플릿 선택하기

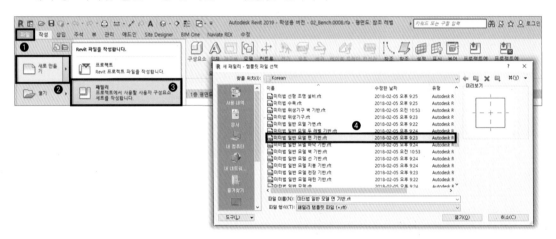

▼ '미터법 일반 모델 면 기반' 템플릿으로 시작한 첫 화면

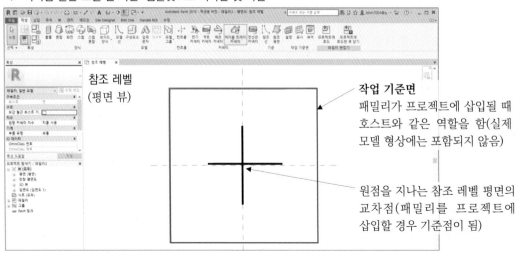

참조 레벨
(평면 뷰)

작업 기준면
패밀리가 프로젝트에 삽입될 때
호스트와 같은 역할을 함(실제
모델 형상에는 포함되지 않음)

원점을 지나는 참조 레벨 평면의
교차점(패밀리를 프로젝트에
삽입할 경우 기준점이 됨)

▼ 각 뷰에서 바라보는 작업 기준면

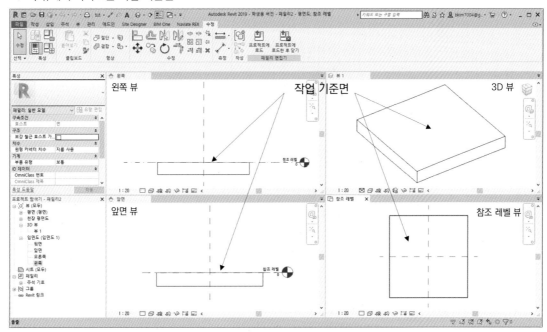

◉ STEP 2. 참조 평면 그리기

- 참조 레벨 뷰에서 ❶ '작성' 탭 〉 ❷ '기준'의 '참조 평면'을 클릭하고 ❸ 시작점과 ❹ 끝점을
  찍어서 참조 평면 그리기
  : 기준 참조 평면을 중심으로 1000×1000 사각형을 그릴 예정임
- 이와 동일한 방식으로 참조 레벨 뷰에서 총 4개, 앞면 뷰에서 작업 기준면 위로 1000 상단에
  1개의 참조 평면 그리기(참조 레벨과 앞면 뷰에서 그린 참조 평면은 모두 5개)
  : 이 참조 평면에 구속을 하여 크기가 변하는 사각형을 만들려고 함

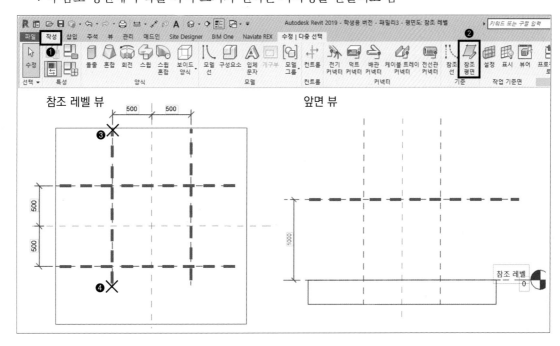

⊙ STEP 3. 치수선 달기

- **❶** '주석' 탭 〉 **❷** '치수'의 '정렬'을 클릭하고 아래의 그림과 같이 치수선 넣기

  : 참조 레벨에서 치수선을 달면서 동일 구속조건을 부여하기 위하여 좌측부터 차례로 **❸**, **❹**, **❺** 지점을 순서대로 각각 클릭한 후 바로 나타난 **❻** EQ 기호 클릭하기

  : **❼** 전체 1000 길이에도 치수선 달기. 같은 방식으로 참조 레벨 뷰의 세로 부분에도 동일 구속조건 부여하기. **❽** 앞면 뷰에서도 치수선 넣기

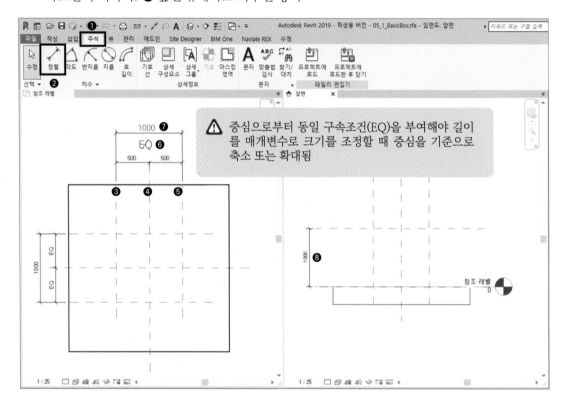

⊙ STEP 4. 돌출 작성 도구로 3D 형상 만들기

- **❶** '작성' 탭 〉 **❷** '양식'의 '돌출' 클릭하기

- 바로 나타난 '수정 | 돌출 수정' 탭에서 **❸** '그리기'의 '직사각형' 도구 클릭하기

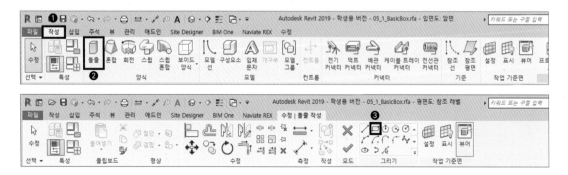

- ❹ 하단과 같이 직사각형을 그리고 ❺ '편집 모드 종료' 버튼 클릭하여 빠져나오기

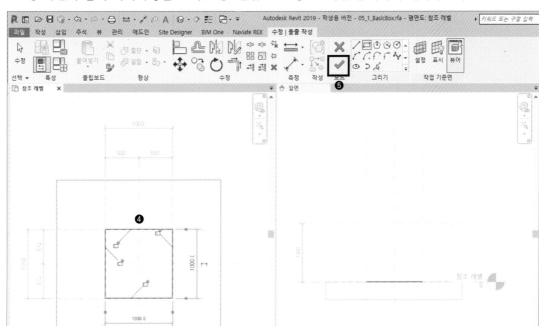

◉ STEP 5. 선을 참조 평면에 정렬하여 잠그기

- '수정' 탭 〉 ❶ '수정'의 '정렬'을 클릭하고 ❷ 참조 평면과 ❸ 그에 맞출 박스 면을 순서대로 클릭하기
- 정렬시키면서 바로 나타나는 ❹ 잠금 버튼을 클릭하여 잠그기
  : 이렇게 하면 물체의 면이 참조 평면에 구속되어 잠기면서 매개변수에 의해 조정됨

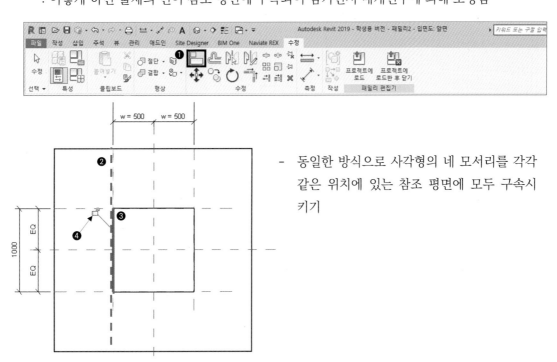

- 동일한 방식으로 사각형의 네 모서리를 각각 같은 위치에 있는 참조 평면에 모두 구속시키기

- 앞면 뷰에서 ❺ 박스 상단 선의 삼각형을 클릭 후 드래그하면서 참조 평면에 올려붙이고 ❻ 잠금 버튼 클릭하여 구속시키기

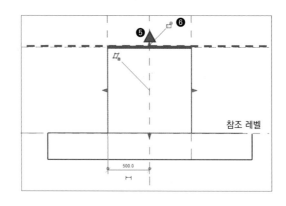

⊙ STEP 6. 형상의 치수에 매개변수 만들기

- 가로 폭의 ❶ 치수선을 선택한 후 ❷ '레이블 치수'의 '매개변수 추가하기' 버튼 클릭하기
- '매개변수 특성' 창에서 ❸ '패밀리 매개변수' 옵션을 선택하고 '매개변수 데이터'의 이름에 ❹ 'width' 부여하기
- 같은 방식으로 ❺ 세로 폭 치수선에 'length' 매개변수 지정하기

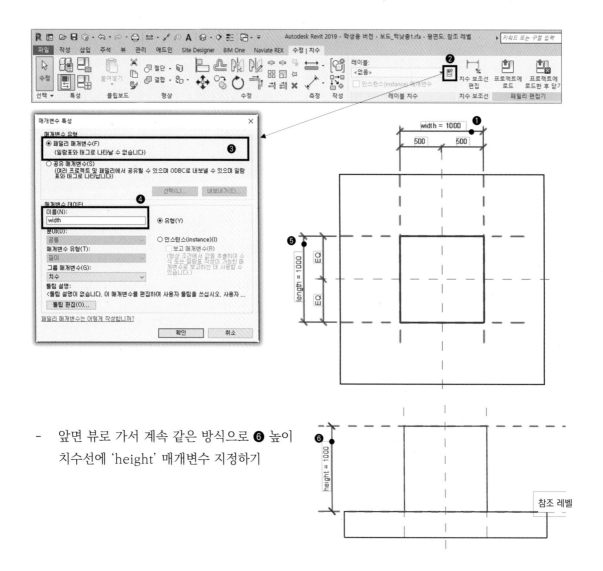

- 앞면 뷰로 가서 계속 같은 방식으로 ❻ 높이 치수선에 'height' 매개변수 지정하기

◉ STEP 7. 매개변수 테스트하기

- 각각 width, length, height의 치수선 텍스트를 클릭하여 다른 수치 입력하기

  : 현재는 가로(1000)×세로(1000)×높이(1000)가 입력되어 있음

  : 가로, 세로, 높이에 각각 '1500', '2000', '500'을 입력하면 아래의 그림과 같이 박스 크기가 중심으로부터 변함

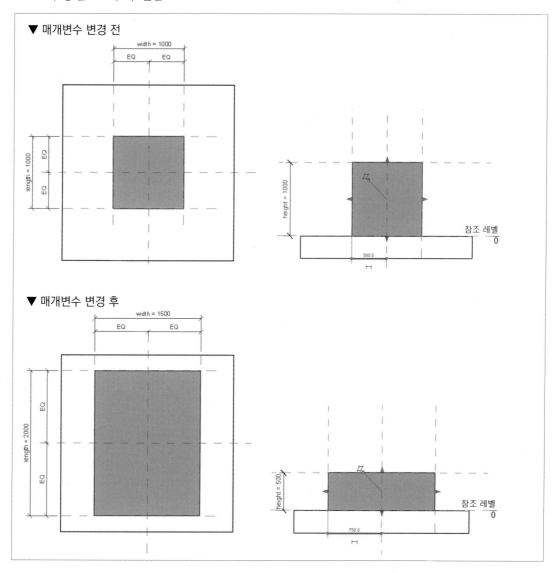

◉ STEP 8. 패밀리 저장하고 프로젝트에 업로드하기

- 지금까지 작업한 패밀리를 '05_1_resizable_box.rfa'로 저장하기
- 패밀리를 불러오려는 프로젝트 열기

  : 이때 작성한 패밀리 파일을 닫지 않고 프로젝트 파일과 동시에 오픈하고 있으면 패밀리가 간편하게 로드됨

- ❶ 패밀리 파일을 선택한 상태에서 ❷ '수정' 탭 〉 ❸ '프로젝트에 로드' 클릭하기
- ❹ 프로젝트 파일의 화면으로 가면 ❺ 마우스 포인터에 패밀리가 따라붙어 움직이고 있는 것
  이 확인됨. 작성한 패밀리는 바닥, 천장, 벽 등 다양한 요소들에 호스트될 수 있음
  : 새 프로젝트를 시작하고 패밀리를 불러올 경우 부착 면이 없으므로 프로젝트 탐색기에서 패
    밀리를 찾아 드래그하면서 ❹-1 배치의 '작업기준면에 배치' 옵션 선택하기

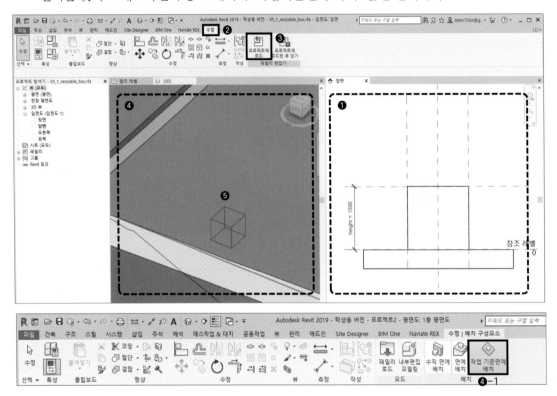

⊙ STEP 9. 패밀리에서 매개변수의 작동 여부 확인하기

- ❶ 삽입한 패밀리를 선택하고 '특성' 창의 ❷ '유형 편집' 버튼 클릭하기

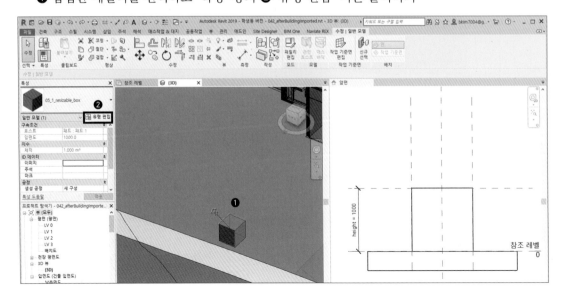

- '유형 특성' 창이 나타나면 '치수'의 ❸ 'height', 'length', 'width'의 크기가 모두 '1000'으로 설정되어 있는지 확인하기
- ❹ 이 값들을 자유롭게 변경하면서 박스의 크기가 조정되는지 확인하기

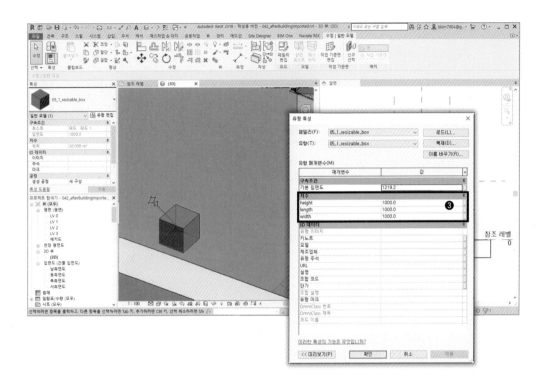

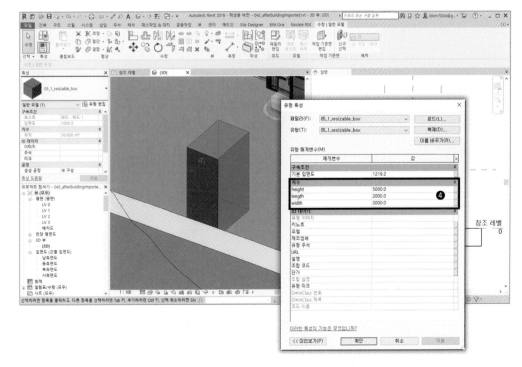

05_2 옥외시설물

▌옥외시설물 패밀리 작성에 앞서

- 조경설계에서는 일반적으로 시설물 업체의 기성제품을 사용하지만, 부지 설계에 적합하도록 특별 제작하는 경우도 있음
- 시설물 업체의 제품을 설계에 사용하는 경우 업체에서 제작한 로드 가능한 패밀리가 있다면 이 것을 로드해서 사용하면 됨. 그러나 국내 조경 분야에서는 아직 BIM 모델이 보편화되지 않았으므로 시설물 업체에서 BIM 모델을 작성하여 배포하는 경우는 거의 없음. 따라서 설계사무소에서 형태만 간략히 모델링해서 사용해야 함
- 부지 설계에 적합하도록 특별 제작하는 경우에는 로드 가능한 패밀리보다 내부편집 패밀리로 직접 모델링해야 함
- 수량산출에서 옥외시설물은 시설물을 구성하는 부재들을 개별적으로 산출하는 경우가 거의 없고 시설물 전체의 개수를 산출하게 됨. 따라서 부재를 개별적으로 작성하고 이들을 조합하는 방식보다 시설물 전체를 하나의 단위로 모델링해야 함

[실습 하기] 옥외시설물 _ 벤치
실습파일 : 05_2_bench_outline.dwg
완성파일 : 05_2_bench_완료.rfa

[개요]

① 템플릿 '미터법 가구'로 시작하기
② 2D CAD 도면을 불러오고 이를 토대로 '돌출' 도구를 이용하여 3D 형상 만들기
③ 재질 입히기
④ 패밀리를 프로젝트에 불러오고 필요하다면 방향을 반전시키기

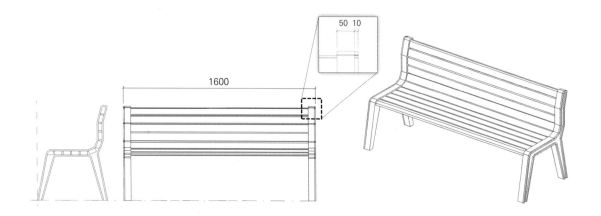

◉ STEP 1. 패밀리 작성 시작하기

- ❶ '파일' 탭 〉 ❷ '새로 만들기' 〉 ❸ '패밀리'를 클릭하고 '새 패밀리 – 템플릿 파일 선택' 창에서 ❹ '미터법 가구.rtf' 템플릿 선택하기

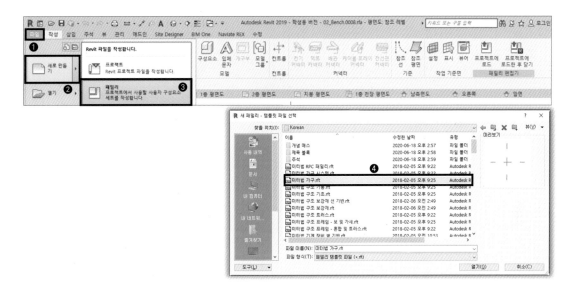

◉ STEP 2. CAD 도면 불러오기

- 프로젝트 탐색기에서 입면도의 ❶ '오른쪽' 뷰를 더블클릭해서 열기
- '삽입' 탭 〉 ❷ '링크'의 'CAD 가져오기' 클릭하기
- 'CAD 형식 가져오기' 창에서 ❸ 해당 파일(05_2_bench_outline.dwg)을 폴더에서 찾기
  : 옵션에서 ❹ '색상'은 '유지', ❺ '위치'는 '수동-원점'을 선택하고 ❻ '열기' 버튼 클릭하기
  : '수동 – 원점'으로 불러온 후 위치를 자유롭게 조정할 수 있음

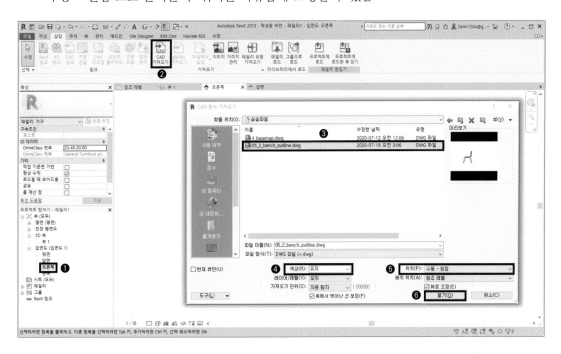

- CAD 도면을 클릭하고 ❶ '수정 | 패밀리로 가져오기' 탭 〉 ❷ '수정'의 '이동' 도구 클릭하기
- CAD 도면의 ❸ 좌측 하단점을 클릭하고 참조 레벨에 위치하는 ❹ 원점 클릭하기
  (이 참조 레벨의 원점이 나중에 프로젝트에 패밀리를 로드했을 때 삽입되는 기준점이 됨)

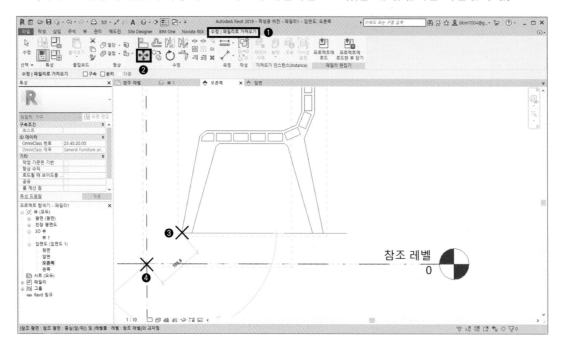

⊙ STEP 3. 참조 평면 그리기

- 프로젝트 탐색기에서 ❶ '참조 레벨'을 더블클릭하여 참조 레벨 뷰로 가기
- ❷ '작성' 탭 〉 ❸ '기준'의 '참조 평면'을 클릭하고 아래의 그림과 같이 참조 평면 그리기
  : 좌측 기준에서부터 참조 평면 간의 간격이 10, 50, 1480, 50, 10이 되도록 함

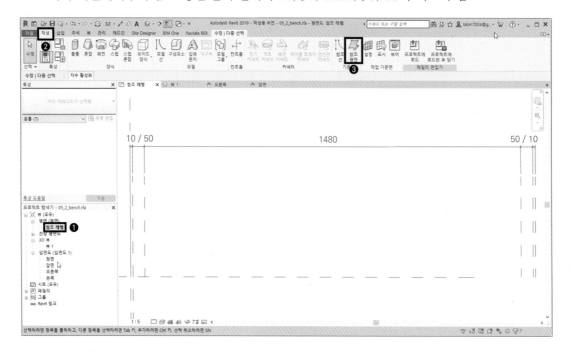

◉ STEP 4. 벤치의 알루미늄 프레임 작성하기

- 오른쪽 뷰로 가서 알루미늄 프레임의 돌출 부분 모델링하기

    : ❶ '작성' 탭 〉 ❷ '양식'의 '돌출' 클릭하기

    : 바로 이어서 나타난 ❸ '수정 | 돌출 작성' 탭 〉 ❹ '그리기'의 '선 선택' 도구 클릭하기

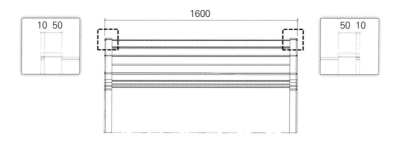

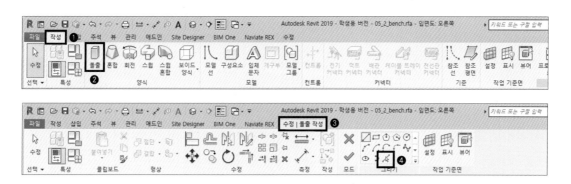

- ❺ CAD 도면 위에 마우스 포인터를 올려놓고 가장자리의 아웃라인 상에서 ❻ Tab 을 눌러서 전체 선들을 하이라이트한 후 ❼ 선을 클릭하여 선택하기(한 번에 연결된 선 선택 가능)

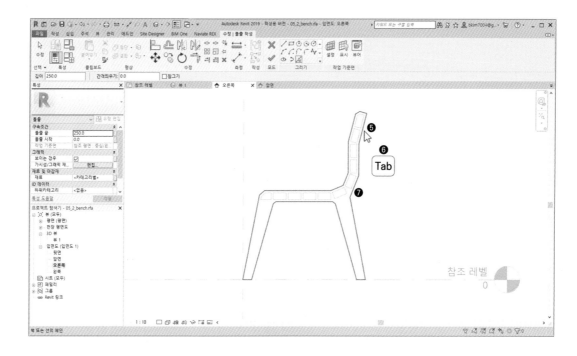

- '특성' 창의 '구속조건'에서 ❶ '돌출 끝' 값에는 '10', '돌출 시작' 값에는 '0'을 입력하고 ❷ '편집 모드 완료' 버튼 클릭하기
- ❸ 3D 뷰의 '뷰 1'에서 시점을 돌려가면서 만들어진 입체 확인하기

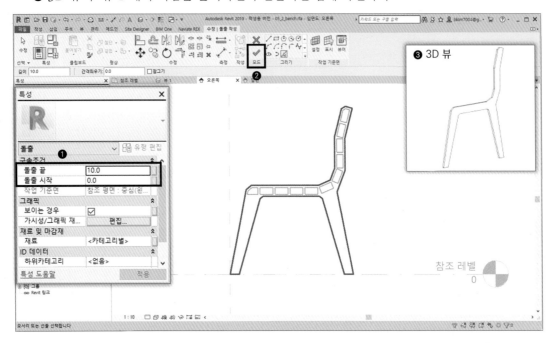

- 앞면 뷰로 가서 두께 10으로 돌출된 위의 형상을 복사하여 총 3개 만들기
  : ❶ 입체를 선택하고 ❷ '수정 | 돌출' 탭 〉 ❸ '수정'의 '복사' 클릭하기
  : 나타난 복사 옵션에서 ❹ '다중'에 체크한 후 ❺ 같은 지점을 3회 반복하여 클릭하기(지점은 어디든지 상관 없음. 기준점까지 3회 클릭하면 2개의 복사본이 만들어지고 원본까지 총 3개가 생성됨)

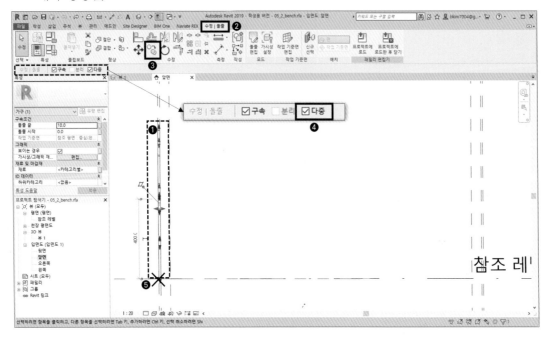

- 복사된 형상 하나를 클릭하여 선택하고 '특성' 창의 '구속조건'에 ❶ '돌출 끝' 값에는 '60', '돌출 시작' 값에는 '10' 입력하기
- ❷ 3D 뷰의 '뷰 1'에서 만들어진 입체 확인하기

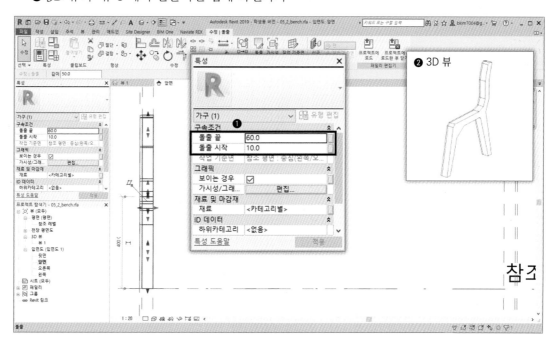

- 중복되어 위치하고 있는 복사된 형상을 다시 클릭하여 하나를 선택하고 ❶ '돌출 끝' 값에는 '1590', '돌출 시작' 값에는 '1540' 입력하기
- ❷ 3D 뷰의 '뷰 1'에서 만들어진 입체 확인하기

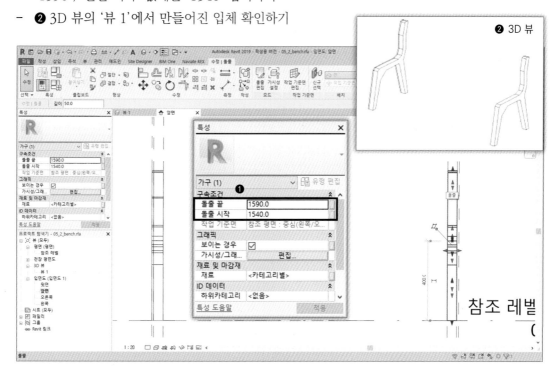

- 외곽선 둘레로 형상을 파내기 위해 맨 처음 만들었던 ❶ 원본 형상을 클릭하고 '수정 | 돌출 탭' 〉 '모드'의 ❷ '돌출 편집' 클릭하기

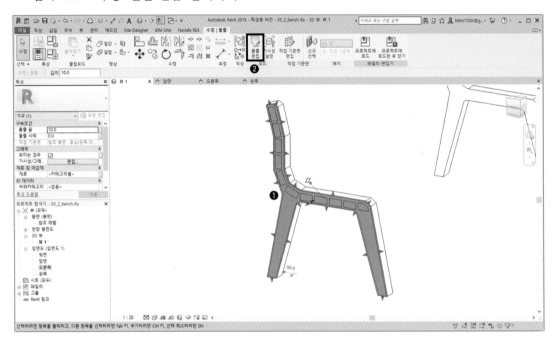

- ❸ '수정'의 '간격 띄우기' 도구를 클릭하고 ❹ '간격띄우기' 옵션에 '10'을 입력한 후 아래의 그림처럼 아웃라인을 따라서 ❺ 안쪽으로 선들을 간격 띄우기 하면서 복사하기
- ❻ 그림의 원형 안쪽에 표시된 부분 외에도 간격 띄우기 복사 후 제대로 연결이 안 된 선들은 다음 과정에서 정리하게 됨

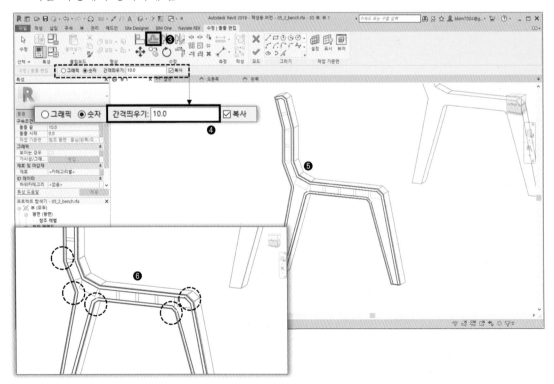

- ❶ '수정 | 돌출 편집' 탭 〉 ❷ '수정'의 '코너로 자르기/연장' 도구를 클릭한 후 방금 전 복사한 선들 중에서 정리해야 하는 선 ❸, ❹의 2개를 연속 클릭하여 연결부를 정확히 정리하기
- ❺ 그림처럼 모서리가 다 정리되어 하나의 연결된 폐곡선으로 이어지면 ❻ '편집 모드 완료' 버튼을 클릭해서 돌출의 편집 모드에서 빠져나간 후 ❼ 만들어진 입체 형태 확인하기

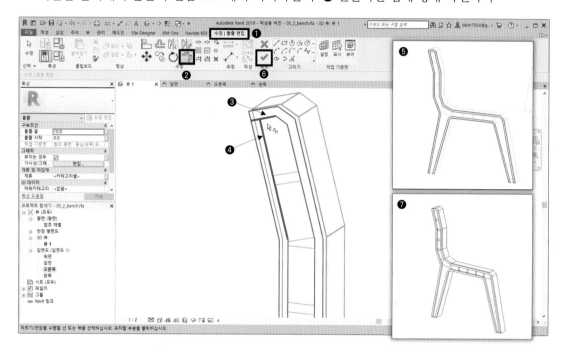

- 앞면 뷰에서 작업한 형상을 1개 복사하고 그 형상을 선택한 후 '특성' 창의 ❽ '돌출 끝' 값에는 '1600', '돌출 시작' 값에는 '1590' 입력하기
- ❾ 아래의 그림과 같이 복사된 형상 확인하기

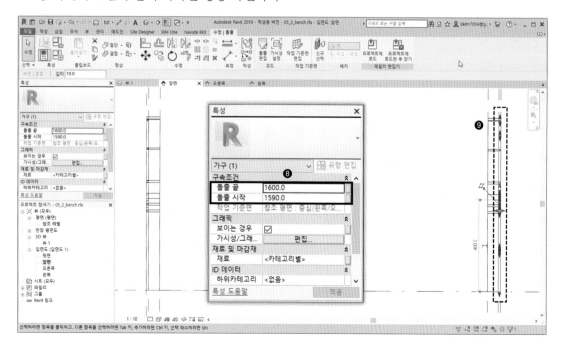

◉ STEP 5. 목재 부분 만들기

- 프로젝트 탐색기에서 ❶ '오른쪽'을 더블클릭하여 오른쪽 뷰로 가기
- ❷ '작성' 탭 〉 ❸ '양식'의 '돌출'을 클릭하고 ❹ '수정 | 돌출 작성' 탭에서 ❺ '그리기'의 '선 선택' 도구 클릭하기
- ❻ 목재의 단면이 되는 선들을 모두 클릭하여 아래의 그림처럼 선택하기(Ctrl 을 누른 상태에서 선택하면 선택영역을 추가할 수 있음). '특성' 창의 ❼ '돌출 끝' 값에는 '1540', '돌출 시작' 값에는 '60' 입력하기(프레임 두께를 제외한 값)
- ❽ 처음 불러왔던 CAD 선(그룹으로 묶여 있음)은 더 이상 필요 없으므로 선택하여 지우기

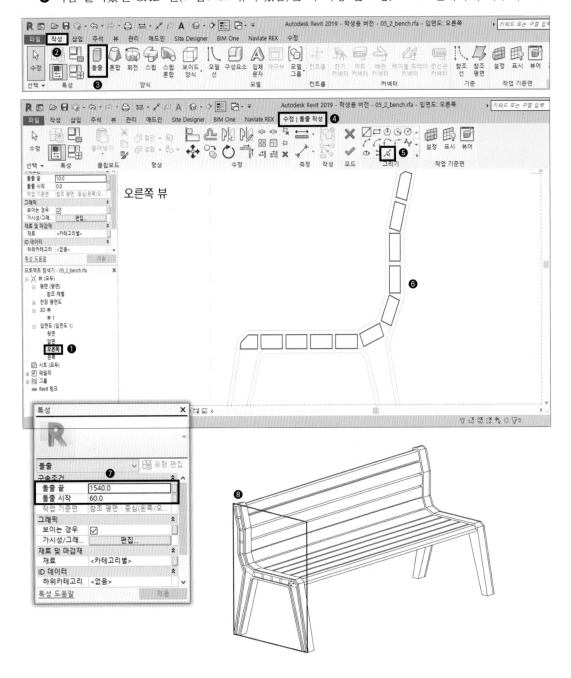

◉ STEP 6. 재질 입히기

- ❶ 알루미늄 프레임을 모두 선택하고(총 4개로 나뉘어 있음) '특성' 창의 '재료 및 마감재'의 '재료'에서 '〈카테고리별〉' 옆의 ❷ '재료 탐색기' 버튼을 클릭하기

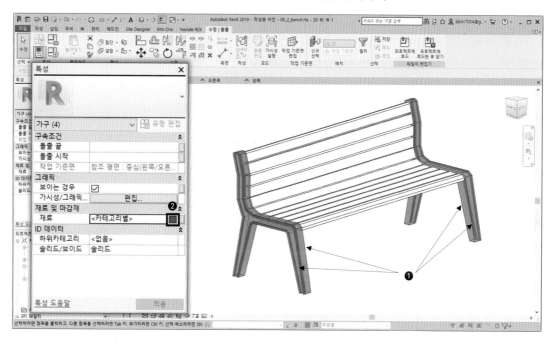

- '재료 탐색기' 창이 나타나면 ❸ '라이브러리 패널 표시' 버튼 클릭하기. 바로 나타난 하단의 창에서 ❹ '금속'의 ❺ '금속'을 찾아서 '문서에 재료를 추가하기' 버튼 클릭하기
- '프로젝트 재료'에 ❻ '금속'이 새로 추가된 것을 확인하고 ❼ '확인' 버튼 클릭하기
- 재료가 현재 문서에 로드되어 추가되었으나 물체에 적용되지 않은 상태일 수 있으므로 재료 탐색기로 되돌아와서 다시 재질을 선택하여 적용하기

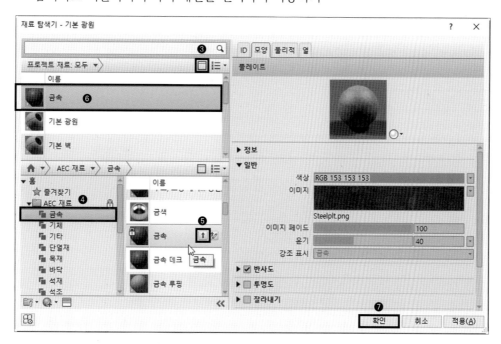

- 이제 목재 부분에 재질을 입히기 위해 ❶ 모델의 목재 부분을 선택하고 '특성' 창의 '재료 및 마 감재'의 '재료'에서 다시 ❷ '재료 탐색기' 버튼을 클릭하고 창 열기

- 이번에는 '재료 탐색기' 창의 검색 상자에서 ❸ '합판'을 검색하고 '합판, 피막 외장'을 찾아서 ❹ '문서에 재료를 추가하기' 버튼 클릭하기. ❺ '그래픽' 탭 〉 ❻ '음영 처리'의 '색상'을 클릭하 여 ❼ 적용할 색상 선택하기

- ❽ '프로젝트 재료'에 '합판, 피막 외장'이 새로 추가되었는지 확인하고 '확인' 버튼 클릭하기. 다시 재질 탐색기에 들어가서 목재에 재질 적용하기

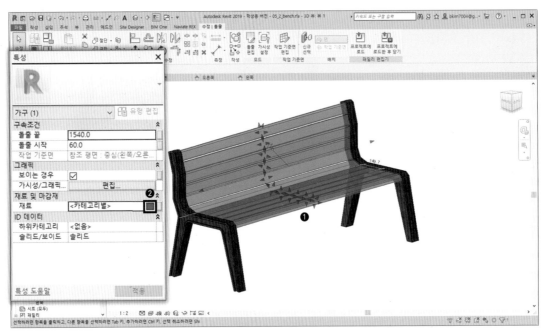

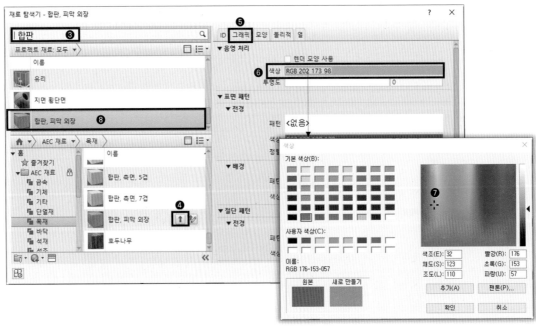

◉ STEP 7. 비주얼 스타일 변경하여 확인하고 파일 저장하기

- 원하는 형태와 재질을 적용한 후 적당한 이름으로 저장하기
- 화면 하단의 ❶ '비주얼 스타일'에서 ❷ '음영처리', '색상 일치' 또는 '사실적' 모드 실행하기

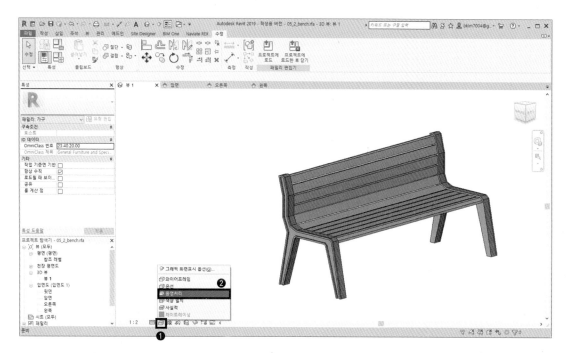

음영처리

색상 일치

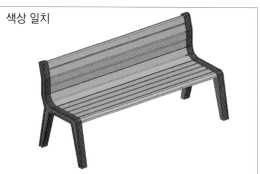

사실적

05_3 경계석

▌경계석 작성에 앞서

- 경계석은 녹지, 보도 및 차도, 상이한 포장재 등의 경계부에 설치하는 설계요소로서 다양한 크기와 단면 형상이 존재하며, 선형으로 연결되어 있음. 따라서 단면인 프로파일과 경로를 설정함으로써 모델링이 가능함

- Revit에서 높낮이가 복잡하지 않고 평평한 지형에 설치하는 경계석은 벽이나 바닥 도구로도 모델링이 가능함. 부정형적 지형 위에 경계석을 모델링해야 하는 경우에는 포장재를 바닥으로 모델링한 후 바닥의 '슬래브 모서리'를 이용하거나 난간을 활용하여 모델링할 수 있음

- 보통 포장재를 바닥으로 모델링하게 되므로 바닥의 슬래브 모서리를 이용하여 경계석을 모델링하는 것이 효과적임. 이때 단면(프로파일)을 패밀리로 작성하여 불러오고 경계석이 위치할 바닥의 선들을 클릭하면 3D 형상을 작성할 수 있음

- 지형의 높낮이가 있으면 이로 인해 바닥재의 슬래브 모서리가 적용되는 않는 경우가 종종 발생함. 이런 경우에는 바닥재의 높이를 일단 동일하게 조정하고 나서 슬래브 모서리를 적용하고 이후 다시 바닥재의 높이를 원상태로 복원해야 함

실습하기 경계석 _ 바닥 슬래브 모서리 이용하기

실습파일 : 05_3_topo_curb.rvt, 05_3_curb_120X120.rfa, 05_3_curb_180X150.rfa
완성파일 : 05_3_topo_curb_완료.rvt

[개요]

① 단면을 패밀리 템플릿 '미터법 프로파일.rft'로 시작하여 미리 2D 단면 형상 만들기
② 경계석을 모델링할 프로젝트 파일에 앞서 만든 단면 프로파일 불러오기
③ 바닥의 슬래브 모서리를 이용하여 3D 경계석 만들기
④ 지형의 높낮이가 있는 경우 바닥의 높낮이를 평평하게 조정하고 슬래브 만들기
⑤ 경계석이 완성된 후 필요하다면 방향을 반전시키기

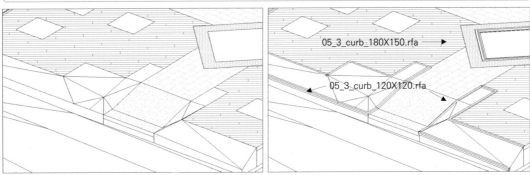

▲ 경계석 작성 전   ▲ 경계석 작성 후

⊙ STEP 1. 경계석 유형 A 프로파일 패밀리 만들기

- 새로운 패밀리를 만들기 위해 ❶ '파일' 탭〉❷ '새로 만들기'〉❸ '패밀리'를 클릭하고 ❹ '미터법 프로파일.rft' 파일 열기

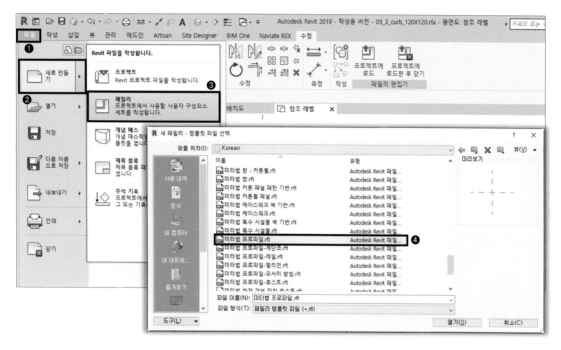

- 아래의 그림과 같이 경계석의 프로파일 그리기
  : ❶ '작성' 탭 〉 ❷ '선'을 클릭하고 두 개 참조선의 교차점을 기준으로 바닥재의 표면 위로 올라올 부분을 고려하여 선 그리기(참조선 ⓐ의 상단이 표면으로 올라올 부분)
  : 치수선은 그리지 않아도 무방함

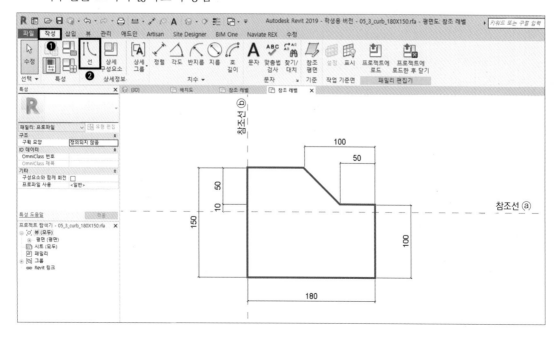

⦿ STEP 2. 프로젝트 파일에 프로파일 패밀리 불러오기

- 선을 모두 그리고 나면 적당한 이름으로 저장하기(05_3_curb_180×150.rfa)
- 경계석을 만들 프로젝트 파일을 열고(05_3_topo_curb.rvt) 다시 패밀리 파일로 돌아와서
  ❶ '프로젝트에 로드' 클릭하기

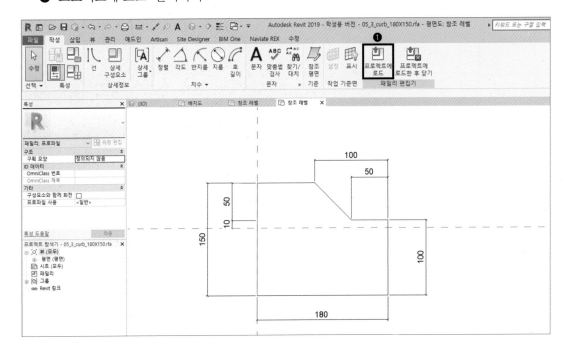

- 프로젝트 파일(05_3_topo_curb.rvt)로 가서 ❷ 프로젝트 탐색기에서 방금 로드한 패밀리가
  존재하는지 확인하기('프로파일' 〉 05_3_curb_180×150.rfa)

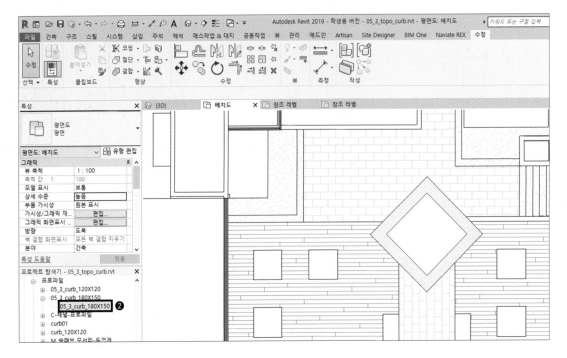

⊙ STEP 3. 경계석의 3D 형태 만들기

- ❶ '건축' 탭 〉 ❷ '바닥' 〉 ❸ '바닥: 슬래브 모서리'를 클릭하고 ❹ '특성' 창에서 '슬래브 모서리'의 '유형 편집' 버튼 클릭하기. '유형 특성' 창에서 ❺ '복제' 버튼을 클릭하고 ❻ '경계석A'라는 이름 지정하기
- ❼ 방금 저장한 프로파일을 선택하고 ❽ '확인' 버튼 클릭하기(05_3_curb_180×150 : 05_3_curb_180×150)

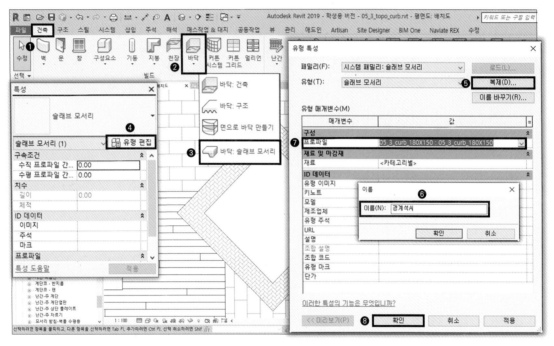

- 그림과 같이 ❾ '조경용 부토' 바닥재의 4개의 외곽선을 연이어 클릭하여 경계석 만들기
- 완성된 경계석을 확인하고 ❿ '반전' 버튼을 클릭해서 원하는 방향으로 반전시키기

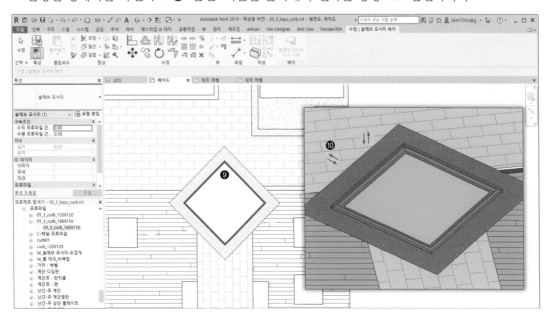

◉ STEP 4. 경계석 유형 B 프로파일 패밀리 만들기

- 경계석 유형 A를 만들었던 것과 같은 방식으로 아래의 그림과 같이 유형 B 만들기
  : ❶ '작성' 탭 〉 ❷ '선'을 클릭하고 두 개 참조선의 교차점을 기준으로 바닥재의 표면 위로 올라올 부분을 고려하여 ❸ 선 그리기(참조선 ⓐ의 상단이 표면으로 올라올 부분)
- 완성하고 나면 적당한 이름으로 저장하기(05_3_curb_120×120.rfa)
- ❹ '프로젝트에 로드' 클릭하기

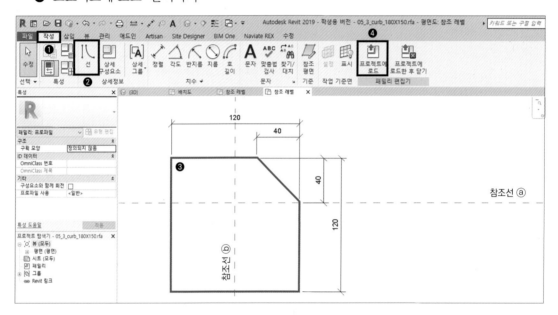

- ❺ '건축' 탭 〉 ❻ '바닥' 〉 ❼ '바닥: 슬래브 모서리'를 클릭하고 ❽ '특성' 창에서 '슬래브 모서리'의 '유형 편집' 버튼 클릭하기
- '유형 특성' 창에서 ❾ '복제' 버튼을 클릭하고 ❿ '경계석B'라는 이름 지정하기
- ⓫ '05_3_curb_120×120 : 05_3_curb_120×120'을 선택한 후 ⓬ '확인' 버튼 클릭하기

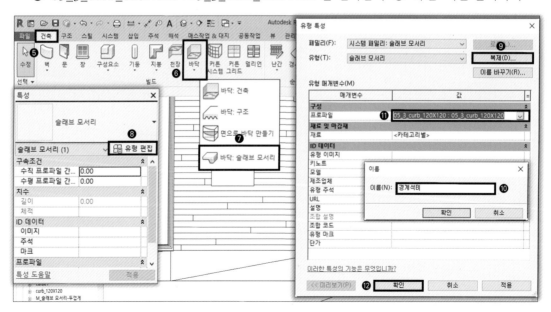

- 그림과 같이 ❶ '조경용 부토' 바닥재의 외곽선을 연이어 클릭하여 경계석 만들기
- 완성된 경계석을 확인하고 필요하면 ❷ '반전' 버튼을 클릭해서 원하는 방향으로 반전시키기

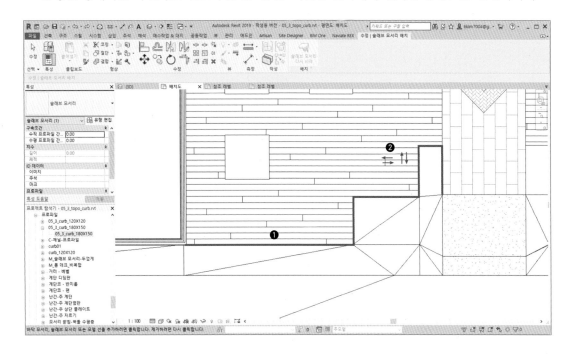

◉ STEP 5. 지형의 굴곡이 있는 경우 경계석 만들기

- 지형의 굴곡으로 인해 그 외 부분의 경계석은 생기지 않으므로 지형을 평평하게 하기
  : 녹지를 선택한 후 ❶ '수정 | 바닥' 탭의 ❷ '하위 요소 수정'을 클릭하고 ❸ 각 점들을 하나
  씩 선택한 후 고도 값 확인하기(아래의 그림 참조)

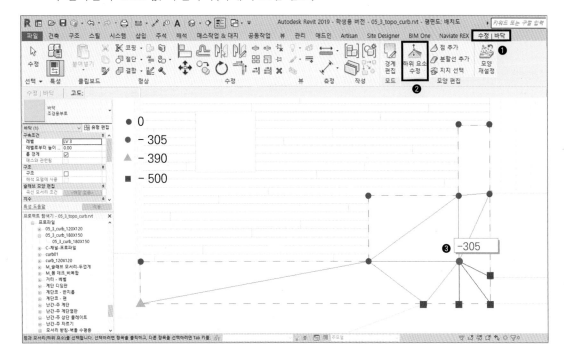

- 각 점의 고도 값을 확인하고 나면 ❶ 그 값을 모두 '0'으로 변경하기
  : 하나의 점을 선택하고 입력란에 '0' 입력하기. 같은 방식으로 값을 모두 '0'으로 입력하기
  : ❷ '수정' 버튼을 클릭하고 수정 모드의 밖으로 빠져나오기

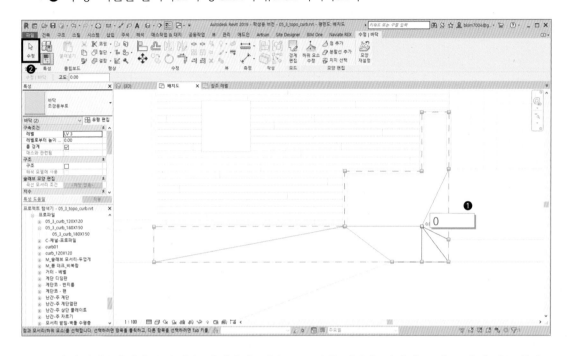

- ❸ 작성했던 '경계석B' 유형을 선택한 후 마우스 오른쪽 버튼을 클릭하고 바로 가기 메뉴에서
  ❹ '유사 작성' 클릭하기
- ❺ 화면에서 경계석을 만들어야 할 녹지 외곽선을 하나씩 순차적으로 클릭하기

- 경계석이 모두 적용된 것을 확인한 후 다시 녹지를 선택하고 ❶ '수정 | 바닥' 탭 〉 ❷ '하위 요소 수정'을 클릭하고 ❸ 각 점들을 하나씩 선택한 후 고도 값을 다시 입력하여 원상태로 되돌리기(아래의 그림 참조)

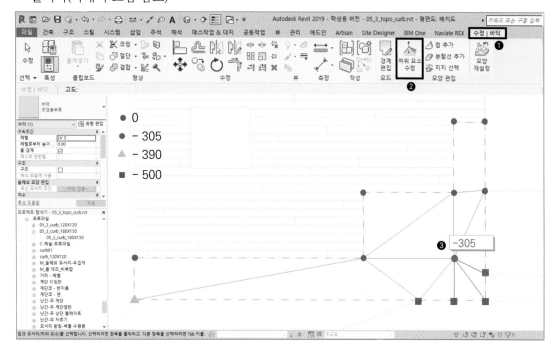

- 녹지 상의 각 점들의 고도 값을 원상태로 돌리면 경계석도 그에 따라 ❹ 높이가 조정된 것을 확인할 수 있음
  : 현재 주변 보도가 아래로 내려와 있으나 차후 높이를 조정하게 됨
- 같은 방식으로 반대편의 녹지 주변 경계석도 작성하고 남측 보도의 포장재 고도 조정하기

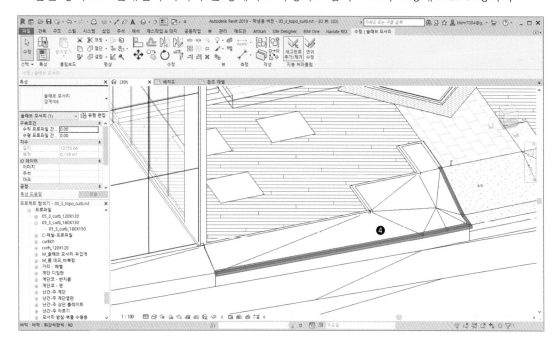

05_4 보도 턱 낮춤

▌ 보도 턱 낮춤 작성에 앞서

- 턱 낮춤은 보도의 진입지점 또는 보도와 차도의 높이 차 때문에 발생하는 휠체어 사용자 등 보행약자들의 불편을 저감시키고자 설치하는 시설물
- 3D 형태의 패밀리를 만든 후 보이드 기능을 이용하여 프로젝트 파일에 호스트되었을 때 형태의 부피만큼 제거되도록 모델링함

[실습하기] **보도 턱 낮춤**
실습파일 : 05_4_topo_sidewalk_ramp.rvt
완성파일 : 05_4_sidewalk_ramp_완료.rfa, 05_4_topo_sidewalk_ramp_완료.rvt

[개요]

① 템플릿 '미터법 일반 모델 면 기반'으로 시작하기
② 형태 작성은 상단과 하단의 면을 토대로 3D 형상을 만드는 '혼합' 이용하기
③ 가로 폭(W_01), 세로 폭(W_02), 높이(Depth)를 매개변수로 설정하기
④ 보이드로 지정하여 프로젝트에 삽입되었을 때 호스트에서 전체 볼륨이 절단되도록 하기

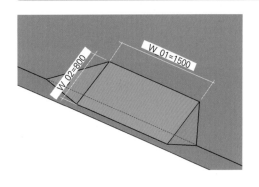

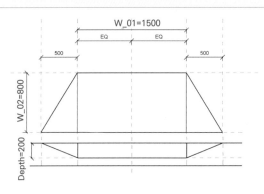

⊙ STEP 1. 패밀리 작성 시작하기

- '파일' 탭 〉 '새로 만들기' 〉 '패밀리'로 가서 ❶ '미터법 일반 모델 면 기반.rft'로 시작하기

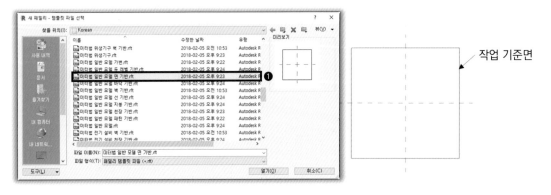

⊙ STEP 2. 참조 평면 그리고 치수선 달기

- '참조 레벨' 뷰에서 ❶ '작성' 탭 〉 ❷ '기준'의 '참조 평면' 클릭하기
- 아래의 그림을 보면서 기준 참조 레벨 평면의 교차점을 중심으로 4개의 수직 평면(ⓐ, ⓑ, ⓒ, ⓓ)과 1개의 수평 평면(ⓔ)으로 참조 평면 그리기

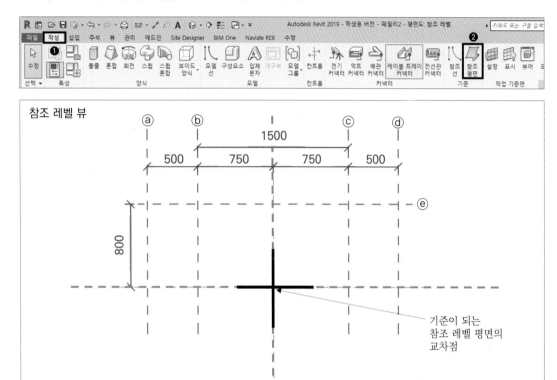

- 같은 방식으로 '앞면' 뷰에서 새로운 참조 평면(ⓕ) 그리기

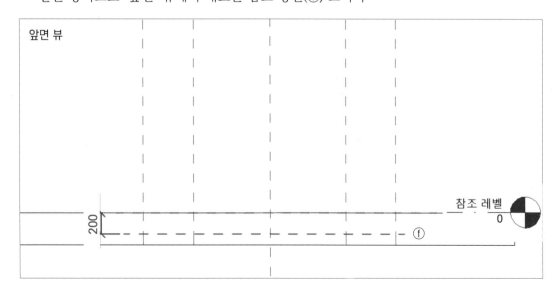

◉ STEP 3. 참조 평면에 치수선 달기

- ❶ '주석' 탭 〉 ❷ '치수'의 '정렬'을 선택하여 각 참조 평면에 치수선 달기
- 특히 중심의 참조 레벨 평면의 양쪽으로는 치수선을 달면서 동일 구속조건 부여하기
  : 치수선을 달면서 좌측부터 차례로 ❸, ❹, ❺를 클릭하고 나타난 ❻ EQ 기호 클릭하기

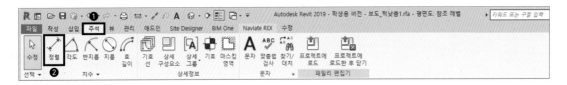

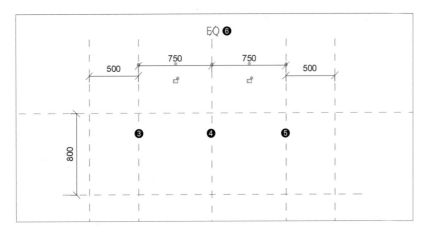

중심으로부터 동일 구속조건을 부여해야 길이를 매개변수로 크기를 조정할 때 중심을 기준으로 축소, 확대됨

▼ 참조 평면과 치수선이 완성된 모습

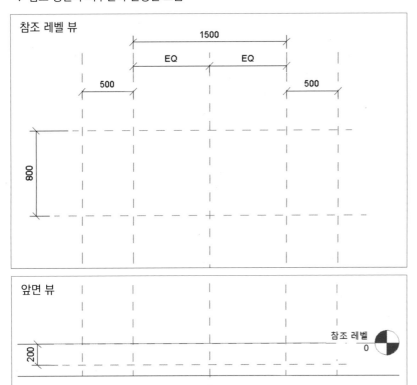

⦿ STEP 4. 작업 기준면의 크기 확대하기

- 현재 작업하는 뷰가 ❶ '참조 레벨' 뷰임을 확인하기

- 모델링할 형상(턱맞춤)의 크기가 작업 기준면과 유사하여 복잡하게 보이므로 작업하기 원활하게 기준면 크기를 키우도록 함(정확한 크기는 상관 없음)

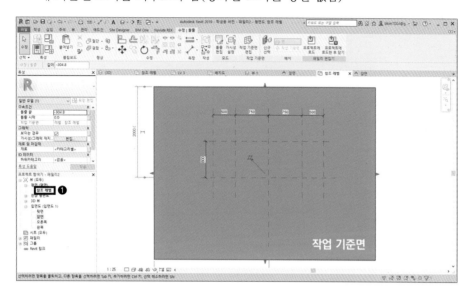

⦿ STEP 5. '혼합' 이용해 3D 형태 만들기

- (1) 하단 면(베이스) 그리기
  : ❷ '작성' 탭 〉 ❸ '혼합'으로 가서 아래의 그림과 같이 ❹ 사다리꼴 그리기
  : 상단 편집 모드로 가기 위해 ❺ '상단 편집' 클릭하기

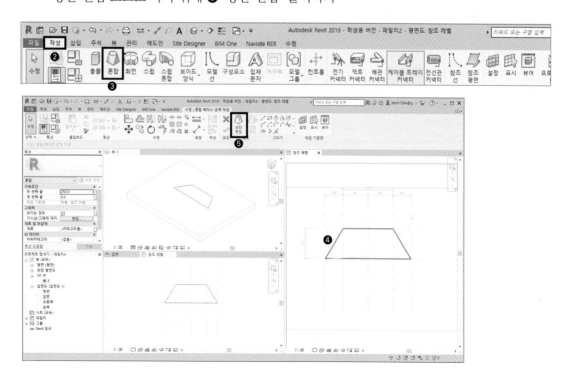

- (2) 상단 면 그리기

  : 아래의 그림과 같이 ❶ 참조 평면의 아랫 부분에 사각형을 그리고 ❷ '편집 모드 완료' 버튼을
  클릭하여 혼합 편집 모드에서 나가기

  : 사다리 형태의 입체가 만들어진 것 확인하기

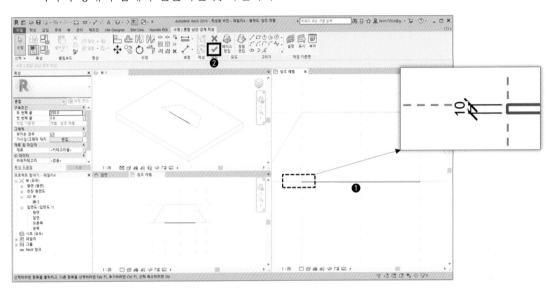

▼ 혼합에 의해 만들어진 입체 형태

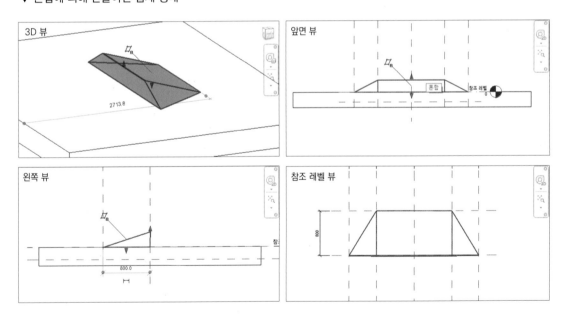

⊙ STEP 6. 앞면 뷰에서 선을 참조 평면에 정렬하여 잠그기

- 앞면 뷰로 가서 3D 형상을 선택한 후 '수정' 탭 〉 ❶ '수정'의 '정렬' 도구 클릭하기
- 기준이 될 ❷ 참조 평면과 기준에 맞출 ❸ 물체의 최상단면을 순서대로 클릭하기
- ❹ 형상이 작업 기준면의 안으로 들어간 것 확인하기
- 정렬시키면서 바로 나타나는 ❺ 잠금 버튼 클릭하여 잠그기

  : 물체의 최상단면이 최하단면이 되면서 참조 평면에 구속되어 잠김

    (모델이 완성되면 이 면이 보도 턱 낮춤의 최하단면이 됨)

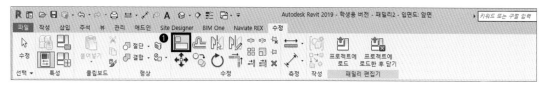

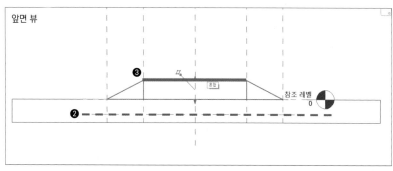

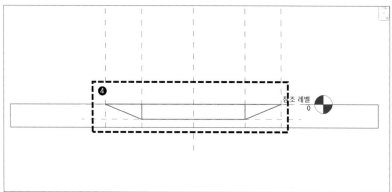

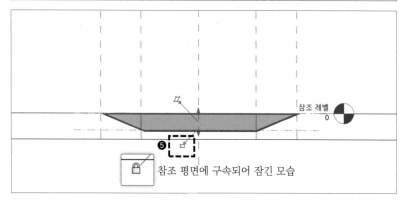

참조 평면에 구속되어 잠긴 모습

◉ STEP 7. 참조 레벨 뷰에서 선을 참조 평면에 정렬하여 잠그기

- 앞면 뷰의 작업과 동일하게 참조 레벨 뷰에서도 선을 참조 평면에 정렬하여 잠그기
  : '수정' 탭 〉 ❶ '수정'의 '정렬' 도구 클릭하기
- 기준이 될 ❷ 참조 평면과 기준에 맞출 ❸ 물체의 면을 순서대로 클릭하여 정렬하기
- 정렬시키면서 바로 나타나는 ❹ 잠금 버튼 클릭하여 잠그기

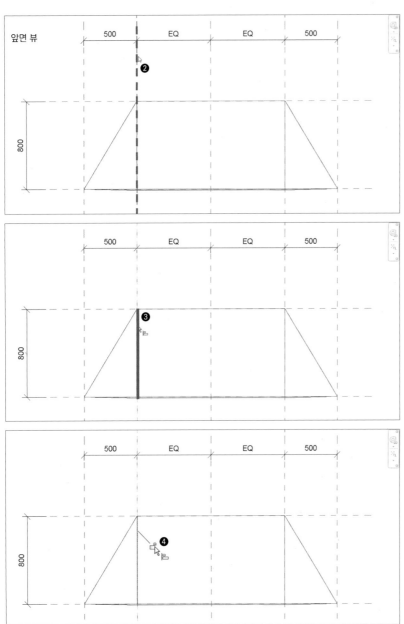

- 앞에서 설명한 것과 동일한 방식으로 아래 그림의 Ⓐ, Ⓑ 선들을 각 선들의 동일한 위치에 있
는 참조 평면에 구속시키기(색상별로 동일한 참조 평면에 구속시키기)

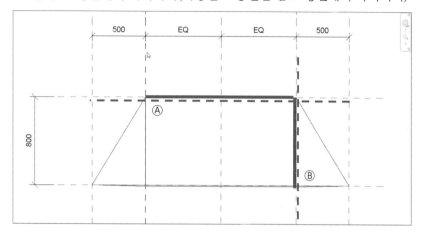

◉ STEP 8. 형상 절단하기

- 보이드 만들기

: 기준면과 겹쳐져 있는 ❶ 3D 형상을 클릭하고 '특성' 창에서 ❷ '보이드' 클릭하기

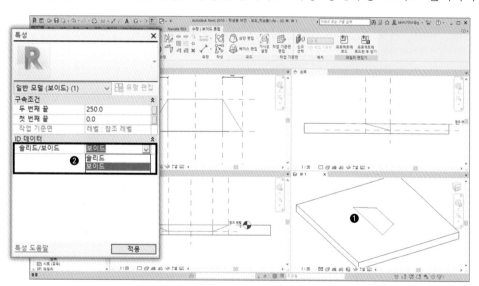

- 형상 절단하기

: ❸ '수정' 탭 〉 ❹ '형상'의 '절단' 〉 ❺ '형상 절단' 클릭하기

: ❻ 기준면을 클릭하고 ❼ 3D 형상 클릭하기

: ❽ 형상이 절단되어 만들어진 형상 확인하기

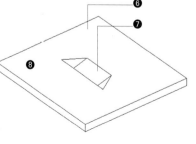

◉ **STEP 9. 형상의 치수에 매개변수 만들기**

- 턱 낮춤의 가로 폭에 있는 ❶ 치수선(1500)을 선택한 후 ❷ '레이블 치수'의 '매개변수 추가하기' 버튼 클릭하기

- '매개변수 특성' 창이 나타나면 ❸ '패밀리 매개변수' 옵션을 선택한 후 '매개변수 데이터'의 이름에 ❹ 'W_01' 부여하기

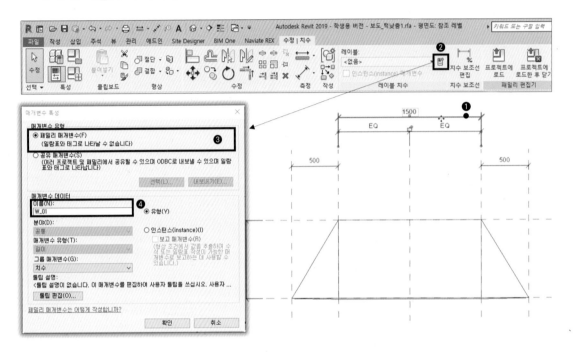

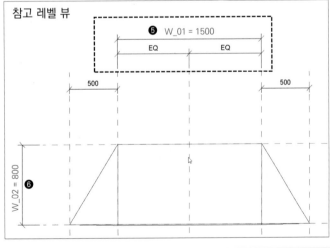

참고 레벨 뷰

- ❺ 치수선 텍스트에 매개변수가 부여되어 변경된 것 확인하기
- 턱 낮춤의 세로 폭에 있는 치수선(800)에도 ❻ 'W_02' 매개변수 부여하기
- 앞면 뷰로 가서 보도 턱낮춤의 두께가 될 부분의 치수선(200)에도 ❼ 'Depth' 매개변수 부여하기

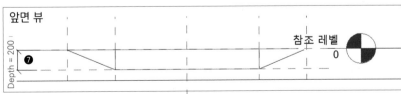

앞면 뷰

⊙ STEP 10. 프로젝트에 불러오기

- 완성된 패밀리를 '보도_턱낮춤.rfa' 파일로 저장하기
- 프로젝트 파일을 열고 ❶ '삽입' 탭 〉❷ '라이브러리에서 로드'의 '패밀리 로드' 클릭하기
  : 저장한 폴더 찾아가서 불러오기
- ❸ 바닥 포장재가 설치된 부분에 클릭하여 삽입하기
- 배치 방향이 맞지 않는 경우 ❹ Spacebar 를 여러 번 입력하여 맞추기

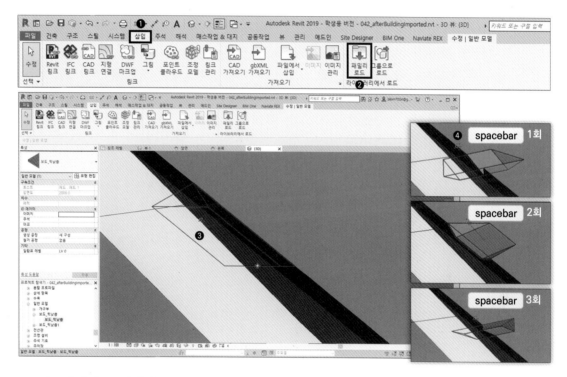

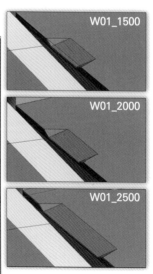

- 필요하다면 ❺ 매개변수 'W_01'의 수치 변경하기
  : '유형 특성' 창에서 'W_01' 값을 '2000', '2500'으로 수정하기

05_5 조경식재

▌조경식재 모델링에 앞서

- 식재는 조경 분야의 주요 설계요소로서 교목, 관목, 지피/초화류로 분류됨. 자연 소재이므로 교목과 일부 관목을 제외하고 단일 객체로 형상 모델링을 하기에는 여러 가지 어려움이 따름
- Revit에서는 RPC(Rich Photo-realistic Content) 형태로 기본적인 교목과 관목 패밀리를 제공하고 있음. 이 방식은 2D 주석과 실사적 이미지를 매핑한 객체를 결합하여 모델링한 것으로, 사실적 또는 레이트레이싱의 비주얼 스타일에서 실사적 효과가 드러남
- 이러한 수목 패밀리는 ❶ '건축' 탭 〉 ❷ '구성요소'의 '구성요소 배치' 또는 ❸ '매스작업 & 대지' 탭 〉 ❹ '대지 구성요소'를 클릭하고 ❺ '프로젝트 탐색기'에서 수종을 찾아서 삽입 가능
- 하지만 Top 뷰와 같이 상단에서 내려다보는 뷰에서 입간판처럼 보인다거나 그림자 구현이 어색한 점 등 2D 매핑 컴포넌트가 가지고 있는 한계가 있음. 또한 국내에서 자주 사용되는 수종의 구비되어 있지 않고 지피/초화류 구현이 어렵다는 점 등의 한계가 있음
- 이에 패밀리를 직접 작성하여 사용할 경우 대상지의 규모, 그에 따른 3D 수목의 종류 및 수량, 별도의 렌더러를 사용할지에 대한 여부를 먼저 결정하고 작성하는 것이 바람직함. 이 책에서는 상세한 형상의 수목 작성법을 소개하고 있으나 경우에 따라서 단순한 기하학적 형상 또는 2D 십자 평면모델로 작성할 수 있음

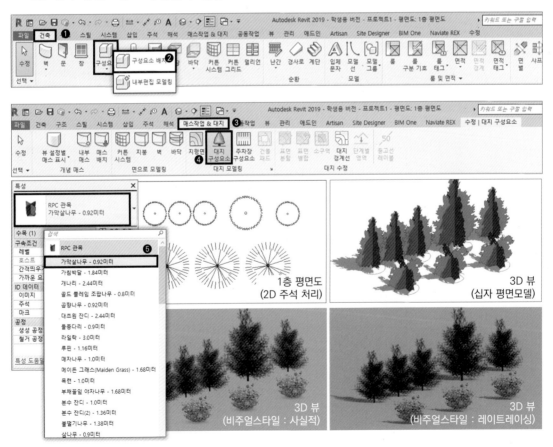

[실습하기] **조경식재 _ 교목(자작나무)**

실습파일 : 05_5_birch_2D.dwg, 05_5_birch_3D.skp, 05_5_birch_3D.dwg,
　　　　　05_5_base_자작나무.rfa, 05_5_topo_trees.rvt
완성파일 : 05_5_자작나무.rvt, 05_5_topo_trees_완료.rvt

[개요]

① 평면 뷰에서는 기호로 나타나고 기타 다른 뷰에서는 3D 형상으로 나타나도록 주석 처리
　할 기호인 2D 심벌과 3D 형상으로 나타날 모델을 DWG 파일로 준비하기(2D 심벌은
　CAD에서, 3D 형상은 스케치업에서 작업하기)

② 템플릿을 '수목'으로 지정하고 시작하기

③ 동일 수종 내 패밀리의 높이를 다르게 입력하여 여러 규격의 수목이 생성되도록 수고(H)
　의 매개변수 계획하기

④ 2D 심벌과 3D 형상이 수고의 매개변수 입력에 따라 함께 변경되도록 이 두 가지의 요소
　를 하나로 묶어주는 패밀리를 우선 만들고 이것을 다시 패밀리로 만드는 작업하기(패밀
　리 파일 내 다시 패밀리 파일 존재)

◉ STEP 1. 패밀리 작성에 사용할 2D 심벌 및 3D 형상 준비하기

- CAD에서 지름 3m 가량의 크기로 2D 도면에 나타날 수목 심벌 작성하기
　: 단위는 'mm'로 작업하면서 심벌의 중심이 원점(0,0,0)에 오도록 함
　: CAD 파일 저장하기(실습예제로 제공된 '05_5_birch_2D.dwg' 파일 사용 가능)

- 3D 형상은 스케치업에서 수목을 모델링하거나 3D 웨어하우스에서 다운로드해서 사용하기
　('05_5_birch_3D.skp' 파일 사용하기) *
　: 수고 5m(5000)와 수관폭 3m(3000)로 조정하기(자작나무는 흉고직경과 수고로 규격을 정
　　하지만, 여기서는 가시성이 높은 수고를 기준으로 작업함)
　: 수피, 수엽은 레이어를 분리하여 색상을 부여하면 Revit에서 음영처리 시 색상 유지
　: CAD 파일로 저장하기(실습예제로 제공된 '05_5_birch_3D.dwg' 파일 사용 가능)

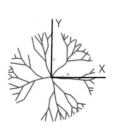

▲ 주석에 사용할
　2D 심벌

▲ 스케치업에서 작성된
　3D 형상

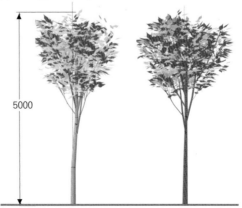

* 한경대학교 이선영 작
(http://cafe.naver.com/landgraphics)

⊙ STEP 2. 2D 심벌과 3D 형상 불러오기

- '파일' 탭 > '새로 만들기' > '패밀리'로 가서 > ❶ '미터법 수목.rft' 템플릿으로 시작하기
  : 수목 템플릿에는 '높이'라는 매개변수가 내재되어 있음

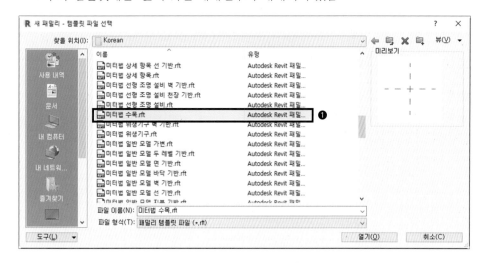

- 2D 심벌 불러오기
  : ❷ '삽입' 탭 > ❸ 'CAD 가져오기'를 클릭하고 ❹ '05_5_birch_2D.dwg' 불러오기
  : ❺ 옵션에서 '색상'은 '흑백', '위치'는 '자동 - 중심 대 중심', '가져오기 단위'는 '밀리미터'로
  지정하기

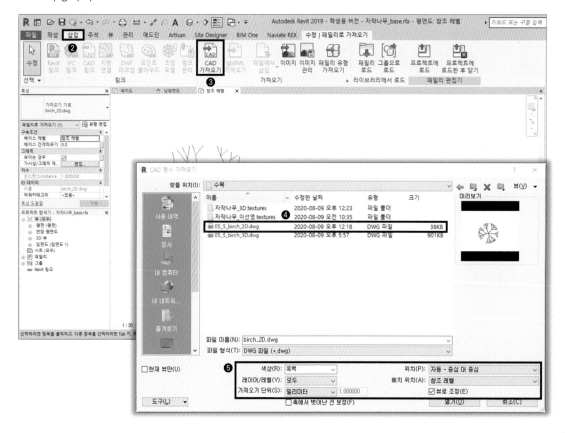

- 3D 형상 불러오기

: ❶ '삽입' 탭 〉 ❷ 'CAD 가져오기'를 클릭하고 ❸ '05_5_birch_3D.dwg' 불러오기

: ❹ 옵션에서 '색상'은 '유지', '위치'는 '자동 - 중심 대 중심', '가져오기 단위'는 '밀리미터'
로 지정하기(삽입 시 2D에서는 색상을 '흑백'으로 하였으나 3D에서는 유지함)

- 불러온 2D 심벌과 3D 형상의 위치 확인하기

: 삽입 시 '중심 대 중심'으로 맞추었기 때문에 앞면과 오른쪽 뷰에서 보면 3D 형상에서 수목
뿌리의 중심점이 한쪽으로 치우쳐 있음

: 앞면과 오른쪽 뷰에서 각각 3D 형상 선택 후 화살표 방향키로 가운데 맞추기

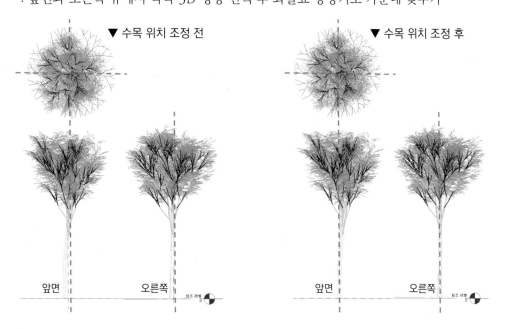

▼ 수목 위치 조정 전　　　　　　　　▼ 수목 위치 조정 후

앞면　　　　오른쪽　　　　　　　　앞면　　　　오른쪽

◉ STEP 3. 2D 심벌의 가시성 변경하기

- 불러온 2D CAD 선들을 기호 선으로 변환하여 평면 뷰에서만 보이고 다른 뷰에서는 보이지 않도록 하기 위해 다음과 같은 과정을 거침
- 선들을 기호 선으로 변경하기 위해 CAD 선을 선택하고 ❶ '수정 | 패밀리로 가져오기' 탭 〉 ❷ '분해' 〉 ❸ '완전 분해' 클릭하기
- ❹ 분해한 선들을 모두 선택한 후 ❺ '수정 | 선' 탭 〉 ❻ '편집'의 '선 변환' 클릭하기

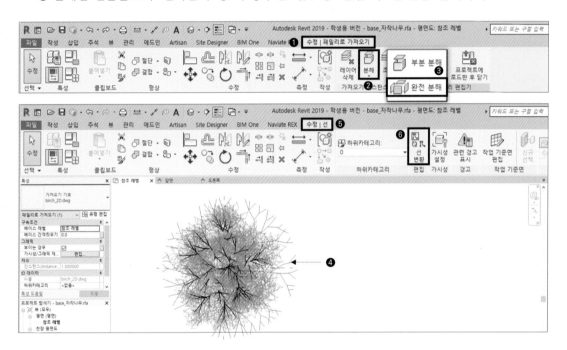

◉ STEP 4. 3D 형상의 가시성 변경하기

- 3D 형상을 평면 뷰에서는 보이지 않도록 하기 위해 ❶ 형상을 선택하고 '특성' 창에서 ❷ '가시성/그래픽 재지정'의 '편집' 버튼 클릭하기
- '패밀리 요소 가시성 설정' 창에서 ❸ '평면/RCP'의 체크 해제하기

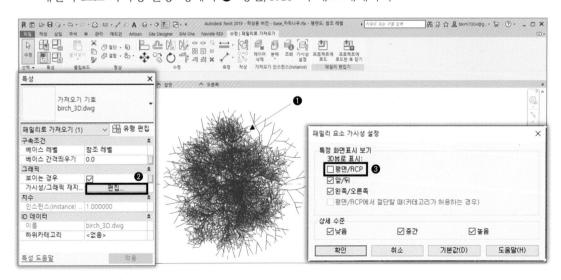

◉ STEP 5. 새로운 파일로 본 패밀리로 만들기

- 지금까지 작업한 기초 파일을 적당한 이름으로 저장하기('05_5_base_자작나무.rfa')
- 새로운 패밀리 파일 시작하고 저장하기

  : 저장한 파일이 열린 상태에서 '파일' 탭 〉 '새로 만들기' 〉 '패밀리'로 가서 〉 '미터법 수목.rft' 템플릿으로 패밀리 다시 작성하기

  : 새로운 패밀리 파일(현재 빈 화면)을 적당한 이름으로 저장하기('05_5_자작나무.rfa')

- 현재까지 ⓐ 기초 파일과 ⓑ 본 파일의 두 개가 열려 있는 상태 확인하기

- '05_5_base_자작나무.rfa' 파일을 '05_5_자작나무.rfa'에 로드하기

  : ❶ '05_5_base_자작나무.rfa' 파일의 참조 레벨로 가서 ❷ '수정' 탭 〉 ❸ '프로젝트에 로드' 클릭하기

  : 자동으로 '05_5_자작나무.rfa' 파일로 이동하면 ❹ 새 중심점을 클릭하여 로드하기

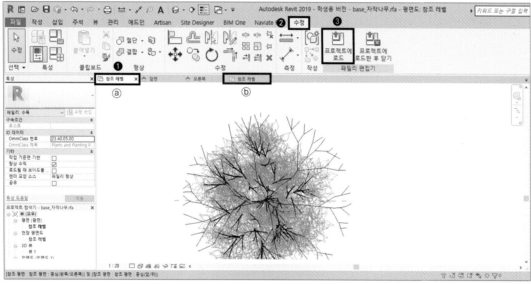

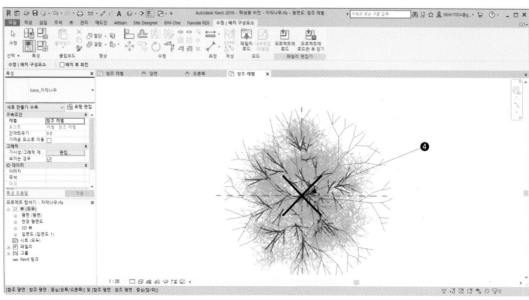

- 평면인 ⓐ '참조 레벨' 뷰에서는 2D 심벌만, 3D 뷰인 ⓑ '뷰 1'에서는 3D 형상만 나타나는 것을 확인할 수 있음

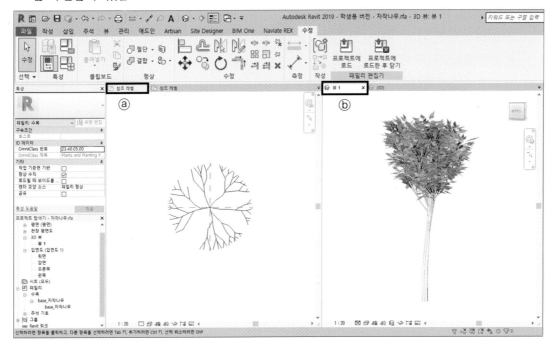

⊙ STEP 6. 수목의 크기를 패밀리 매개변수로 입력하기

- 3D 수목의 수고가 5m이므로 이 값을 패밀리 매개변수로 입력하기
  : ❶ '패밀리 유형' 버튼을 클릭하고 '패밀리 유형' 창에서 '높이'에 ❷ '5000'을 입력한 후 ❸ '확인' 버튼 클릭하기

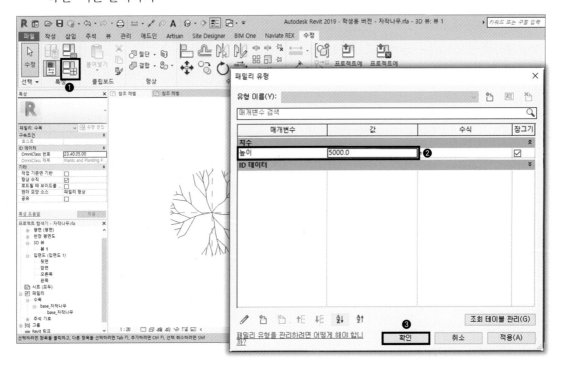

⊙ STEP 7. 프로젝트 파일에 작성한 본 패밀리 업로드하기

- ⓐ 본 패밀리 파일('05_5_자작나무.rfa')이 열려 있는 상태에서 패밀리를 사용할 ⓑ 프로젝트 파일 열기('05_5_topo_trees.rvt')
- ❶ ⓐ 파일로 돌아와서 ❷ '수정' 탭 〉 ❸ '프로젝트에 로드' 클릭하기
  : 자동으로 프로젝트 파일로 이동하면 '특성' 창의 ❹ '레벨'을 'LV 3'으로 조정하고 화면에서
    ❺ 식재할 위치 클릭하기

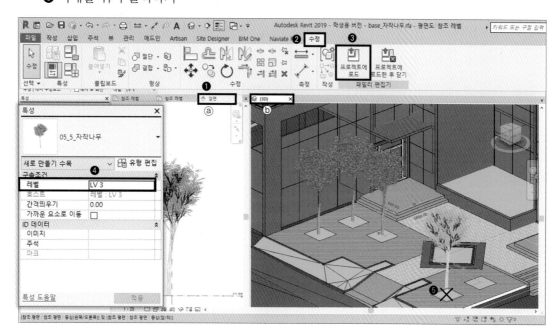

⊙ STEP 8. 패밀리 유형을 만들어서 수목의 크기 변경하기

- 하나의 수목을 선택한 후 마우스 오른쪽 버튼을 클릭하고 ❶ '유사 작성' 선택하기

- ❶ 녹지 위를 클릭하여 수목을 배치하고 해당 수목을 선택한 후 '특성' 창의 ❷ '유형 편집' 버튼 클릭하기

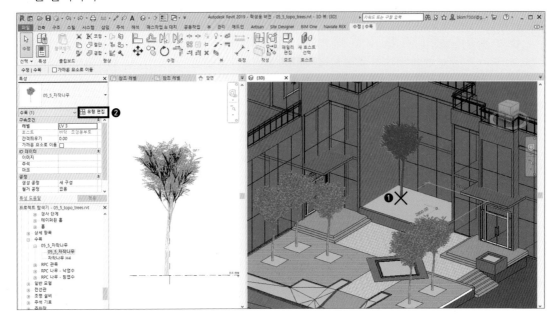

- '유형 특성' 창이 나타나면 ❸ '복제' 버튼을 클릭하고 ❹ '자작나무 H4.0'을 입력한 후 ❺ '확인' 버튼 클릭하기
- 다시 '유형 특성' 창으로 되돌아오면 '5000'으로 지정된 높이 값을 ❻ '4000'으로 수정하고 ❼ '확인' 버튼을 클릭한 후 ❽ 변경된 수고의 수목 확인하기('자작나무 H4.0'은 B10에 해당)

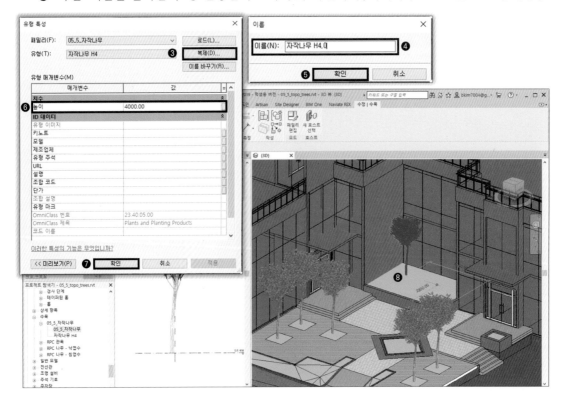

- 삽입한 수목들이 ⓐ 배치도에서는 심벌로, ⓑ 3D 뷰에서는 3D 형상으로 나타나는 것을 확인하기

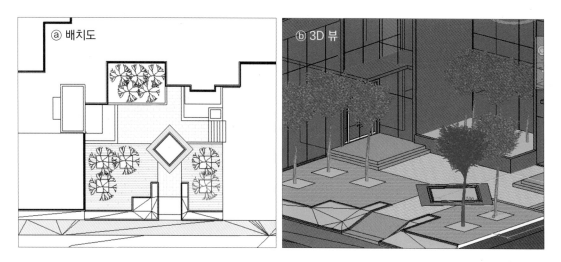

⦿ STEP 9. 삽입된 패밀리의 유형 변경하기

- ❶ 수정하려는 패밀리를 선택하고 '특성' 창의 ❷ '유형 편집' 버튼 클릭하기
- '유형 특성' 창의 ❸ '복제' 버튼을 클릭하고 ❹ '자작나무 H3.5'를 입력한 후 ❺ '확인' 버튼 클릭하기('자작나무 H3.5'는 B8에 해당)
- 다시 '유형 특성' 창으로 되돌아오면 '5000'으로 지정된 높이 값을 ❻ '3500'으로 수정하고 ❼ '확인' 버튼 클릭하기

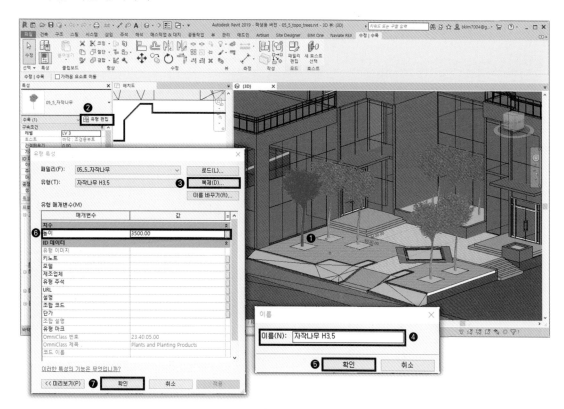

- ❶ 유형 변경을 원하는 수목들을 모두 선택한 후 '특성' 창에서 ❷ '자작나무 H3.5'를 클릭하여 지정하기

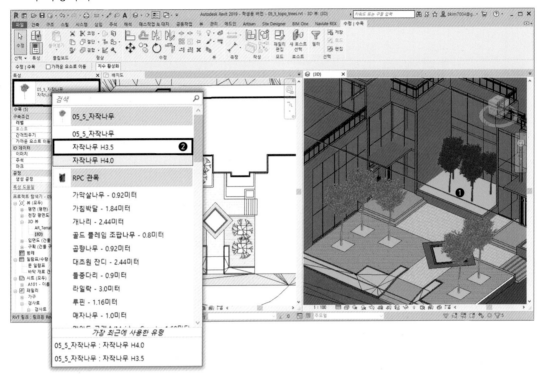

- 다시 ❸ 유형 변경을 원하는 수목들을 모두 선택한 후 '특성' 창에서 ❹ '자작나무 H4.0'을 클릭하여 지정하기

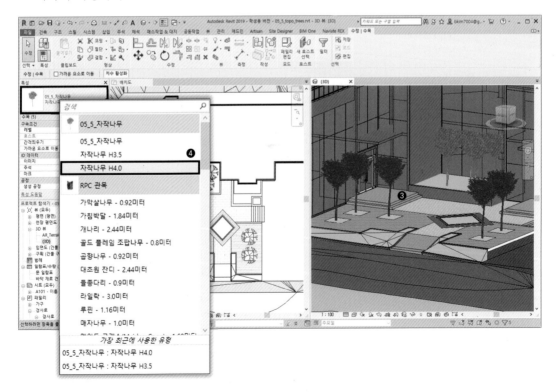

06

설계도면 작성

06_1 주석 입력

▌주석 입력에 앞서

- 주석 도구들은 일반적으로 3D 모델을 거의 완성하고 난 후 2D 도면을 작성하는 단계에서 입력하게 됨. Revit은 2D 도면 작성을 위해 ① 치수선, ② 문자 및 지시선, ③ 심벌, ④ 태그 등 다양한 주석 도구를 제공하고 있음
- 주석 도구들에 의해 자동으로 도면에 생성되는 수치나 문자 등의 정보들은 3D 모델을 토대로 하므로 모델이 수정되면 이에 따라 주석의 내용도 자동으로 수정됨
- 치수선은 완성된 모델을 기반으로 하여 자동으로 수치가 측정된 후 입력되므로 특별한 이유가 없다면 임의로 수치를 변경하지 않도록 함. 카테고리, 재료, 면적 등과 관련된 다양한 태그의 정보들은 모델의 본 속성을 수정하여 반영하도록 함
- 문자는 임의로 콘텐츠 입력이 가능하지만 태그는 객체의 정보를 바탕으로 하므로 간편하고 수정이 편리함. 따라서 태그는 객체 매개변수의 정보를 별도로 입력해야 해서 번거롭지만 패밀리에 한 번 입력해 두면 반복 사용 시 편리함
- 주석의 각 도구마다 문자, 선, 패턴 등의 형식들이 패밀리로 지정되어 있으므로 이 패밀리를 별도로 수정해서 한 번에 수정 가능

[실습하기] 치수선 작성하기

실습파일 : 06_1_치수선.rvt
완성파일 : 06_1_치수선_완료.rvt

[개요]
① 치수선 작성에 앞서 평면의 뷰 스타일 수정하기
② 프로젝트의 수치 단위 설정하기
③ 필요하다면 치수선을 작성하면서 패밀리에서 치수선, 치수보조선, 심벌, 문자 등 형식 수정하기

⊙ STEP 1. 치수선을 입력할 평면 뷰의 스타일 조정하기

- 프로젝트 탐색기에서 ❶ '배치도 A동'을 더블클릭하여 열기
- V + V 를 눌러 '가시성/그래픽 재지정' 창 열기
- ❷ '모델 카테고리' 탭 〉 '가시성' 〉 '바닥' 〉 ❸ '내부 모서리'의 체크 해제하기
- ❹ '가져온 카테고리' 탭 〉 '가시성' 〉 '04_1_topo_basemap.dwg'의 하단에서 ❺ 'contours'의 체크를 해제하고 ❻ '확인' 버튼 클릭하기

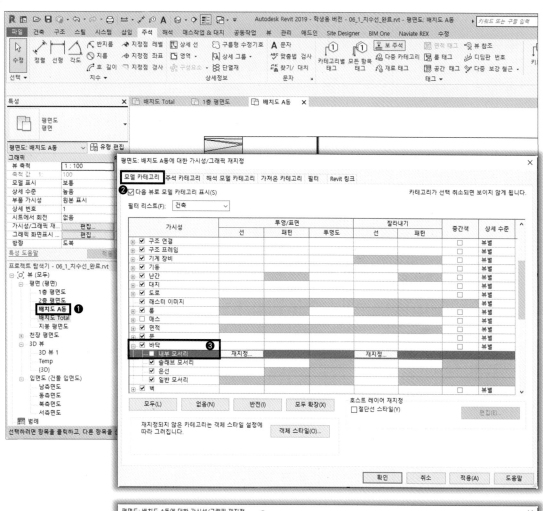

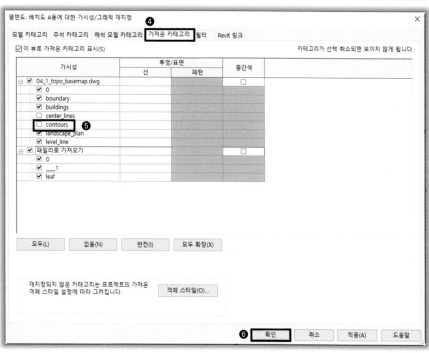

◉ STEP 2. **프로젝트의 단위 설정하기**

- ❶ '관리' 탭 〉 ❷ '설정'의 '프로젝트 단위' 클릭하기
- '프로젝트 단위' 창의 ❸ '길이' 단위를 선택하고 ❹ '소수점 이하 자릿수'를 '0'으로 지정하기
- ❺ '면적' 단위를 선택하고 면적의 ❻ '소수점 이하 자릿수'를 '2'로 맞추기

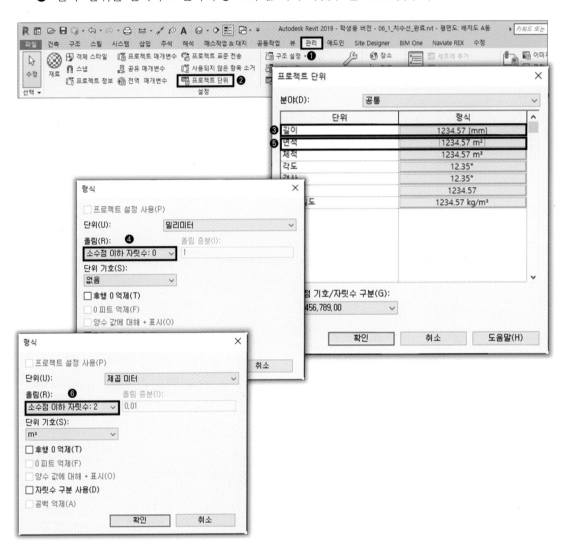

◉ STEP 3. **치수선 넣기**

- 치수선을 달고자 하는 부분을 화면에서 찾아 확대한 상태로 ❶ '주석' 탭 〉 ❷ '치수'의 '정렬' 클릭하기

- 수직면으로 치수선을 달기 위해 ❸ 하단의 선을 클릭한 후 위로 올리면서 치수선을 달고자 하는 부분을 찾아서 순서대로 ❹, ❺, ❻, ❼ 클릭하기

- 수직면에 전체적으로 치수선을 달기 위해 ❽과 ❾ 클릭하기

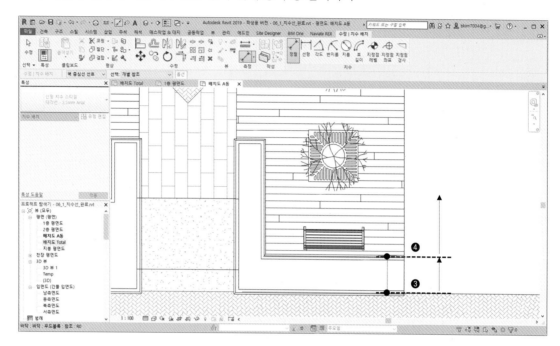

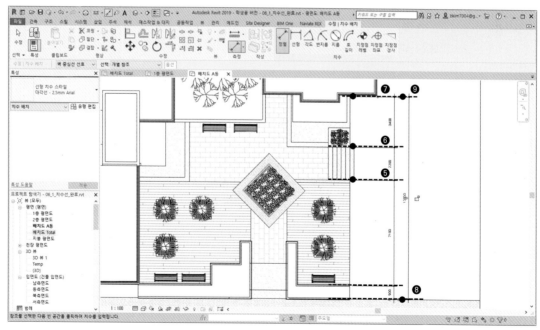

- 앞서 수직면에 치수선을 달아준 것과 같이 이어서 아래의 그림처럼 수평면에도 치수선 달아
  주기

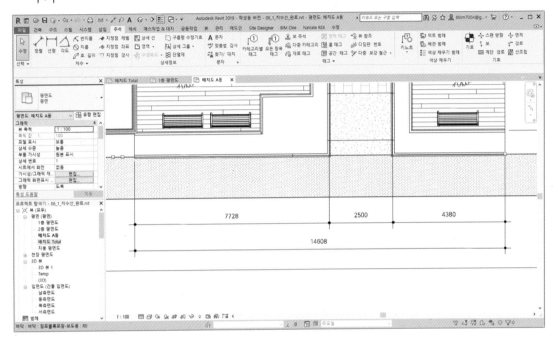

◉ STEP 4. 치수선 스타일 수정하기

- ❶ 치수선 선택 후 '특성' 창의 ❷ '유형 편집' 버튼 클릭하기
- '유형 특성' 창에서 ❸ '문자 크기'는 '2.0mm', '문자 간격띄우기'는 '0.5mm', ❹ '문자 글꼴'
  은 '맑은 고딕' 또는 원하는 폰트로 지정하기. 기타 원하는 옵션 수정하기

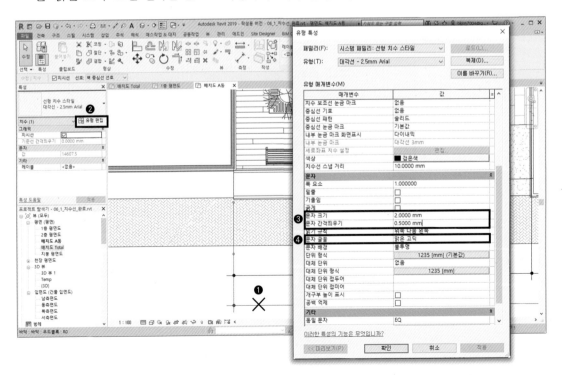

실습하기 문자 및 지시선 삽입하기

실습파일 : 06_2_문자+지시선.rvt(전단계 실습예제 '06_1_치수선_완료.rvt'와 동일한 파일)
완성파일 : 06_2_문자+지시선_완료.rvt

[개요]

① 다양한 크기의 문자 삽입하기
② 삽입된 문자에 지시선 추가하기

◉ STEP 1. 문자 입력하기

- ❶ '주석' 탭 〉 ❷ '문자' 클릭하기
- '특성' 창의 ❸ '유형 편집' 버튼을 클릭하고 '유형 특성' 창에서 ❹ '복제' 버튼 클릭하기. ❺ '이름'에 '4mm Arial'을 입력하고 ❻ '확인' 버튼 클릭하기
- ❼ '문자 글꼴'에는 'Arial', 문자 크기에는 '4.0mm' 입력하기

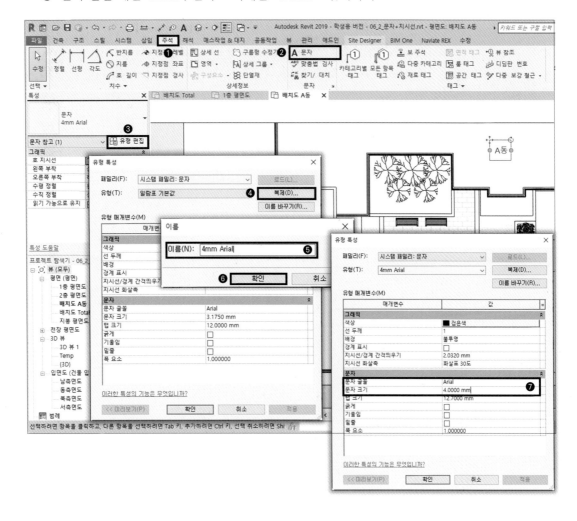

- 같은 방식으로 문자에 '3mm Arial'이라는 새로운 유형 만들기
- 아래의 그림과 같이 '4mm Arial' 유형으로 'A동' 2개, '3mm Arial' 유형으로 '건물입구'를 2개 입력하기

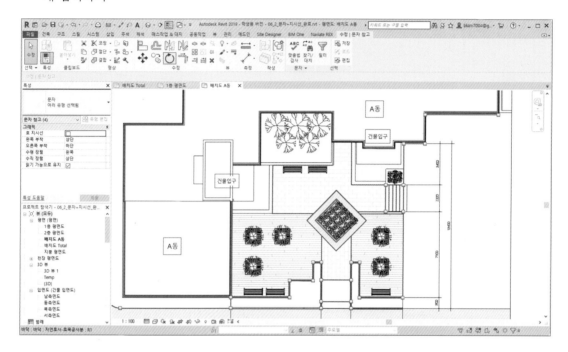

◉ **STEP 2. 문자 편집하기**

- ❶ 'A동'을 클릭한 후 '특성' 창의 ❷ 풀다운 메뉴에서 ❸ '5mm Arial' 유형을 클릭하여 수정하기. '건물입구'를 '2.5mm Arial' 유형으로 변경하기(각 2개)

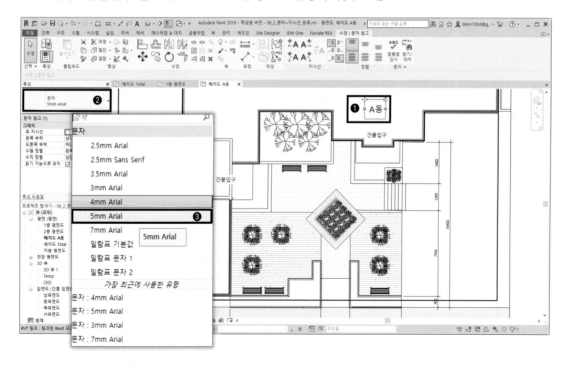

- 좌측 '건물입구'를 90도 회전시키기

    : ❶ 문자를 클릭하여 선택하고 ❷ 우측 상단에 있는 회전 기호를 클릭하여 90도 돌리기

    : 필요하다면 좌측 하단에 있는 ❸ 이동 기호를 클릭하여 문자 위치 조정하기

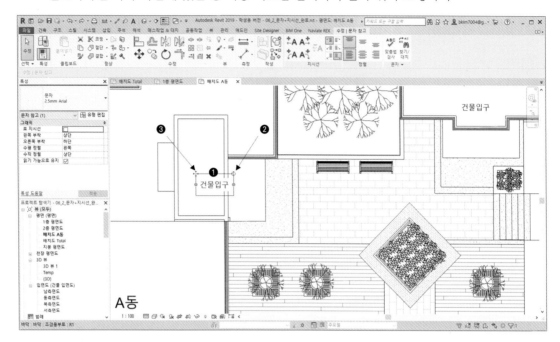

◉ STEP 3. 단면 끊고 지시선 삽입하기

- 프로젝트 탐색기에서 ❶ '1층 평면도'를 더블클릭하여 뷰 열기
- 문자 및 지시선을 삽입할 주요 단면 끊기

    : ❷ '뷰' 탭 > ❸ '단면도'를 클릭하고 원하는 부분의 ❹ 시작점과 ❺ 끝점을 클릭하여 끊기

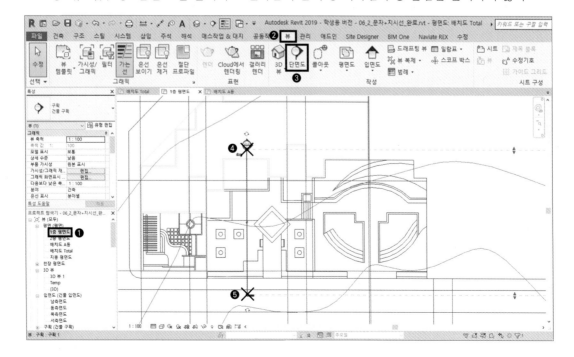

- 아래의 그림과 같은 방법으로 ❻ 수평으로도 단면을 하나 더 끊기

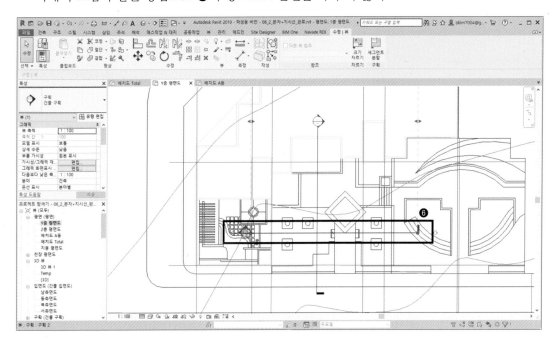

- ❼ 단면에서 사각형 박스의 중심에 위치한 삼각형 기호를 조정하여 단면도의 보이는 영역 조정 하기. 나머지 다른 단면 기호도 선택하여 동일한 방법으로 조정하기

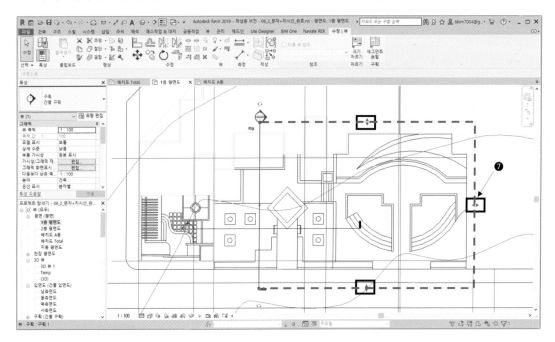

- 단면을 끊으면 생기는 ❶ '구획 1' 뷰를 프로젝트 탐색기에서 더블클릭하여 열기
- ❷ '축척'을 '1 : 50'으로 변경하고 ❸ '상세수준'은 '높음'으로 조정하기
- ❹ 구획선을 클릭하고 사각형의 크기를 움직여서 단면 뷰의 보이는 영역 조정하기

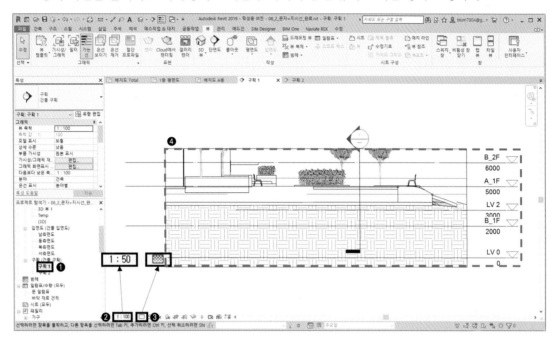

- 불필요한 요소 숨기기
  : ❺ 단면 기호를 선택한 후 마우스 오른쪽 버튼을 클릭하고 바로 가기 메뉴에서 ❻ '뷰에서 숨기기', 〉 ❼ '카테고리' 클릭하기('요소'도 가능)
  : ❽ 같은 방식으로 레벨 등 뷰에서 불필요한 요소 숨기기

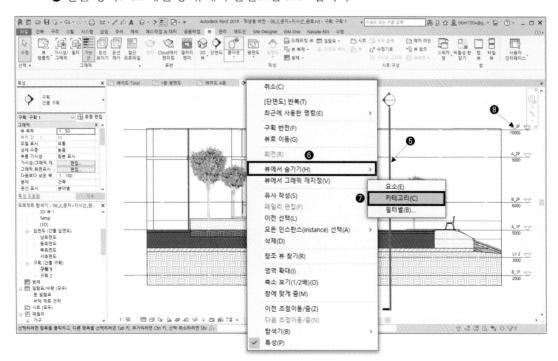

- 바닥재 중에서 패턴에 색상이 사용된 바닥재가 있다면 모두 흰색으로 변경하기
  : ❶ 현재 색상이 입혀진 '자연토사-토목공사분'을 클릭하고 ❷ '유형 편집' 버튼 클릭하기
  : '유형 특성' 창에서 ❸ '구조'의 '편집' 버튼을 클릭하고 또다시 새로 나타난 '조합 편집' 창에서 ❹ '자연토사' 옆의 '재질탐색기' 버튼 클릭하기
  : '재질탐색기' 창에서 '절단 패턴'의 ❺ 색상을 클릭하고 '색상' 창에서 배경 색을 ❻ 흰색으로 수정한 후 ❼ '확인' 버튼을 여러 번 클릭해서 빠져나오기
- '구획 2' 뷰도 같은 방법으로 작업하기

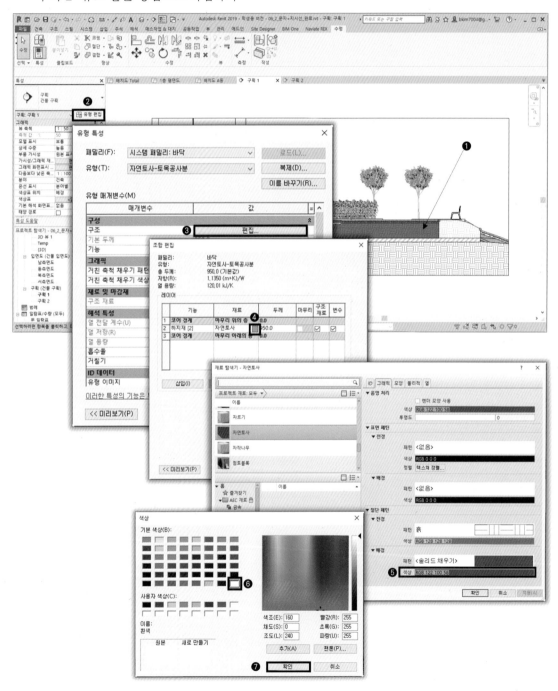

- 지시선 넣기
  : ❶ '주석' 탭 〉 ❷ '문자'를 클릭하고 '특성' 창의 풀다운 메뉴에서 ❸ '3mm Arial' 선택하기
  : 화면을 클릭한 후 ❹ '플랜터 A형' 입력하기

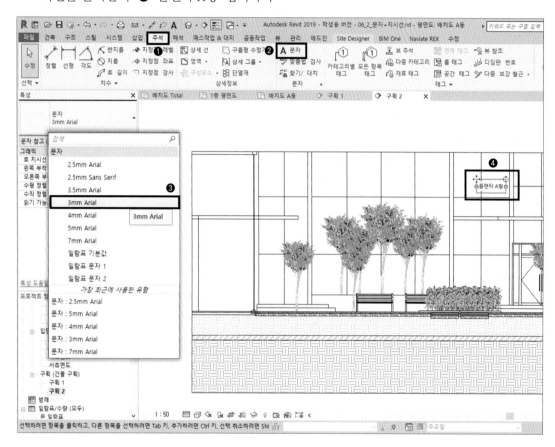

- ❺ '왼쪽 직선 지시선 추가' 버튼을 클릭하고 ❻ 직선이 나타나면 수정하여 아래쪽 방향으로 꺾이는 지시선 만들기(다음 페이지 참고)

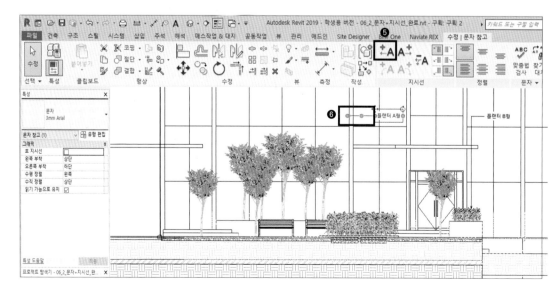

- '플랜터 A형'의 꺾이는 지시선을 만들고 나면 ❶ '플랜터 B형'을 복사하거나 같은 방법으로 만들기
- 지시선의 화살촉 형식을 변경하기 위해 ❷ '유형 편집' 버튼을 클릭하고 ❸ '지시선 화살촉'을 '채워진 화살표 15도'로 수정한 후 ❹ 모두 함께 수정된 화살촉 확인하기

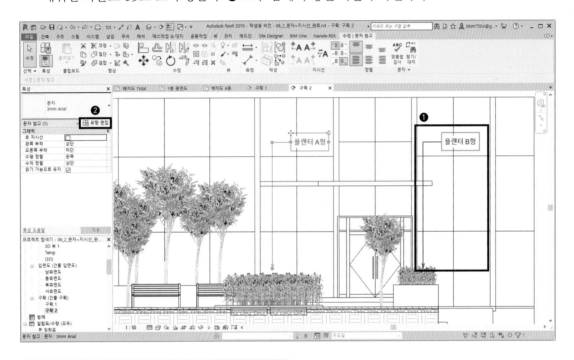

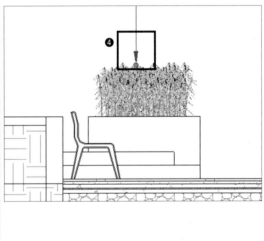

- 같은 방법으로 단면도 '구획 1'과 '구획 2'의 뷰에서 문자와 지시선으로 '수목보호대'도 함께 입력하기

▼ 구획 1

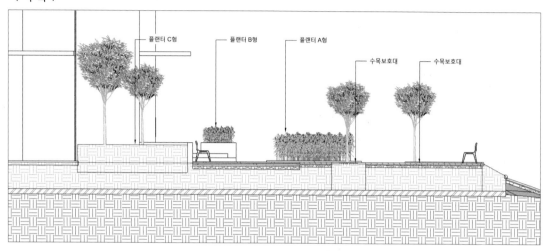

▼ 구획 2

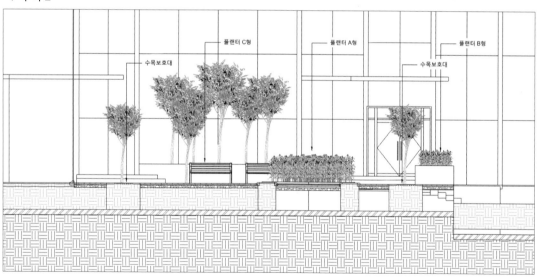

실습하기 태그 작성하기

실습파일 : 06_3_태그.rvt(전단계 실습예제 '06_2_문자+지시선_완료.rvt'와 동일한 파일)
완성파일 : 06_3_태그_완료.rvt

[개요]
① 태그를 작성할 객체의 '유형 특성' 창에서 출력할 정보가 될 매개변수 값 입력하기
② 어떤 매개변수들을 태그에 출력할 것인지 결정하는 태그 패밀리의 레이블 매개변수 작성하기
③ 필요한 곳에 태그 달기

◉ STEP 1. 객체 모델인 벤치의 매개변수 값 입력하기

- 단면 뷰에 위치한 ❶ 벤치를 선택하고 ❷ '유형 편집' 버튼 클릭하기
- '유형 특성' 창에서 ❸ 매개변수의 값을 아래와 같이 입력하기(수정 또는 새로 입력하기)
  〉모델 : BENCH 203
  〉제조업체 : LIM
  〉설명 : 1600×577×756

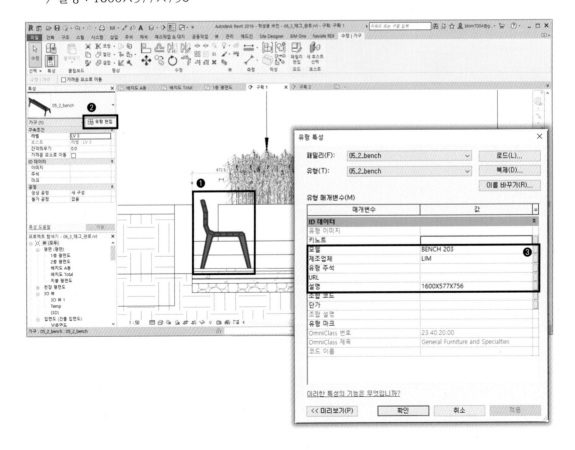

◉ STEP 2. 벤치용 태그 패밀리 작성하기

- ❶ '주석' 탭 〉 ❷ '카테고리별 태그'를 선택하고 벤치 클릭하기
- 창에서 가구에 대한 태그를 지금 로드할 것인지 묻는 질문에 ❸ '예' 버튼 클릭하기

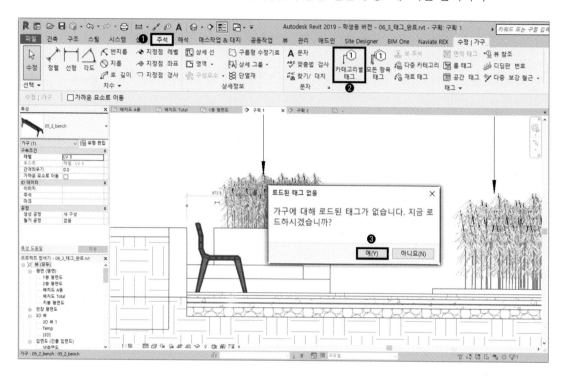

- 가구 태그 패밀리가 위치하는 폴더를 찾아서 패밀리 로드하기
  : 태그 패밀리가 위치하는 폴더의 일반적인 루트는 다음과 같음(2019 버전 기준)
   'C:\ProgramData\Autodesk\RVT 2019\Libraries\Korea\주석\건축'
  : ❹ '가구 태그.rfa' 선택하고 ❺ '열기' 버튼 클릭하기

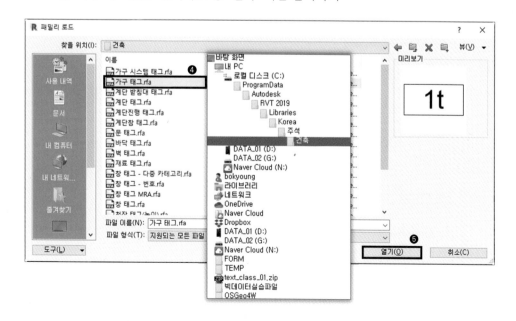

- 프로젝트 탐색기에서 ❶ '주석 기호' 〉 '가구 태그'를 찾아 마우스 오른쪽 버튼을 클릭한 후 ❷ '편집' 선택하기
- 가구 태그의 매개변수 편집하기
  : '가구 태그.rfa'가 열리면 ❸ 문자 박스를 선택하고 ❹ '레이블 편집' 클릭하기
  : '레이블 편집' 창에서 ❺ 태그에 사용하지 않을 '유형 마크'를 선택한 후 ❻ '레이블에서 매개변수 제거' 버튼을 클릭해서 제거하기
  : 좌측 '카테고리 매개변수'에서 태그에 사용할 매개변수인 ❼ '모델'을 선택하고 ❽ '레이블에서 매개변수 추가' 버튼 클릭하기. 같은 방식으로 ❾ '설명', '제조업체'도 추가하기
- ❿ 제조업체의 접두어에 '제조사 : '를 입력하고 매개변수의 첫 번째 줄부터 세 번째 줄의 연결을 끊기 위해 ⓫ 1, 2번 매개변수의 '끊기'에 체크하기. ⓬ '확인' 버튼 클릭하고 창에서 빠져나오기

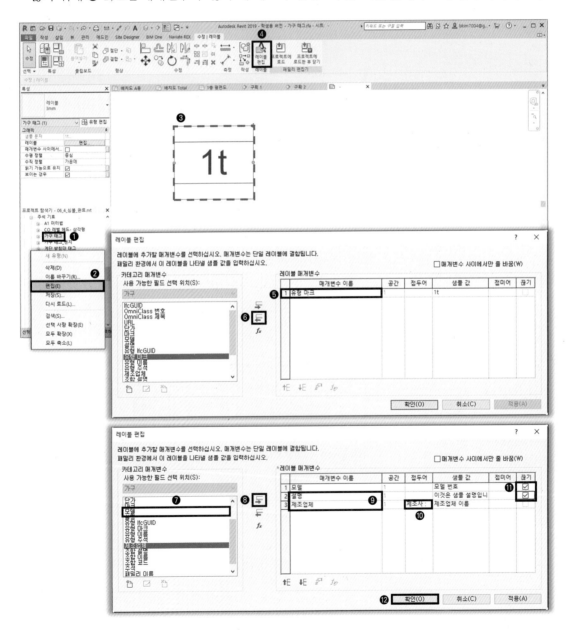

- 태그의 형식을 편집하고 다른 이름으로 저장하기
  : ❶ 문자 박스 선택 후 ❷ '유형 편집' 버튼을 클릭하고 '유형 특성' 창에서 ❸ '복제' 버튼 클릭하기. ❹ '2.5mm'라고 이름을 지정하고 ❺ '문자 글꼴'은 'Arial', '문자 크기'는 '2.5mm'로 지정한 후 ❻ '확인' 버튼 클릭하기

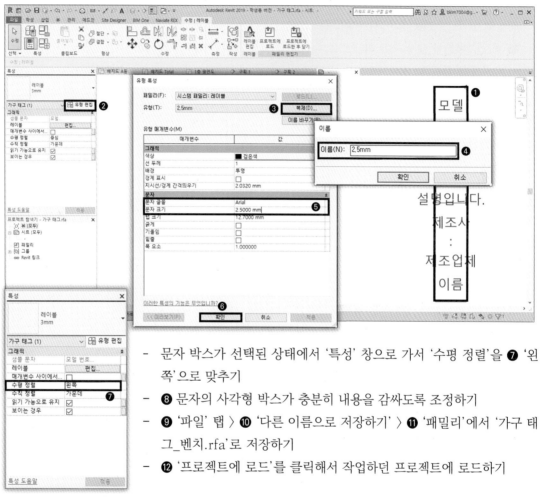

- 문자 박스가 선택된 상태에서 '특성' 창으로 가서 '수평 정렬'을 ❼ '왼쪽'으로 맞추기
- ❽ 문자의 사각형 박스가 충분히 내용을 감싸도록 조정하기
- ❾ '파일' 탭 〉 ❿ '다른 이름으로 저장하기' 〉 ⓫ '패밀리'에서 '가구 태그_벤치.rfa'로 저장하기
- ⓬ '프로젝트에 로드'를 클릭해서 작업하던 프로젝트에 로드하기

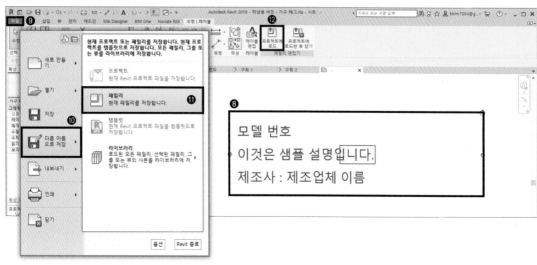

- 프로젝트 파일로 되돌아오면 ❶ '주석' 탭 〉 ❷ '카테고리별 태그'를 선택한 후 ❸ 벤치를 클릭하여 태그 삽입하기
- 태그가 선택된 상태에서 ❹ 문자 이동점을 클릭하여 먼저 문자의 자리를 잡아주고 ❺ 끌기 점을 클릭하여 꺾인 선의 형태를 수직과 수평으로 정리하기
- '특성' 창의 ❻ '유형 편집' 버튼을 클릭하고 '유형 특성' 창에서 ❼ '지시선 화살촉'은 '채워진 화살표 15도'로, ❽ '상자 가시성'의 체크를 해제해서 사각형 박스 숨기기
- ❾ '확인' 버튼을 클릭하고 화면으로 되돌아가서 태그의 변경된 사항 확인하기
- 이상에서 작성된 형식의 태그를 단면도에서 나타나는 벤치에 모두 달아주기

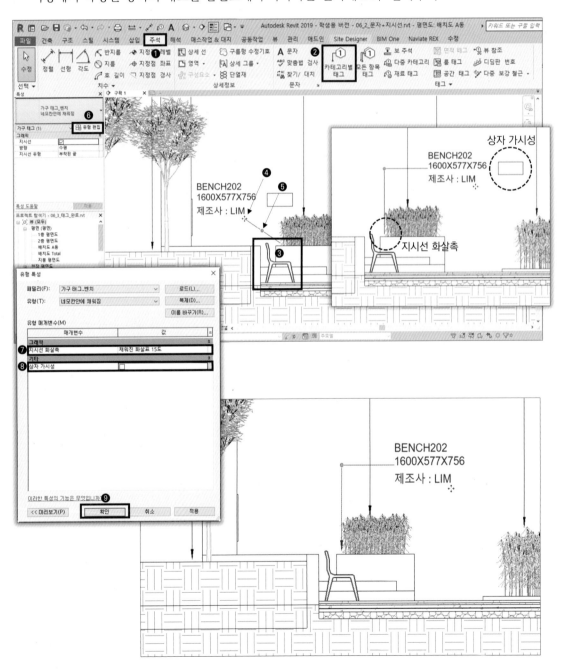

◉ STEP 3. 수목의 매개변수 값 입력하기

- '배치도 A동'에서 ❶ 자작나무 H3.0×B6을 선택하고 ❷ '유형 편집' 버튼 클릭하기
- '유형 특성' 창에서 ❸ 매개변수의 값을 아래와 같이 입력하기(수정 또는 새로 입력하기)

  〉 모델 : 자작나무

  〉 설명 : H3.0×B6
- 같은 방식으로 자작나무 H3.5×B8, H4.0×B10도 선택하여 매개변수 입력하기

  : 조릿대도 같은 방식으로 모델, 설명에 매개변수 지정하기

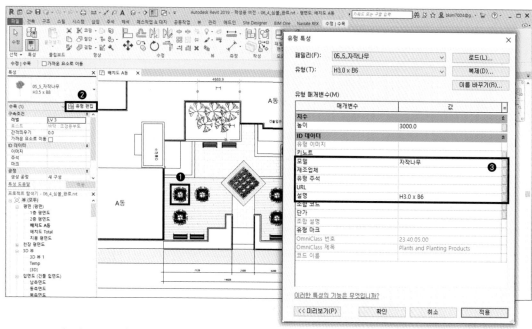

◉ STEP 4. 수목용 태그 패밀리 작성하기

- ❶ '주석' 탭 〉 ❷ '카테고리별 태그'를 선택하고 ❸ 자작나무 클릭하기
- '로드된 태그 없음' 창에서 가구에 대한 태그를 지금 로드할 것인지를 묻는 질문에 ❹ '예' 버튼 클릭하기

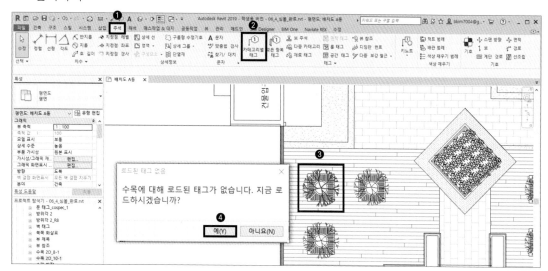

- 수목 태그 패밀리가 위치하는 폴더를 찾아서 패밀리 로드하기

  : 태그 패밀리가 위치하는 폴더의 일반적인 루트는 다음과 같음(2019 버전 기준)

  'C:\ProgramData\Autodesk\RVT 2019\Libraries\Korea\주석\토목'

  : ❺ '수목 태그.rfa' 선택하고 ❻ '열기' 버튼 클릭하기

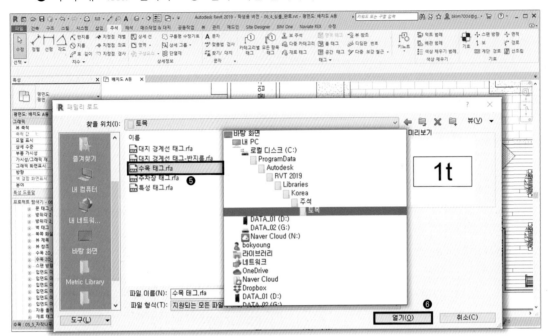

- 프로젝트 탐색기에서 ❶ '주석기호' 〉 '수목 태그'를 찾아 마우스 오른쪽 버튼을 클릭한 후 ❷ '편집' 선택하기

- 수목 태그의 매개변수도 가구 태그와 동일한 방법으로 편집하기

  : '수목 태그.rfa'가 열리면 ❸ 문자 박스를 선택하고 ❹ '레이블 편집' 클릭하기

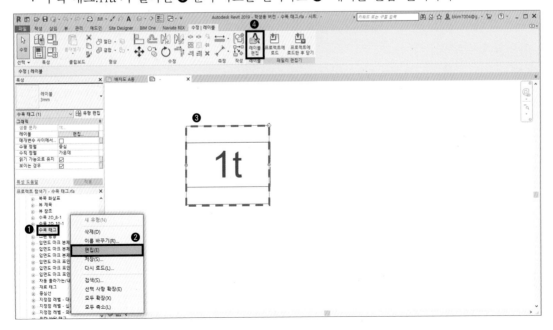

- '레이블 편집' 창에서 ❺ 태그에 사용하지 않을 '유형 마크'를 선택한 후 ❻ '레이블에서 매개변수 제거' 버튼을 클릭하여 제거하기
- 좌측 '카테고리 매개변수'에서 태그에 사용할 매개변수인 ❼ '모델'을 선택하고 ❽ '레이블에서 매개변수 추가' 버튼 클릭하기. 같은 방식으로 ❾ '설명'도 추가하기
- 매개변수의 첫 번째 줄과 두 번째 줄의 연결을 끊기 위해 ❿ 1번 매개변수의 '끊기'에 체크하기
- ⓫ '확인' 버튼 클릭하고 창에서 빠져나오기

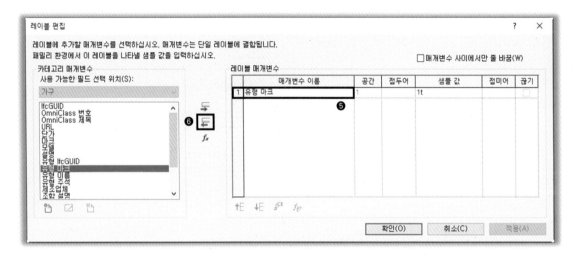

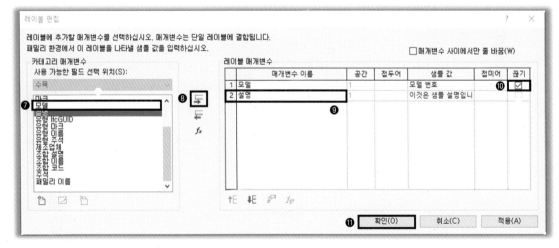

- 태그의 형식을 편집하고 다른 이름으로 저장하기
  : ❶ 문자 박스 선택 후 ❷ '유형 편집' 버튼을 클릭하고 '유형 특성' 창에서 ❸ '복제' 버튼 클릭하기. ❹ '이름'에 '2.5mm'를 입력하고 ❺ '문자 글꼴'은 'Arial', '문자 크기'는 '2.5mm'로 지정하기. ❻ '확인' 버튼 클릭하기

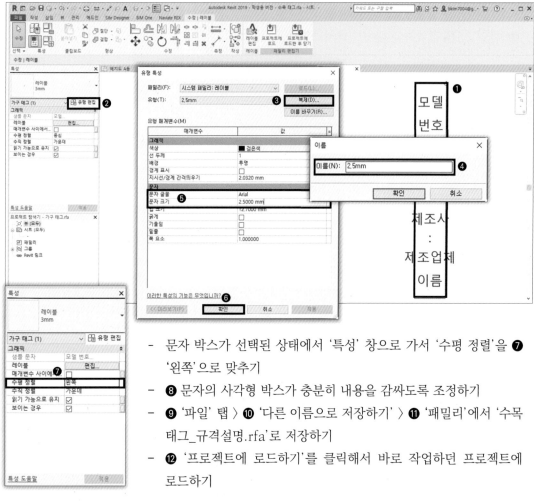

- 문자 박스가 선택된 상태에서 '특성' 창으로 가서 '수평 정렬'을 ❼ '왼쪽'으로 맞추기
- ❽ 문자의 사각형 박스가 충분히 내용을 감싸도록 조정하기
- ❾ '파일' 탭 〉 ❿ '다른 이름으로 저장하기' 〉 ⓫ '패밀리'에서 '수목 태그_규격설명.rfa'로 저장하기
- ⓬ '프로젝트에 로드하기'를 클릭해서 바로 작업하던 프로젝트에 로드하기

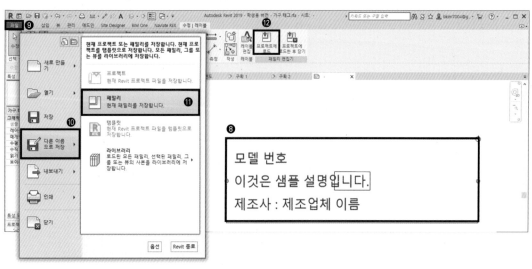

- 프로젝트로 되돌아오면 ❶ '주석' 탭 〉 ❷ 카테고리별 태그 선택 후 ❸ 자작나무를 클릭하여 태그 삽입하고 ❹ 태그의 문자 위치와 선의 형태를 조정해 주기
- 수목 태그가 선택된 상태에서 ❺ '유형 편집' 버튼을 클릭하고 '유형 특성' 창에서 ❻ '상자 가시성'의 체크를 해제한 후 ❼ '확인' 버튼 클릭하기

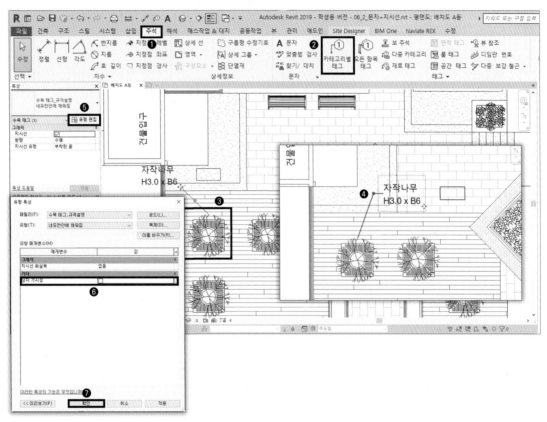

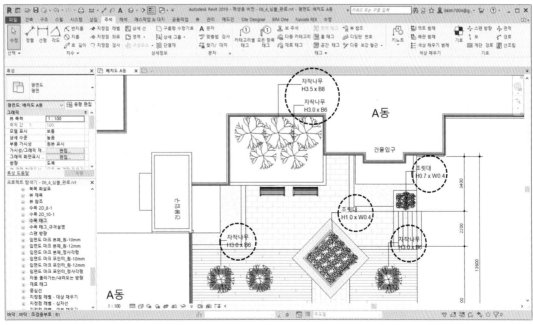

실습
하기

심벌 삽입하기

실습파일 : 06_4_심벌.rvt(전단계 실습예제 '06_3_태그_완료.rvt'와 동일한 파일)
완성파일 : 06_4_심벌_완료.rvt, 주석_계단표시_S100.rfa

[개요]
① 이미 작성되어 있는 방위 심벌 삽입하기
② 바닥 레벨의 높이를 표시하는 지정점 레벨 삽입하기
③ 계단기호를 심벌로 만들어 삽입하기

◉ STEP 1. 평면도에 방위 심벌 삽입하기

- 프로젝트 탐색기에서 ❶ '배치도 A동'을 더블클릭하여 화면 열기
- ❷ '주석' 탭 〉❸ '기호'를 클릭한 후 '수정 | 배치 기호' 탭에서 ❹ '패밀리 로드' 클릭하기
- '패밀리 로드' 창에서 ❺ '방위각 2.rfa'를 선택한 후 ❻ 화면에서 클릭하기
  : 방위각 패밀리가 위치하는 폴더의 일반적인 루트는 다음과 같음(2019 버전 기준)
  'C:\ProgramData\Autodesk\RVT 2019\Libraries\Korea\주석'

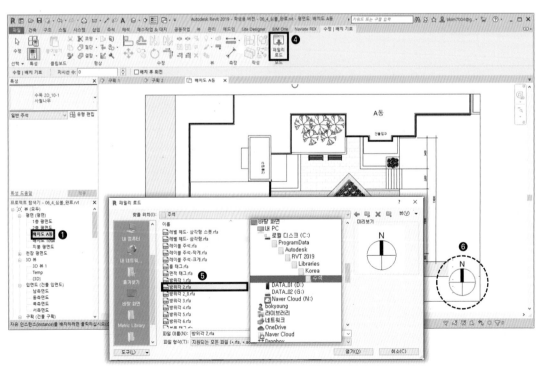

- 방위 심벌 수정하기
  : 프로젝트 파일에서 방위 심벌을 더블클릭하고 심벌 패밀리 화면에서 ❶ 원의 크기를 '10'에서 '8'로 수정하기
  : ❷ 북위를 나타내는 검은 띠의 크기는 줄이고 ❸ 문자를 선택한 후 '유형 편집' 창을 열고 문자 크기를 '2.5mm'로 줄이기(유형이 없을 경우 새로 만들기)
  : ❹ '파일' 탭 〉 ❺ '다른 이름으로 저장하기' 〉 ❻ '패밀리'로 가서 '방위각 2_R8.rfa'로 저장하기
  : ❼ '프로젝트에 로드'를 클릭하여 ❽ 본 화면에서 수정된 방위각 확인하기

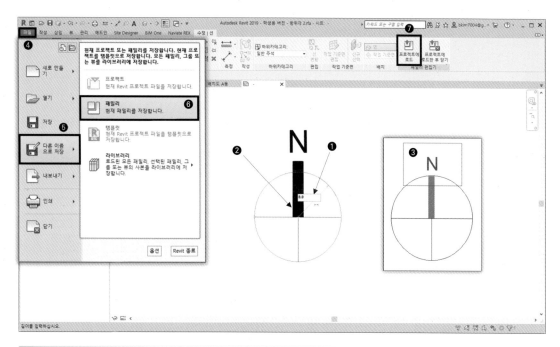

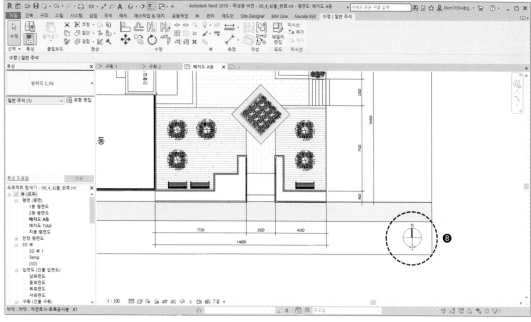

◉ STEP 2. 지정점 레벨 삽입하기

- 바닥의 레벨을 표시하기 위하여 지정점 레벨 삽입하기

  : ❶ '주석' 탭 〉 ❷ '치수'의 '지정점 레벨'을 클릭한 후 화면에서 ❸ 레벨 값을 입력하려는 지점을 클릭하고 연속해서 ❹ 지시선이 꺾일 곳과 ❺ 심벌이 위치할 지점 클릭하기

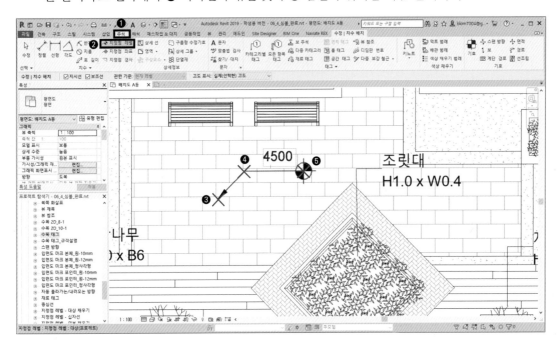

- 지정점 레벨 표시의 지시선 형식 수정하기

  : ❶ '수정' 도구로 지시선을 선택한 후 '특성' 창에서 ❷ '지시선' 끄기

  : 필요하다면 ❸ 문자 끌기점을 클릭하여 위치 조정하기

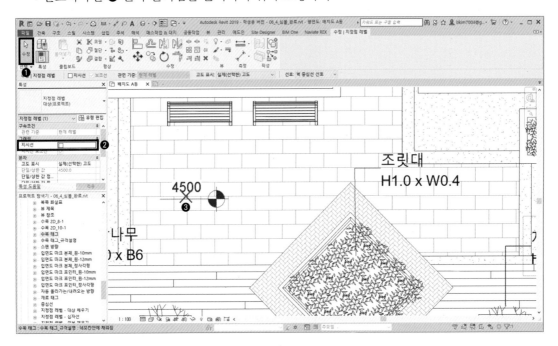

- 지정점 레벨을 복사하여 여러 지점에 레벨 삽입하기

  : 지시선이 선택된 상태에서 ❶ '복사' 도구를 클릭하고 옵션 바에서 ❷ '구속'의 체크를 해제하고 ❸ '다중'에 체크하기

  : 화면에서 ❹ 심벌 중심을 클릭하여 기준점을 설정한 후 연속해서 ❺ 이동점 클릭하기

  : 같은 방법으로 여러 개의 레벨 복사하기

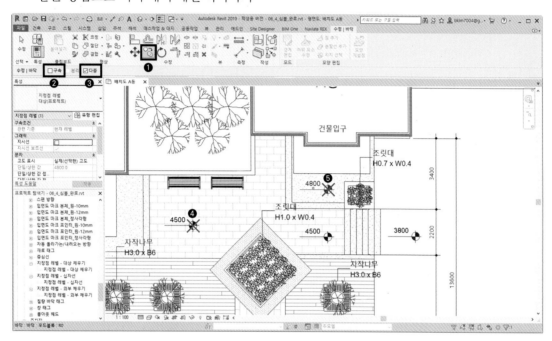

◉ STEP 3. 계단 기호 만들어 삽입하기

- Revit의 '계단' 도구를 이용하면 계단 기호가 함께 생성됨. 또는 ❶ '주석' 탭 〉 ❷ '기호'의 '계단 경로' 기호를 클릭하여 넣을 수 있음

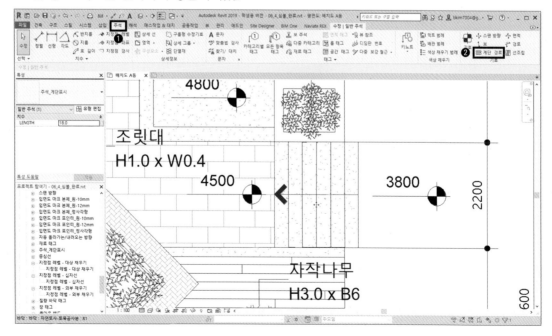

- 이번 사례처럼 계단을 별도의 바닥 도구로 사용자화하여 만들었다면 계단 기호를 주석으로 만들어서 표시해야 함
  : 하단의 화면과 같이 기호를 만들고자 할 때 ⓐ 화살촉 길이가 300mm 가량 되고(계단 하나의 너비 길이) 현재 축척이 1 : 100이므로 주석을 만들 때 촉의 길이가 3mm이어야 함
  : 또한 ⓑ 화살표 길이는 매개변수로 처리하여 조정 가능

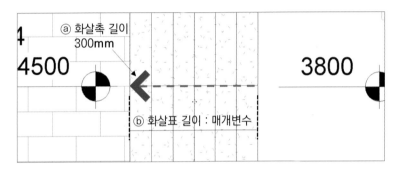

- 패밀리 새로 만들기
  : ❶ '파일' 탭 〉 ❷ '새로 만들기' 〉 ❸ '패밀리'로 가서 ❹ '미터법 일반 주석.rft' 템플릿으로 시작하기
  : 패밀리가 위치하는 폴더의 일반적인 루트는 다음과 같음(2019 버전 기준)
  'C:\ProgramData\Autodesk\RVT 2019\Family Templates\Korean\주석'

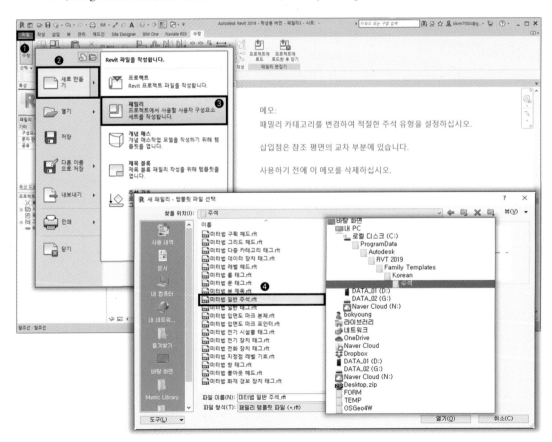

- 화살표 선을 그리고 매개변수 처리하기
  : ❶ '작성' 탭 〉 ❷ '참조선'을 클릭하고 화면에 ❸ 수직선 그리기. 참조선은 실제 보이는 것이 아니라 매개변수를 만들기 위해 필요한 것이며 정확한 길이로 그리지 않아도 됨
  : ❹ 붉은색 메모 글씨는 선택하여 지우기

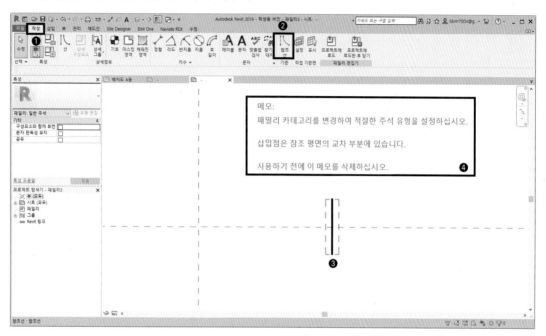

- ❺ '작성' 탭 〉 ❻ '치수'의 '정렬'을 클릭하고 ❼ 아래와 같이 치수선 그리기
  : 매개변수를 처리할 것이므로 정확한 치수가 나오도록 참조선을 위치시킬 필요는 없고 대략 50에서 100 사이로 지정

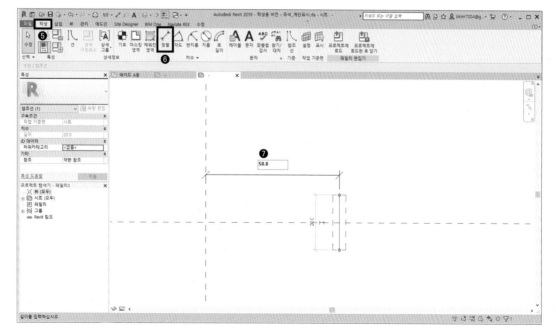

- 선을 그리고 참조선에 맞추어 구속하기

  : ❶ '작성' 탭 〉 ❷ '선' 도구를 선택하고 ❸ ⓐ 지점과 ❹ ⓑ 지점을 클릭하여 선 그리기

  : ⓑ 지점을 클릭 후 드래그하면서 참조선과의 교차점에 다시 가져다놓고 나타나는 ❺ 자물쇠
  를 클릭하여 참조선에 구속시키기

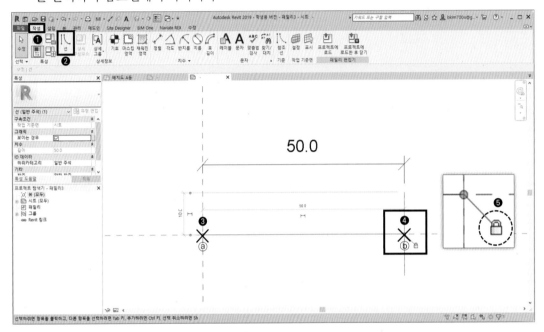

- 매개변수 지정하기

  : 치수선을 선택하고 ❶ '매개변수 작성' 버튼을 클릭한 후 ❷ 'Length'라고 이름 지정하기

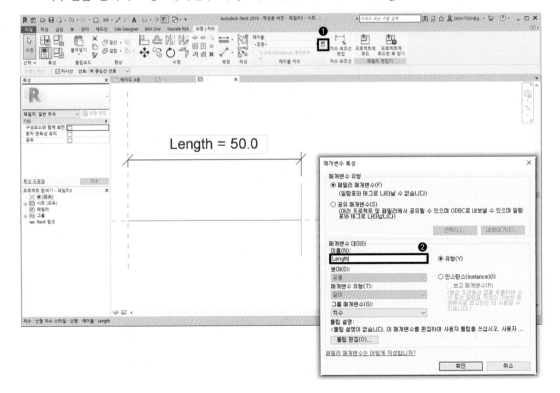

- 화살촉 그리기

: ❶ '작성' 탭 〉 ❷ '치수'의 '채워진 영역' 클릭하기

: ❸ 그림과 같이 60도 각도에서 3mm 길이의 선 그리기

: ❹ 아래의 그림과 같이 화살촉을 다 그리고 나면 ❺ '확인' 버튼을 클릭하여 빠져나가기

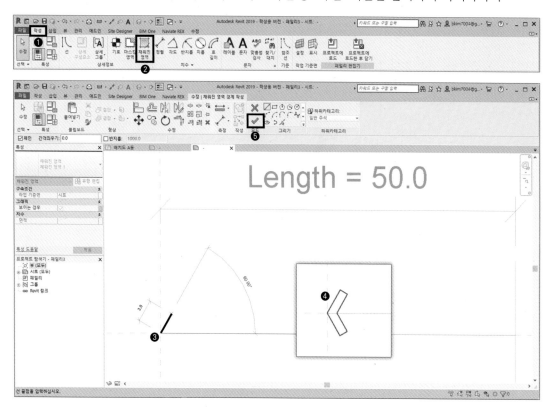

- 만든 기호를 저장하고 프로젝트에 불러오기

: '파일' 탭 〉 '다른 이름으로 저장' 〉 '패밀리'로 가서 '주석_계단표시_S100.rfa'로 저장하기

: ❻ 프로젝트에 로드하기

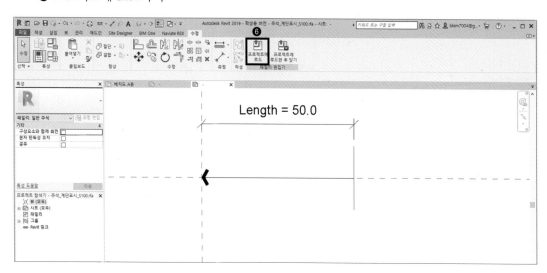

- 도면에 계단 기호 배치하기

   : 프로젝트 파일로 되돌아오면 ❶ 계단의 중간점을 클릭하여 기호 위치시키기

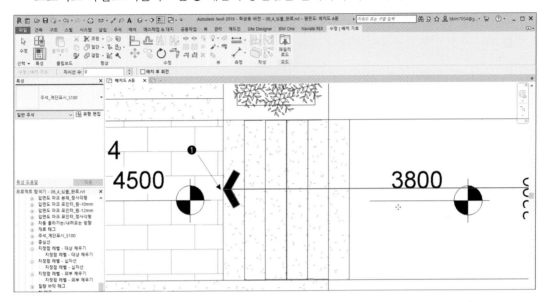

- 화살표 길이 조정하기

   : 계단 기호가 선택된 상태에서 ❷ '유형 편집' 버튼 클릭하기

   : '유형 특성' 창에서 치수의 'Length'를 ❸ '18'로 수정하고 ❹ '확인' 버튼을 클릭한 후(30cm 계단 6개, 6×3=18) ❺ 줄어든 화살표 길이 확인하기

- 같은 방식으로 건물 진출입구를 표시하는 주석도 만들기

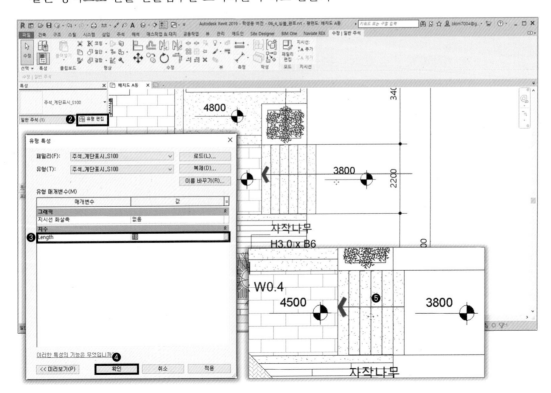

일람표 및 물량산출

▌일람표 및 수량산출에 앞서

- 3D 모델링 작업을 진행하면서 수목, 시설물 등의 개수를 비롯하여 면적 또는 부피로 환산해야 하는 벽, 바닥, 포장재 등의 자동 물량산출이 가능함

- 물량산출은 표 형식의 일람표로 작성되며 모델 작성 이후 모델이 수정되어도 그에 따라 실시간으로 변경되는 물량산출을 확인할 수 있음

- 일람표에 포함되는 정보는 수목 패밀리의 유형별로 작성된 값이 불려지는 것이므로 필요한 정보는 일람표 작성 전에 입력하기. 그러나 일람표를 작성하는 도중이나 작성한 후에도 추가 가능함

- 수목 패밀리에 포함되어 있는 Ⓐ '유형 매개변수'의 항목들은 수정 가능하지만 여기에서는 편의상 기존에 있는 매개변수를 활용하여 입력하고자 함

- 일람표는 다른 뷰들과 마찬가지로 시트에 불러올 수 있으므로 도면 작성 시 유용하게 활용할 수 있음

[실습 하기] **수목수량표 작성하기**

실습파일 : 06_5_수목수량표.rvt
완성파일 : 06_5_수목수량표_완료.rvt

[개요]

① 수목 패밀리의 '유형 특성' 창에서 수목의 기존 유형 매개변수를 활용하여 구분(교목 또는 관목), 단가, 단위 등 필요한 정보 입력하기

② 일람표를 작성하여 필요한 필드 불러오기

③ 일람표 필드의 정렬, 그룹, 형식 및 모양 지정하기

◉ STEP 1. 수목 패밀리 유형에 매개변수 입력하기

- 자작나무 패밀리 유형에 매개변수 입력하기

  : 배치도에서 ❶ 자작나무 개체를 선택하고 ❷ '유형 편집' 버튼 클릭하기

  : ❸ '유형 특성' 창에서 기존 매개변수를 그대로 활용하여 원하는 정보 입력하기

  〉모델(수목명) : 자작나무

  〉제조업체(구분) : 교목

  〉URL(단위) : 주

  〉설명(규격) : H3.0×B6

> ⚠️ 편의상 새로운 매개변수 항목을 만들지 않고 기존의 매개변수를 그대로 이용하여 임의로 지정함(예 : '모델'은 '수목명', 'URL'은 식재의 '단위'인 '주'로 사용)

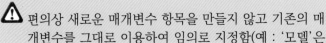

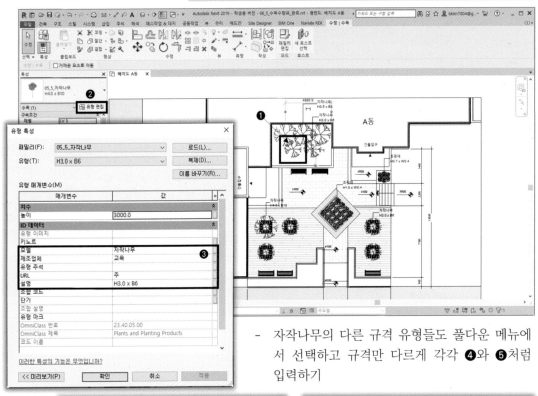

- 자작나무의 다른 규격 유형들도 풀다운 메뉴에서 선택하고 규격만 다르게 각각 ❹와 ❺처럼 입력하기

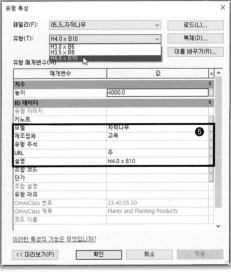

- 조릿대 패밀리 유형에 자작나무와 동일한 방법으로 매개변수 입력하기

  : 배치도에서 ❶ 조릿대 개체를 선택하고 ❷ '유형 편집' 버튼 클릭하기

  : '유형 특성' 창에서 ❸과 ❹처럼 정보 입력하기

  〉 모델(수목명) : 조릿대

  〉 제조업체(구분) : 관목

  〉 URL(단위) : 주

  〉 설명(규격) : H0.7×W0.4/H1.0×W0.6

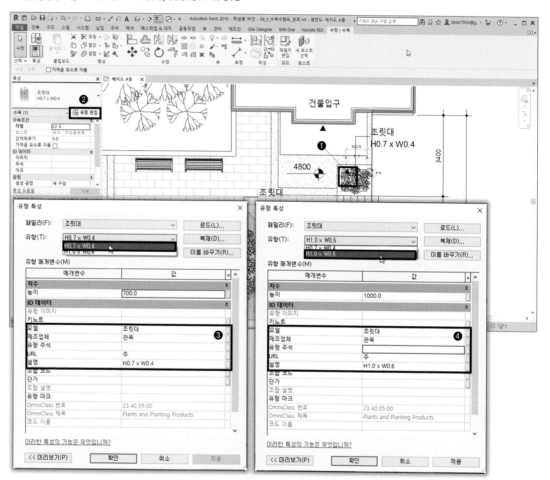

◉ STEP 2. 일람표 작성하기

- ❶ '뷰' 탭 〉 ❷ '작성'의 '일람표' 〉 ❸ '일람표/수량' 클릭하기

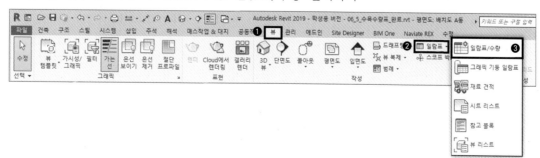

- '새 일람표' 창의 '카테고리'에서 ❶ '수목'을 찾아 선택하고 ❷ '확인' 버튼 클릭하기

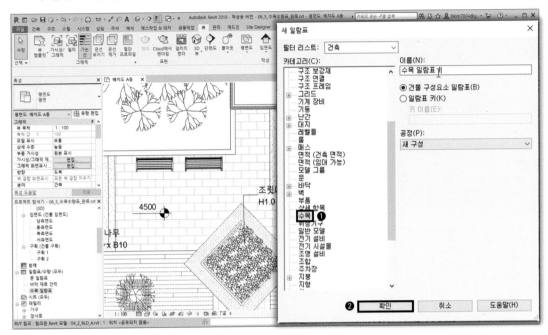

- '일람표 특성' 창에서 앞에서 지정한 매개변수들을 '일람표 필드(순서대로)'에 추가하기
  : '사용 가능한 필드'에서 ❸ '제조업체'를 클릭하고 ❹ '매개변수 추가' 버튼 클릭하기
  : 같은 방법으로 ❺와 같이 필드들을 순서대로 추가하고 ❻ '확인' 버튼 클릭하기

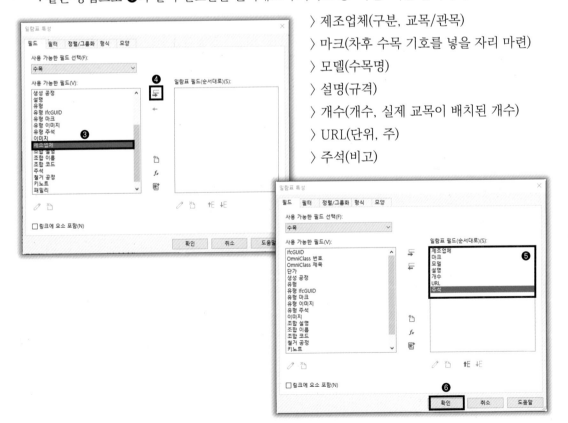

〉 제조업체(구분, 교목/관목)

〉 마크(차후 수목 기호를 넣을 자리 마련)

〉 모델(수목명)

〉 설명(규격)

〉 개수(개수, 실제 교목이 배치된 개수)

〉 URL(단위, 주)

〉 주석(비고)

◉ STEP 3. 일람표 필드의 정렬, 그룹, 형식 및 모양 지정하기

- 수목 일람표가 생성되어 오픈된 상태에서 '특성' 창의 ❶ '정렬/그룹화'의 '편집' 버튼 클릭하기

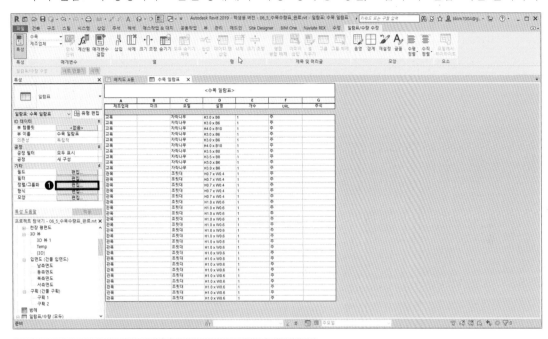

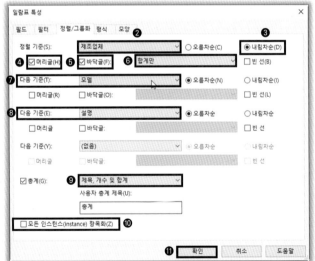

- '일람표 특성' 창의 '정렬/그룹화' 탭 에서 다음과 같이 지정하기

❷ 제조업체(구분, 교목/관목) 지정

❸ '내림차순'으로 지정하기(한글로 '교목'에서 '관목' 순으로)

❹ '머리글' 켜기

❺ '바닥글' 켜기(차후 교목과 관목의 개수 합산 설정)

❻ '합계만' 선택하기

❼ 모델(수목명)

❽ 설명(규격)

- '총계'에 ❾ '제목, 개수 및 합계' 지 정하기

- ❿ '모든 인스턴스(instance) 항목화' 의 체크 해제하기

- ⓫ '확인' 버튼을 클릭하고 수정된 수 목 일람표 확인하기

		<수목 일람표>				
A	B	C	D	E	F	G
제조업체	마크	모델	설명	개수	URL	주석
교목						
교목		자작나무	H3.0 x B6	6	주	
교목		자작나무	H3.5 x B8	2	주	
교목		자작나무	H4.0 x B10	2	주	
관목						
관목		조릿대	H0.7 x W0.4	5	주	
관목		조릿대	H1.0 x W0.6	18	주	
총계: 33						

- 수목 일람표가 오픈된 상태에서 '특성' 창에 있는 ❶ '형식'의 '편집' 버튼 클릭하기

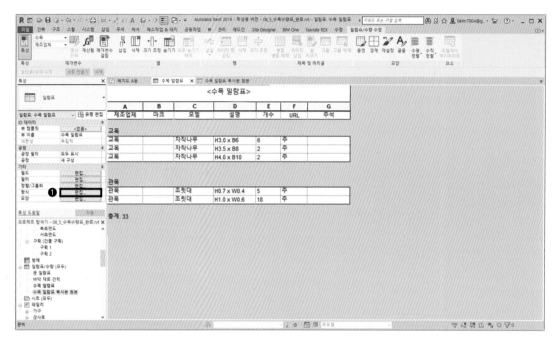

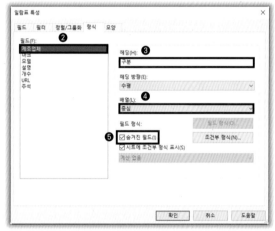

- '일람표 특성' 창의 '형식' 탭에서
❷ '제조업체' 필드 선택하기
❸ '헤딩'에 '구분' 입력하기
❹ '배열'에 '중심' 지정하기
❺ '숨겨진 필드'에 체크하기

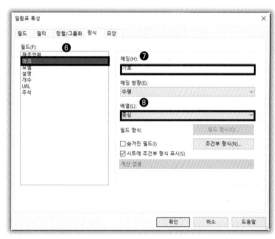

❻ '마크' 필드 선택하기
❼ '헤딩'에 '기호' 입력하기
❽ '배열'에 '중심' 지정하기

❶ '모델' 필드 선택하기
❷ '헤딩'에 '수목명' 입력하기
❸ '배열'에 '중심' 지정하기

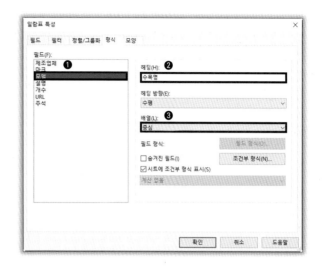

❹ '설명' 필드 선택하기
❺ '헤딩'에 '규격' 입력하기
❻ '배열'에 '중심' 지정하기

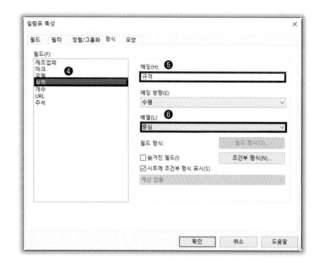

❼ '개수' 필드 선택하기
❽ '헤딩'에 '개수' 입력하기
❾ '배열'에 '오른쪽' 지정하기
❿ '총합 계산' 선택하기

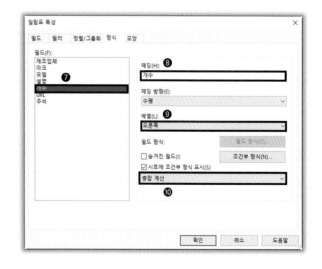

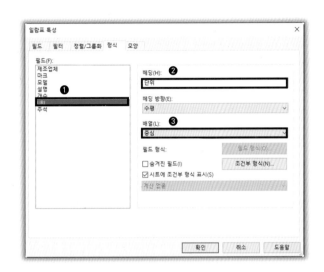

❶ 'URL' 필드 선택하기
❷ '헤딩'에 '단위' 입력하기
❸ '배열'에 '중심' 지정하기

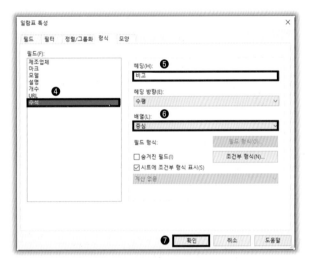

❹ '주석' 필드 선택하기
❺ '헤딩'에 '비고' 입력하기
❻ '배열'에 '중심' 지정하기

- '형식' 편집이 끝나면 ❼ '확인' 버튼을 클릭해서 빠져나가기

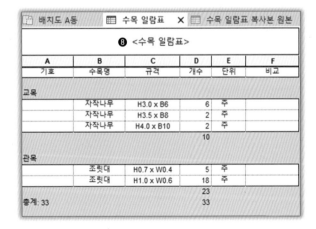

❽ 변경된 형식의 수목 일람표 확인하기

- 수목 일람표를 작성하고 나서 화면에서 수목 유형을 변경하면 수목 일람표도 함께 자동으로 수정됨

[실습 하기] **녹지구적표 작성하기**
실습파일 : 06_6_녹지구적표.rvt(전단계 실습예제 '06_5_수목수량표_완료.rvt'와 동일한 파일)
완성파일 : 06_6_녹지구적표_완료.rvt

[개요]
① 면적 계산을 위해 새로운 '면적 계획'과 '색상표' 작성하기
② '면적'과 '면적 태그' 도구를 이용하여 녹지구적도 그리기
③ 녹지구적도를 바탕으로 녹지구적표 작성하기

◉ **STEP 1. 녹지구적을 위한 면적 계획 작성하기**

- ❶ '건축' 탭 〉 ❷ '룸 및 면적'의 풀다운 메뉴를 열고 ❸ '면적 및 체적 계산' 클릭하기
- '면적 및 체적 계산' 창에서 ❹ '계산' 탭을 클릭하고 '체적 계산'에서 ❺ '면적만(더 빠름)' 선택하기
- ❻ '면적 계획' 탭에서 ❼ '새로 만들기' 버튼을 클릭하여 ❽ '이름'에는 '조경 면적'을, '설명'에는 '외부공간 구성 면적'을 입력한 후 ❾ '확인' 버튼 클릭하기

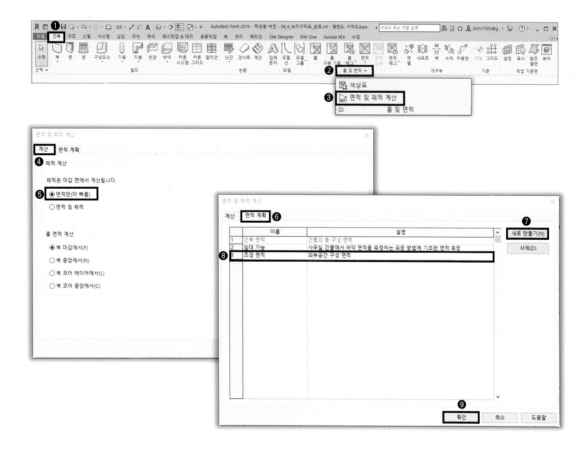

◉ STEP 2. 작성한 면적 계획에 적용할 색상표 정의하기

- ❶ '건축' 탭 〉 ❷ '룸 및 면적'의 풀다운 메뉴를 열고 ❸ '색상표' 클릭하기

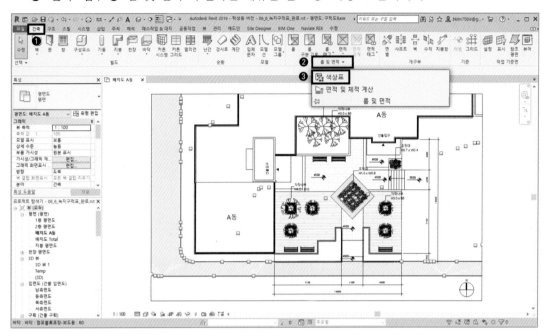

- 카테고리에서 앞서 만들어 놓은 ❹ '면적 (조경 면적)'을 선택하고 ❺ '패턴스키마1' 만들기
  : '제목'에 ❻ '녹지구적'을 입력하고 ❼ '색상'은 '이름'으로 지정하기
  : ❽ '값 추가' 버튼을 클릭하고 ❾ '이름'에 '면적'이라고 입력한 후 ❿ '확인' 버튼 클릭하기
  : ⓫ 색상을 클릭하여 ⓬ '검은색'을 지정하고 ⓭ '채우기 패턴'은 적절한 것으로 지정하기
  : ⓮ '확인' 버튼을 클릭하고 '색상표 편집' 창에서 빠져나가기

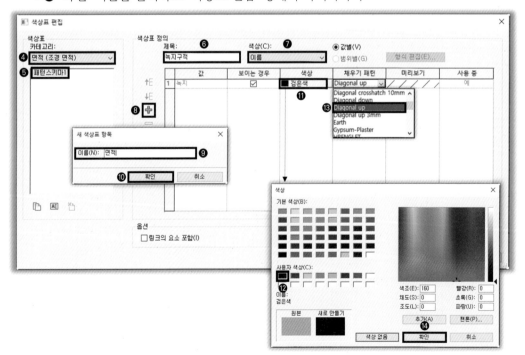

◉ STEP 3. 녹지구적도 작성 시작하기

- 새로운 면적 평면도 만들기

  : ❶ '건축' 탭 〉 ❷ '룸 및 면적'의 '면적'에서 ❸ '면적 평면도' 클릭하기

  : '새 면적 평면도' 창에서 ❹ '조경 면적'을 선택하고 하단의 ❺ 'LV 0'을 지정한 후 ❻ '확인' 버튼 클릭하기

  : 자동으로 면적, 경계선을 작성할 것인지 묻는 질문에 ❼ '아니요' 버튼 클릭하기

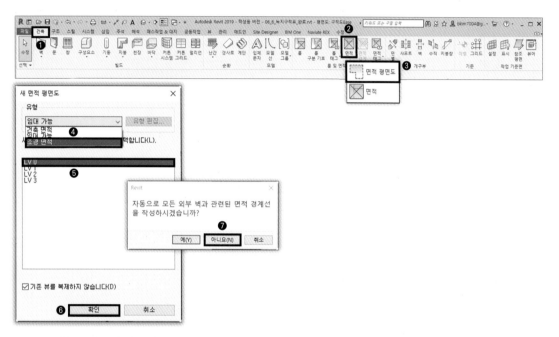

- 프로젝트 탐색기의 '면적 평면도 (조경 면적)' 아래에 나타난 'LV 0' 뷰의 이름을 ❽ '녹지구 적도'로 변경하기

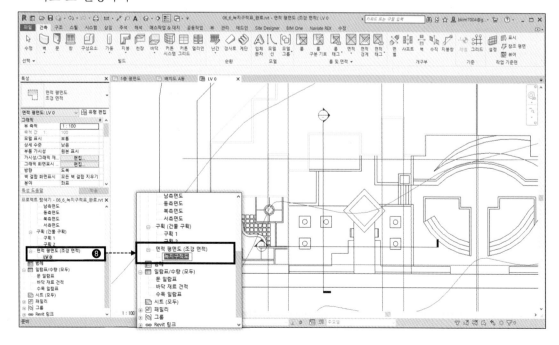

- 화면에서 불필요한 요소 숨기기
  : ❶ 구획 단면선을 선택하고 마우스 오른쪽 버튼을 클릭하여 바로 가기 메뉴 열기
  : ❷ '뷰에서 숨기기' 〉 ❸ '카테고리'를 클릭하여 단면선들을 모두 화면에서 숨기기

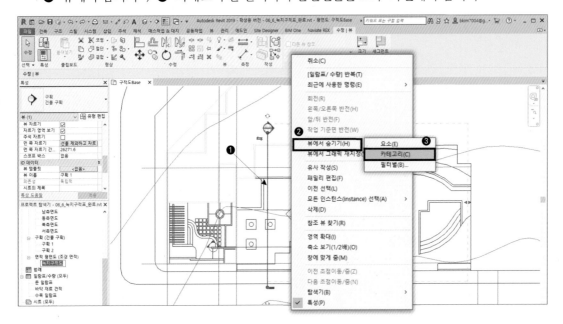

- 화면의 가시성/그래픽 조정하기
  : ❹ V + V 를 누르고 '평면도: 구적도 Base에 대한 가시성/그래픽 재지정' 창이 나타나면 ❺
  'center_lines', ❻ 'contours', ❼ 'level_line'의 체크를 해제하여 가시성 끄기
  : ❽ 'buildings'의 선을 클릭한 후(현재 CAD에서 불러와진 상태 그대로 노란색임) '선 그래픽
  창'에서 '색상'을 ❾ 검은색으로 변경하고 ❿ '확인' 버튼 클릭하기

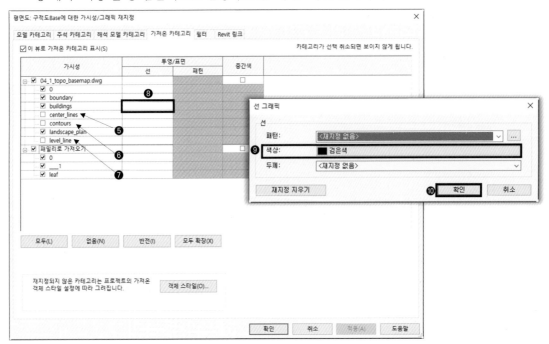

- 뷰의 영역 정하기
  : ❶ '뷰 자르기'와 '자르기 영역표시'가 켜져 있는지 확인하고 꺼져 있으면 켜기
  : ❷ 자르기 영역 사각형의 사변에 위치한 점들을 클릭하여 원하는 영역으로 자르기

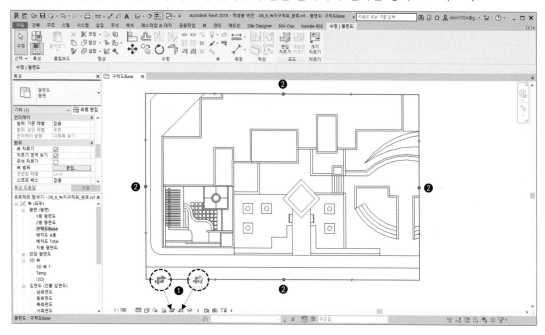

◉ STEP 4. '면적' 작성하기

- 면적 작성을 위해 면적의 경계선 그리기
  : ❶ '건축' 탭 〉 ❷ '룸 및 면적'의 '면적 경계' 클릭하기
  : 옵션에서 ❸'면적 규칙 적용'의 체크 해제하기
  : ❹ '선 선택' 도구로 ❺ 화면에서 경계선 선택하기(폐곡선으로 만들지 않아도 무방함)

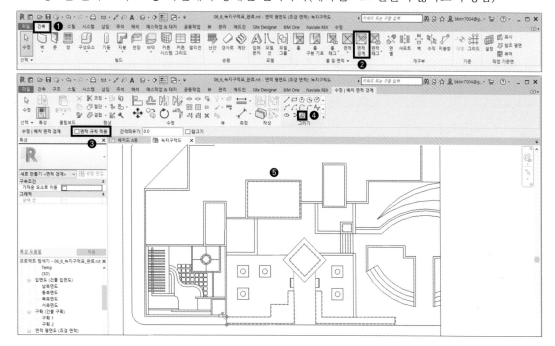

- '면적' 작성하기
  : ❶ '건축' 탭 〉 ❷ '룸 및 면적'의 '면적'에서 ❸ '면적' 클릭하기
  : ❹ 화면에서 녹지 영역 클릭하기. 이때 ❺ 자동으로 '태그 삽입'이 활성화되면서 면적 태그
    가 함께 생성됨

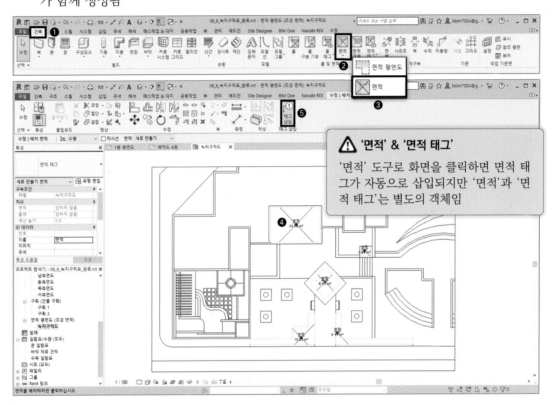

- 면적의 소수점 자리를 변경하려면 ❶ '관리' 탭 〉 ❷ '프로젝트 단위'로 가기. ❸ '면적'의 '형
  식'을 클릭한 후 '단위'를 ❹ '소수점 이하 자릿수: 2'로 변경하기

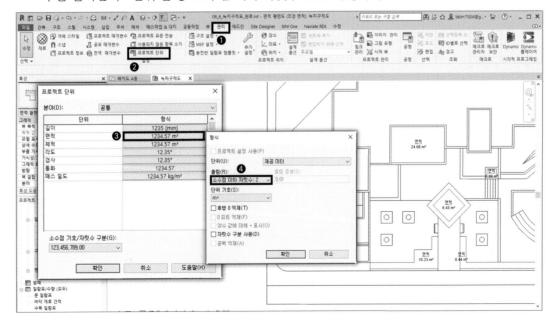

◉ STEP 5. 면적 태그 편집하기

- 새로운 면적 태그를 만들기 위해 패밀리 편집하기

: ❶ 면적 태그를 선택한 후 마우스 오른쪽 버튼을 클릭하고 ❷ '패밀리 편집' 클릭하기

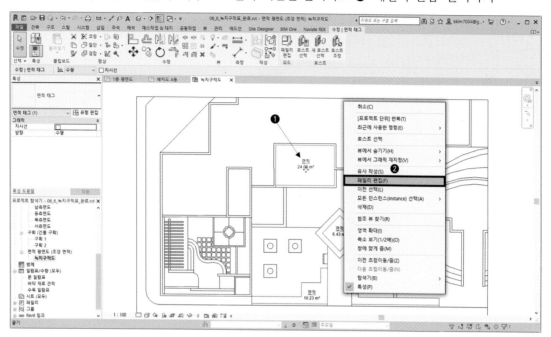

- 태그 형식 편집하기

: ❶ '룸 이름'을 클릭하고 ❷ '유형 편집' 버튼을 클릭한 후 ❸ '복제' 버튼 클릭하기

: '유형 특성' 창에서 ❹ '문자 크기'를 '4mm'로 만들고 ❺ '밑줄'의 체크 해제하기

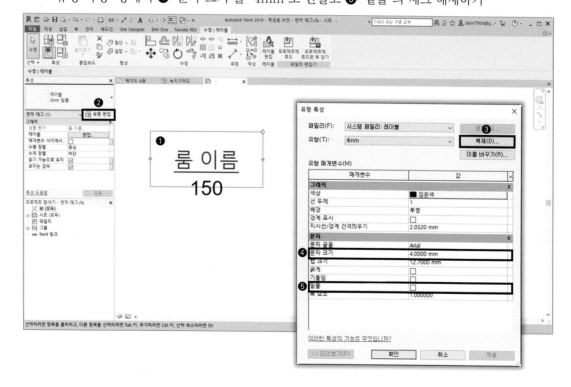

- 계속해서 태그 형식 편집하기

  : 앞과 같은 방식으로 ❶ '150'을 클릭하고 ❷ '문자 크기'는 '2.5mm'의 유형 만들어 적용하기

  : ❸ '작성' 탭 〉 ❹ '선'을 클릭하고 '수정 | 배치 선' 탭에서 ❺ '원' 도구로 '룸 이름' 부분에 ❻ 원 그리기

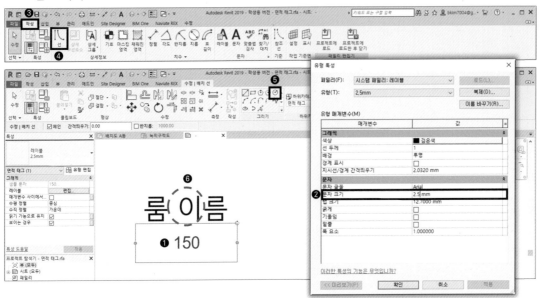

- 레이블 편집하기

  : 다시 ❶ '룸 이름'을 클릭하여 선택하고 '특성' 창에서 ❷ '레이블'의 '편집' 버튼 클릭하기

  : '레이블 편집' 창에서 ❸ '이름'을 선택하고 ❹ '매개변수 제거' 버튼을 클릭해 매개변수에서 제거하기. ❺ '번호'를 선택하고 ❻ '매개변수 추가' 버튼을 클릭해 매개변수에 추가하기

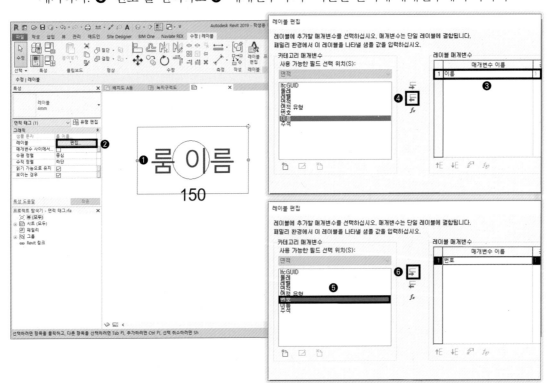

- 편집한 태그 패밀리를 저장하고 프로젝트에 로드하기
  : '파일' 탭 〉 '다른 이름으로 저장' 〉 ❶ '패밀리'로 가서 ❷ '면적 태그+번호'라고 저장하기
  : ❸ '프로젝트에 로드' 클릭하기

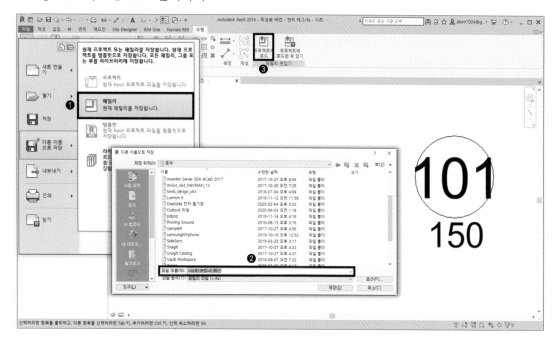

- 새로운 패밀리 적용하기
  : ❶ 5개의 면적 태그를 모두 선택하고 ❷ '특성' 창의 '유형'을 클릭한 후 ❸ '면적 태그+번호'
  적용하기

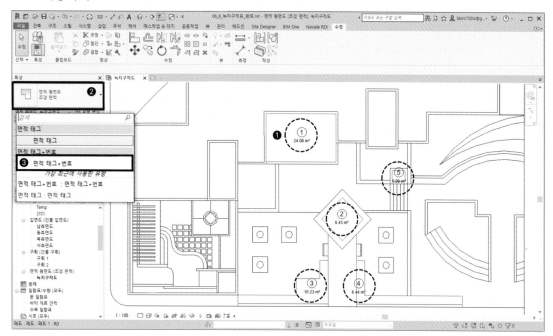

◉ STEP 6. 녹지 구적도 범례 넣기

- 면적이 설정된 녹지에 패턴을 채우기 위해 범례 넣기

  : ❶ '주석' 탭 〉 ❷ '색상 채우기 범례' 클릭하기

  : ❸ 화면에서 적당한 곳을 클릭하고 '공간 유형 및 색상표 선택' 창이 나타나면 ❹ '면적 (조경 면적)'과 '패턴스키마'를 선택한 후 ❺ '확인' 버튼을 클릭해서 범례 삽입하기

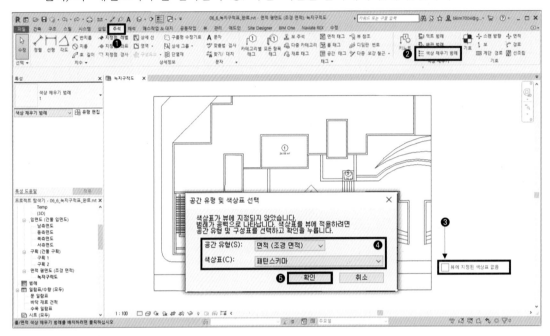

- 녹지 패턴과 함께 삽입된 ❻ 범례는 경우에 따라서 뷰에서 요소 숨기기로 숨길 수 있음

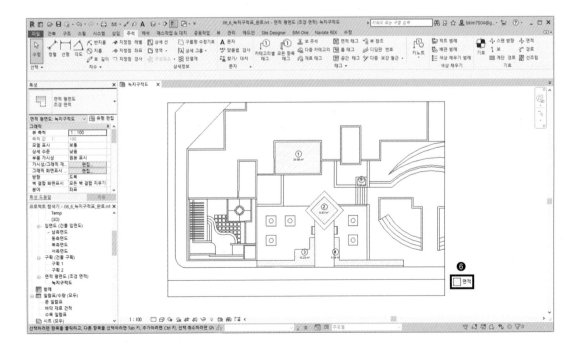

◉ STEP 7. 면적 일람표 만들기

- 면적 일람표를 만들기 위해 ❶ '뷰' 탭 〉 ❷ '일람표' 〉 ❸ '일람표/수량' 클릭하기
  : '새 일람표' 창의 '카테고리'에서 ❹ '면적 (조경 면적)'을 선택하고 ❺ '녹지구적표' 이름을 지
    정한 후 ❻ '확인' 버튼 클릭하기
  : '일람표 특성' 창의 좌측에서 ❼ '번호'를 선택하고 ❽ '매개변수 추가' 버튼 클릭하기. 같은
    방식으로 ❾ '면적'도 추가하기

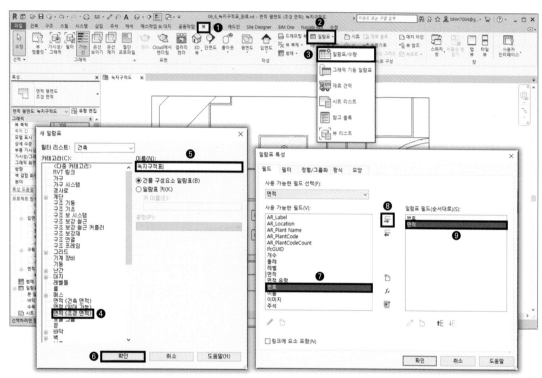

- ❿ '형식' 탭을 클릭하고 ⓫ '면적'에서 ⓬ '총합 계산'을 선택한 후 ⓭ '확인' 버튼 클릭하기

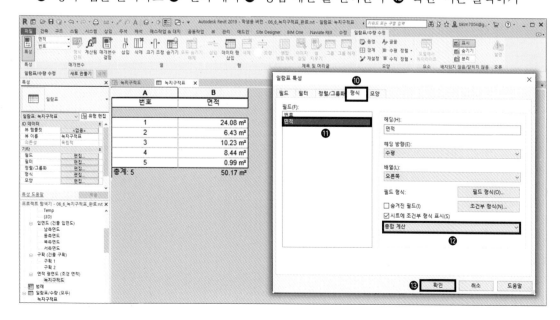

- 일람표에서 ❶ 면적 1㎡ 미만의 녹지 제외시키기

  : '특성' 창에서 ❷ '필터'의 '편집' 버튼 클릭하기

  : '일람표 특성' 창의 '필터 기준'에서 ❸ '면적'과 ❹ '보다 크거나 같음' 선택하기('보다 크거나 같음'을 선택하면 우측에 입력한 숫자보다 면적이 크거나 같은 경우만 녹지구적표에 포함됨)

  : 우측 입력 상자에 ❺ '1' 입력하기. 입력 후 자동으로 '1.00㎡'로 나타남

  : ❻ '확인' 버튼을 클릭하고 ❼ 녹지구적표에서 항목이 사라진 것 확인하기

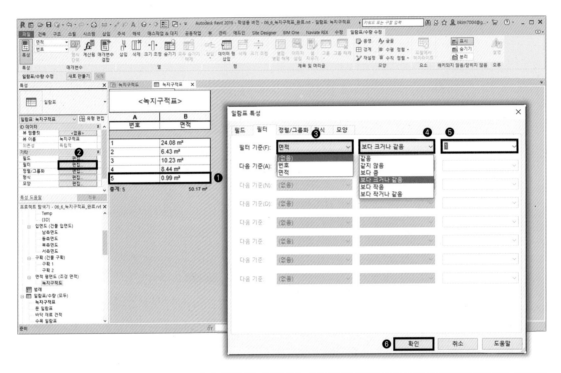

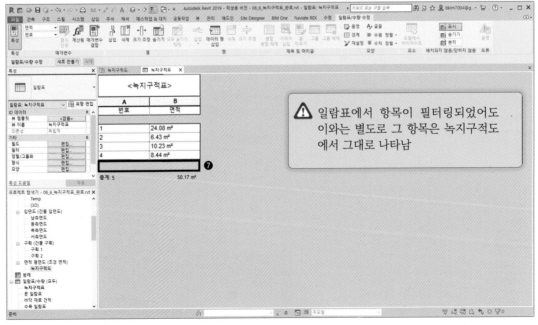

⚠ 일람표에서 항목이 필터링되었어도 이와는 별도로 그 항목은 녹지구적도에서 그대로 나타남

도면 작성

▌도면 작성에 앞서

- Revit에서 제목블록(도곽)은 CAD에서 작성한 것을 패밀리에 불러와서 사용할 수 있음
- 모델을 완성하고 여러 뷰와 일람표를 작성한 후 시트를 만들어 필요한 요소들을 뷰포트로 배치해서 도면을 작성함. 뷰포트를 위치시키고 나면 배치된 뷰들의 이름이 프로젝트 탐색기의 시트 아래에 목록화 되어 나타남
- 뷰는 시트에 단 한 번만 배치될 수 있음. 따라서 동일한 뷰를 여러 번 반복하여 배치할 경우에는 뷰를 복제하고 그 복사본을 배치해야 함
- 뷰를 복제하여 치수, 주석, 태그 등을 달더라도 이들은 그 뷰에서만 보이게 되므로 여러 개의 유사한 도면을 완성할 수 있음
- 시트 상의 뷰는 모델 뷰와 연동되어 있음. 모델을 직접 수정하거나 시트 상의 뷰를 수정하면 해당되는 모든 뷰와 시트에서 수정사항이 반영됨. 따라서 간단한 수정은 시트의 뷰에서 가능
- 시트를 생성하고 나면 시트 목록(도면 목차)을 일람표로 작성할 수 있음

[실습하기] **제목블록 작성하기**

실습파일 : Doc_Frame.dwg
　　　　　06_7_제목블록.rvt(전단계 실습예제 '06_6_녹지구적표_완료.rvt'와 동일한 파일)
완성파일 : 06_7_제목블록_완료.rvt

[개요]

① Revit에서 제목블록이 될 CAD 도면 준비하기
② 준비된 CAD 도면을 Revit의 제목블록 패밀리에 불러와서 분해하기
③ 회사 로고 등 이미지를 불어오고 입력할 문자를 레이블 처리하기

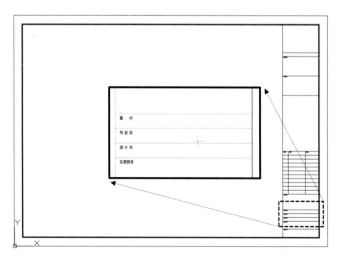

◉ STEP 1. CAD 도면 준비하기

- AutoCAD에서 도곽으로 사용할 도면 그리기
- 본 예제를 위해 선과 문자로 구성되어 있는 CAD 파일을 제공함(Doc_Frame.dwg)

◉ STEP 2. Revit에서 새 패밀리 생성하고 CAD 도면 불러오기

- 새로운 패밀리 생성하기
  : ❶ '파일' 탭 〉 ❷ '새로 만들기' 〉 ❸ '패밀리' 클릭하기

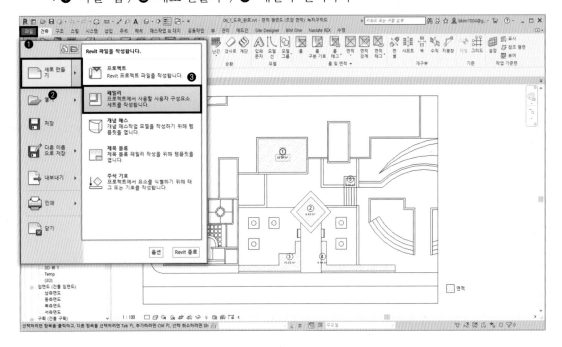

- 템플릿 파일을 선택하는 창에서 폴더를 찾아 들어가 ❹ 'A1 미터법.rft' 파일 열기
  : 패밀리가 위치하는 폴더의 일반적인 루트는 다음과 같음(2019 버전 기준)
  : 'C:\ProgramData\Autodesk\RVT 2019\Family Templates\Korean\제목 블록'

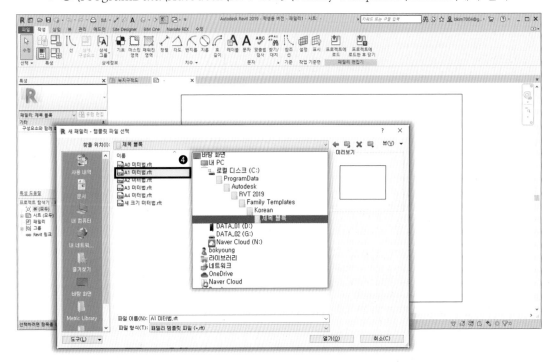

◉ STEP 3. Revit에서 CAD 도면과 이미지 불러오기

- CAD 도면 가져오기

   : ❶ '삽입' 탭 〉 ❷ 'CAD 가져오기'를 클릭하고 ❸ 'Doc_Frame.dwg' 선택하기

   : '가져오기 단위'는 ❹ '밀리미터', ❺ '위치'는 '수동 - 원점'으로 설정하고 ❻ '열기' 버튼 클릭
   하기

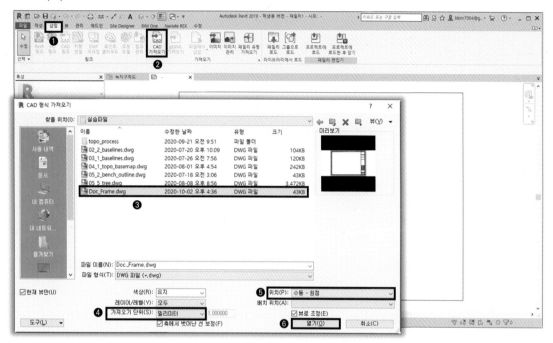

- ❼ 그룹으로 묶여 있는 CAD 선을 선택하고 ❽ '이동' 도구로 Revit의 기존 A1 사이즈 사각형
  선에 정확히 맞추기
- ❾ 다시 CAD 선을 선택하고 마우스 오른쪽 버튼을 클릭한 후 ❿ '완전 분해' 클릭하기

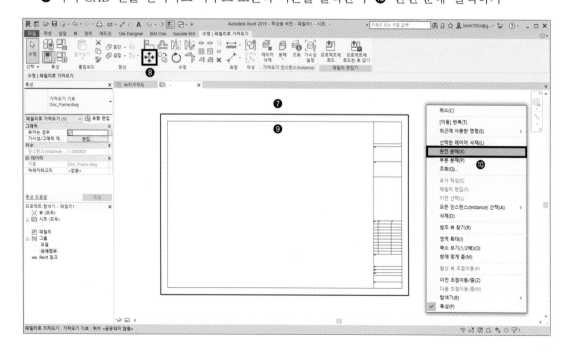

- CAD 도면을 분해하면서 줄이 넘어간 문자 정리하기

  : 글상자의 길이를 조정하여 ❶과 같이 줄이 넘어간 문자들을 ❷처럼 정리해 주기

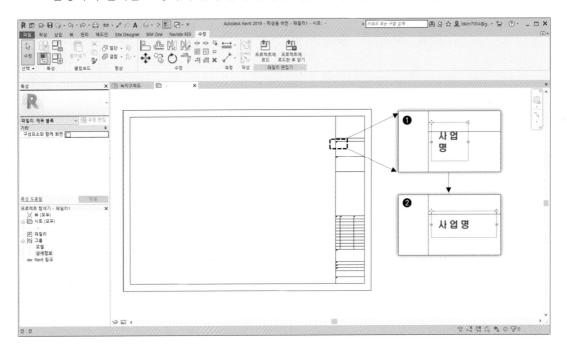

- 줄의 굵기 수정하기

  : ❸ 도곽의 외곽선을 선택하여 ❹ 굵은 선으로 변경하기

  : ❺ 중간의 분리선들을 선택하여 ❻ 중간 선으로 변경하기

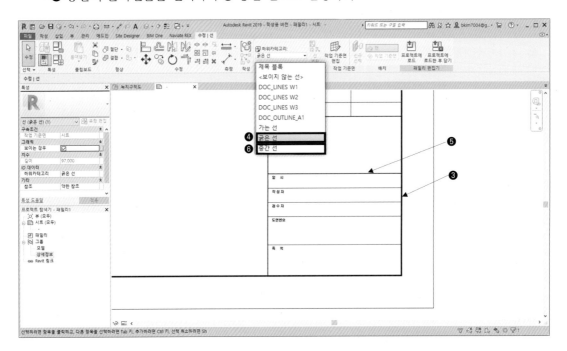

- '이동' 도구, '복사' 도구 등을 이용하여 제목 블록에 '설계자'란 추가하기

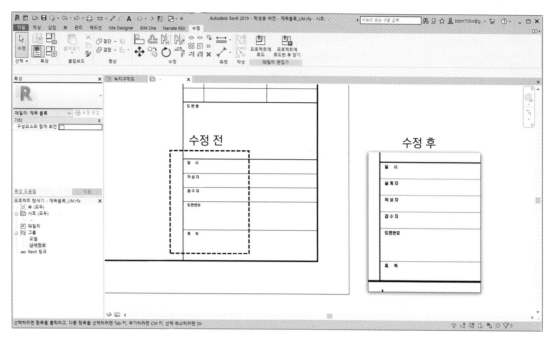

- 로고 이미지 불러오기
   : ❶ '삽입' 탭 〉 ❷ '가져오기'의 '이미지' 클릭 〉 ❸ 'LIM로고_한글BK.png' 파일을 찾아서 선택한 후 ❹ '열기' 버튼 클릭하기
   : 우측 상단의 셀 안에 들어가도록 ❺ 로고 이미지의 크기 조정하기

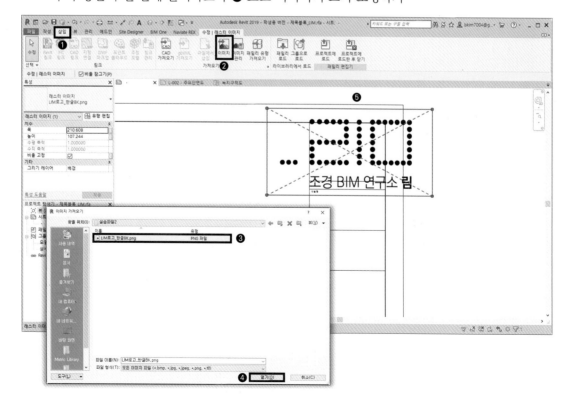

◉ STEP 4. 입력할 문자들을 레이블로 만들기

- '프로젝트 이름' 레이블로 만들기

  : ❶ '작성' 탭 〉 ❷ '문자'의 '레이블'을 클릭하고 ❸ 화면에서 위치할 곳 클릭하기

  : '레이블 편집' 창의 '카테고리 매개변수'에서 ❹ '프로젝트 이름'을 선택하고 ❺ '매개변수 추가' 버튼을 클릭한 후 ❻ '확인' 버튼 클릭하기(샘플 값 : 프로젝트 이름)

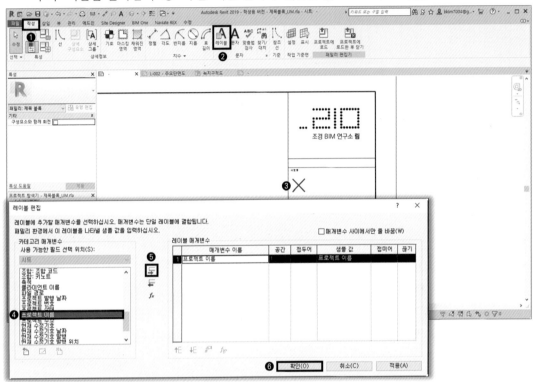

- 레이블 문자 유형 만들기

  : ❶ '프로젝트 이름' 레이블을 선택하고 ❷ '유형 편집' 버튼 클릭하기. '유형 특성' 창에서 ❸ '복제'하여 ❹ '5mm' 유형을 만들고 ❺ '문자 크기'를 '5mm'로 수정하기

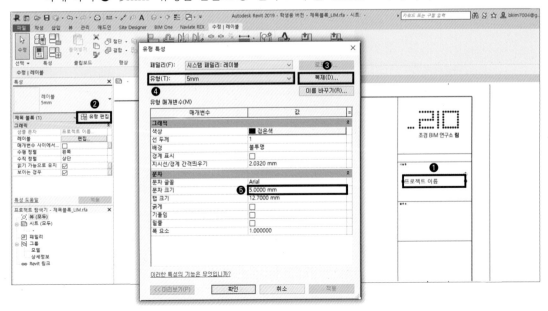

- 레이블 복사 후 편집하기
  : ❶ '프로젝트 이름'을 선택하고 ❷ '복사' 도구로 ❸ 발주처 셀에 복사해 놓기
  : 복사한 레이블이 선택된 상태에서 '특성' 창의 ❹ '레이블'에서 '편집' 버튼 클릭하기
  : 기존의 매개변수인 '프로젝트 이름'은 지우기. ❺ '클라이언트 이름'을 선택하고 ❻ '매개변
    수 추가' 버튼을 클릭한 후 ❼ '확인' 버튼 클릭하기(샘플값 : 클라이언트 이름)

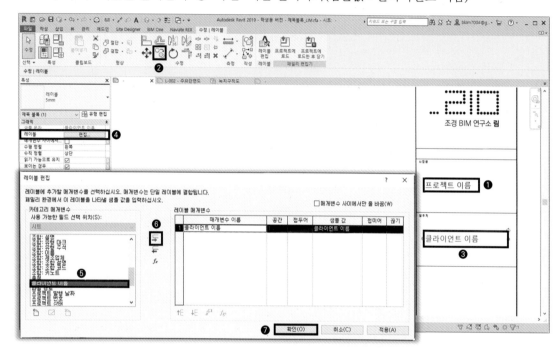

- 같은 방법으로 레이블을 복사한 후 레이블 매개변수를 ❽ '도면명'에는 '시트 이름'을, ❾ '도
  면번호'에는 시트 번호 넣기

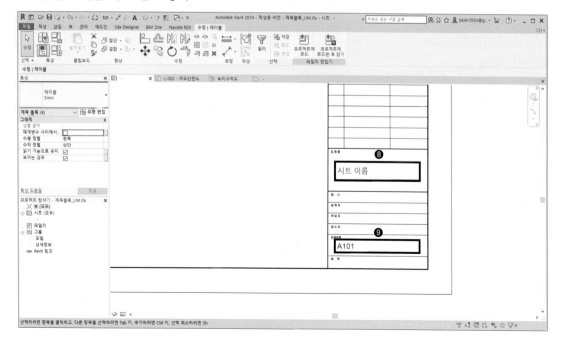

- 계속해서 같은 방법으로 나머지 문자들은 크기 2.5mm인 레이블을 만들어 달아주기
  > ❶ 일시 : 시트 발행 날짜(샘플값 : 2000년 01월 01일)
  > ❷ 설계자 : 설계자(샘플값 : DSG)
  > ❸ 작성자 : 작성자(샘플값 : DWG)
  > ❹ 검수자 : 검수자(샘플값 : CHK)
  > ❺ 축척 : 축척(샘플값 : 1:100)

⊙ STEP 5. 제목블록 저장하고 프로젝트에 로드하기

- 작업한 제목블록을 '제목블록_LIM.rfa'로 저장하기
- 제목블록을 불러올 프로젝트 파일을 열어둔 상태에서 ❻ '프로젝트에 로드'를 클릭하여 완성된 제목블록을 프로젝트에 로드하기

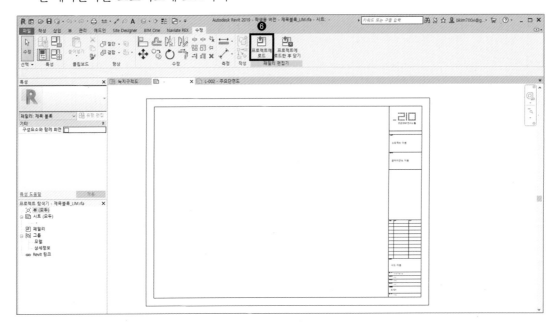

- 시트 생성하고 적용하기
  : 프로젝트 탐색기의 ❶ 시트에서 마우스 오른쪽 버튼을 클릭하고 ❷ '새 시트' 선택하기
  : ' 새 시트' 창에서 ❸ '제목블록_LIM'을 선택하고 ❹ '확인' 버튼 클릭하기

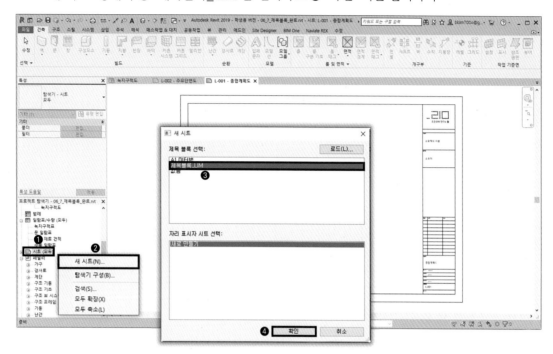

- 생성된 시트 이름 변경하기
  : 프로젝트 탐색기의 새로 생성된 ❺ 시트에서 마우스 오른쪽 버튼을 클릭하고 ❻ '이름 바꾸기' 선택하기. '시트 제목' 창에서 ❼ '번호'에는 'L-001', '이름'에는 '종합계획도' 입력하고 ❽ '확인' 버튼 클릭하기

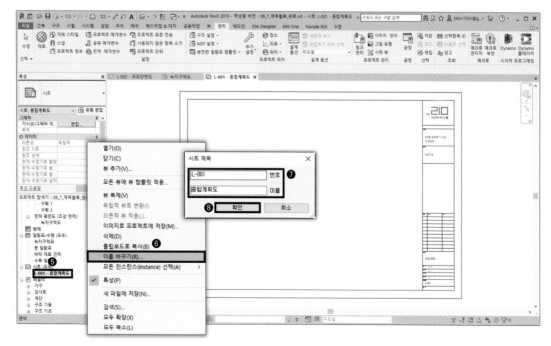

- 제목블록의 문자들은 화면에서 레이블로 작성한 글상자를 클릭하여 바로 수정 가능함

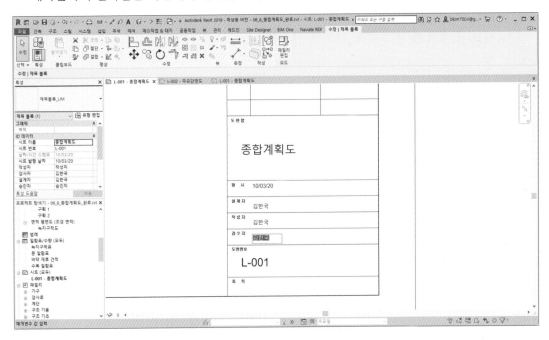

- 일부 정보들은 '프로젝트 정보' 창에서 정보를 입력하면 일괄적으로 시트에 반영됨

  : 메인 메뉴에서 ❶ '관리' 탭 〉 ❷ '설정'의 '프로젝트 정보' 클릭하기

  : ❸ '클라이언트 이름'과 ❹ '프로젝트 이름'에 적당한 이름 입력하기

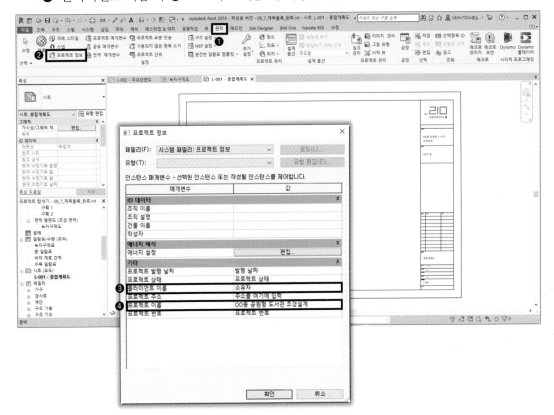

[실습하기] 종합계획도 작성하기

실습파일 : 06_8_종합계획도.rvt(전단계 실습예제 '06_7_제목블록_완료.rvt'와 동일한 파일)
완성파일 : 06_8_종합계획도_완료.rvt

[개요]

① 종합계획도에 삽입할 뷰포트 준비하기

　: 배치도 A동(종합계획도-A동), 3D 뷰 1

　: 녹지구적도와 녹지구적표, 수목수량표, 차후 작성하여 불러올 도면 목차

② 준비된 뷰포트를 제목블록의 내부에 불러오기

③ 뷰포트의 위치, 제목 선, 축척 등 레이아웃 정리하기

◉ STEP 1. 시트에 배치할 뷰포트 준비하기

- 프로젝트 탐색기에서 ❶ '배치도 A동'을 찾아서 '종합계획도 - A동'이라고 이름 수정하기

- ❷ '3D 뷰 1'을 열고 ❸ 뷰 큐브와 카메라를 사용하여 적절히 시점 조정하기

　: 카메라는 ❹ 3D 뷰의 아웃라인을 클릭하고 평면 뷰로 가면 ❺ 카메라 심벌이 나타나며 평면 뷰에서 위치를 조정하면서 시점 조정 가능

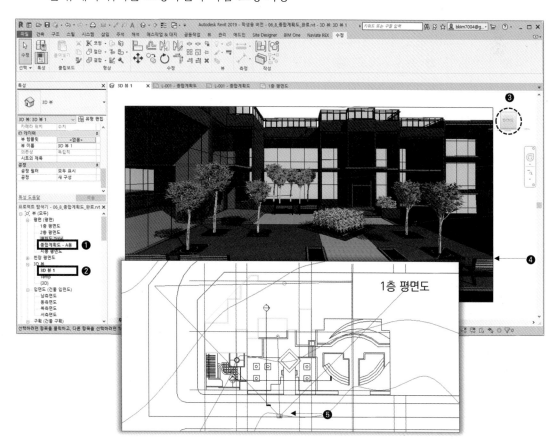

◉ **STEP 2. 시트에 뷰포트 배치하기**

- 종합계획도 시트에 뷰포트 배치하기

  : 프로젝트 탐색기에서 ❶ '종합계획도 - A동' 뷰를 ❷ 드래그 앤 드롭하여 화면에 배치하기

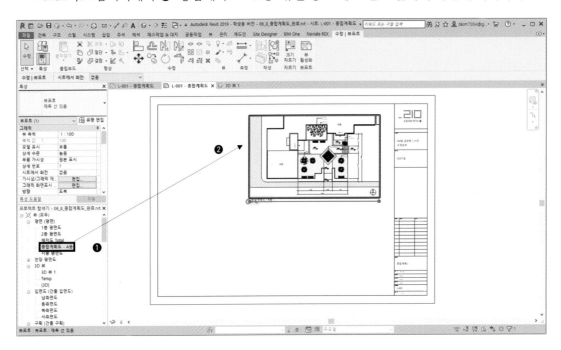

- 같은 방식으로 다른 뷰들도 불러오기

  : ❸ '3D 뷰 1', ❹ '녹지구적표', ❺ '녹지구적도', ❻ '수목일람표'를 순서대로 프로젝트 탐색기
  에서 드래그 앤 드롭 배치하기

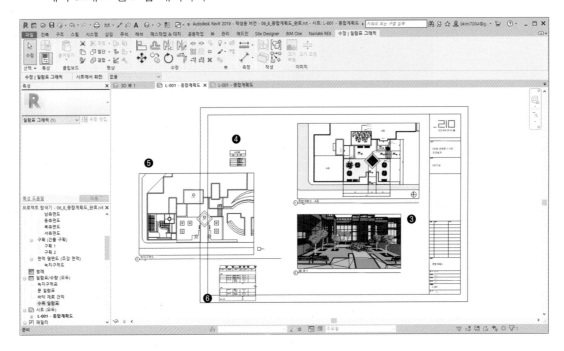

◉ STEP 3. 녹지구적도 뷰포트 조정하기

- 녹지구적도 뷰 조정하기

  : 프로젝트 탐색기에서 ❶ '녹지구적도'를 클릭하여 열고 ❷ 축척을 '1 : 200'으로 수정하기

  : '특성' 창에서 ❸ '주석 자르기' 옵션을 켜서 ❹ 화면에서 범례 숨기기

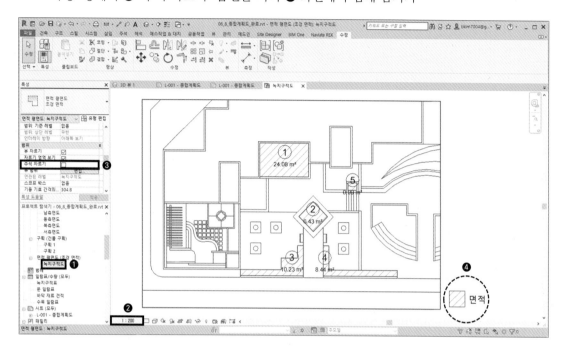

- 시트로 돌아와서 ❺ 녹지구적도 뷰의 크기가 조정되었는지 확인하기

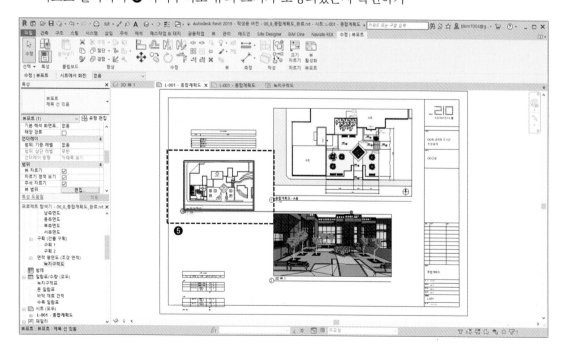

⊙ STEP 4. 녹지구적표 뷰포트 조정하기

- 화면에서 ❶ 녹지구적표를 클릭하여 활성화하고 ❷ 표의 상단에 나타나는 삼각형들의 위치를
  조정하여 셀의 폭 조정하기

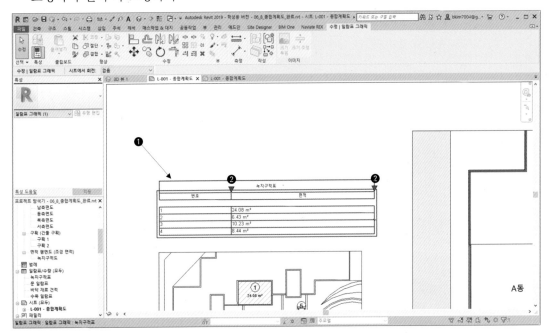

- '녹지구적표'의 일람표 특성 편집하기
  : 프로젝트 탐색기에서 ❸ '녹지구적표'를 더블클릭하여 열기(또는 화면에서 표 더블클릭)
  : ❹ '정렬/그룹화'의 '편집' 버튼을 클릭하고 ❺ '총계'에 체크하고 관련 옵션 지정하기

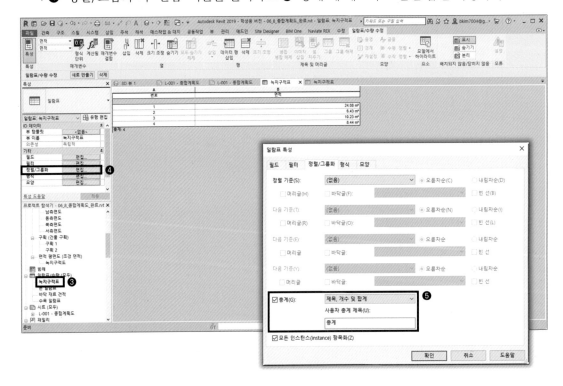

- 계속해서 '녹지구적표'의 일람표 특성 편집하기
    : ❶ '형식' 탭에서 ❷ '번호'의 '배열'을 ❸ '중심'으로, ❹ '면적'의 '배열'을 ❺ '오른쪽'으로 맞
    추기
    : ❻ '모양' 탭에서 ❼ '제목 표시'는 끄고 ❽ 문자들의 크기와 폰트 형식 지정한 후 '확인' 버튼
    클릭하기

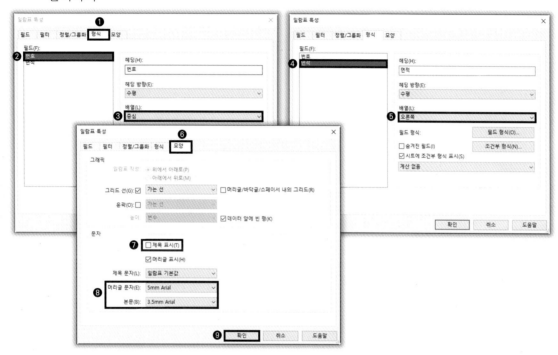

⊙ STEP 5. 수목일람표의 뷰포트 조정하기

- 같은 방법으로 '수목일람표'의 일람표 특성을 아래와 같이 편집하기
    : '모양' 탭에서 제목 표시는 끄고 문자들의 크기와 폰트 형식 지정하기

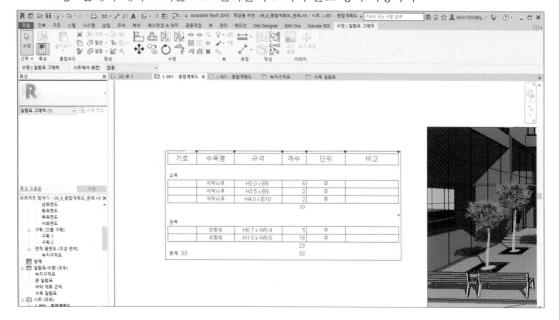

⊙ STEP 6. 뷰포트들의 레이아웃 조정하기

- ❶ '3D 뷰 1'을 더블클릭하여 뷰포트를 활성화하고 나타난 ❷ 조절점들을 이동하여 크기 조정하기. 같은 방법으로 '녹지구적도'의 뷰포트 크기도 조정하기

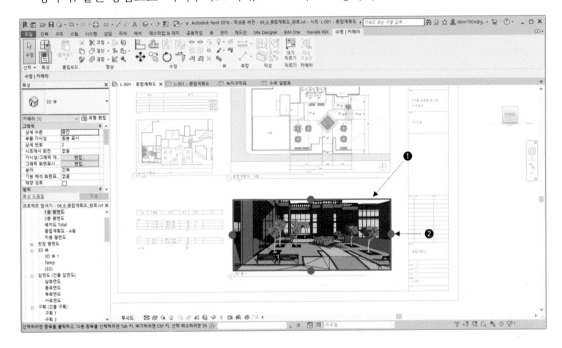

⊙ STEP 7. 뷰포트 제목 선 조정하고 제목 넣기

- 제목 선 전체를 이동하려면 ❸ 제목 선을 클릭하여 전체가 선택된 상태로 이동시키기
- 제목 선의 길이를 조정하려면 ❹ 뷰포트를 먼저 클릭하여 선택하고 ❺ 나타난 선의 양끝 점을 클릭하여 조정하기

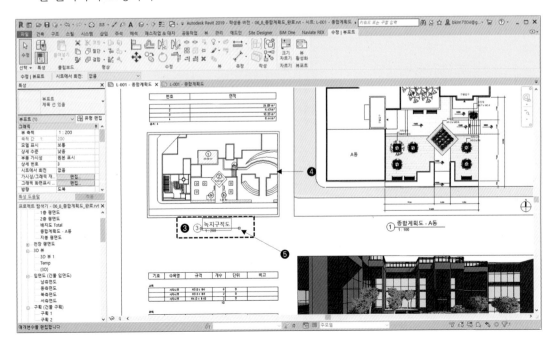

- 뷰포트 제목 선을 없애기 위해 ❶ '3D 뷰 1'을 클릭하고 ❷ 뷰포트 '특성' 창의 풀다운 메뉴에서 ❸ '제목 없음'을 선택한 후 ❹ 없어진 제목 선 확인하기
- ❺ '주석' 탭 〉 ❻ '문자'로 가서 ❼ '녹지구적표', '수목수량표'의 뷰포트 이름 넣기(5mm Arial)

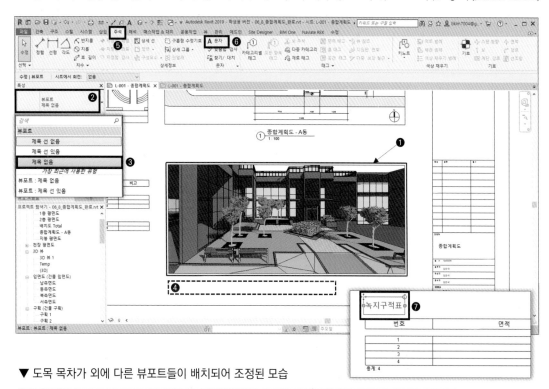

▼ 도목 목차가 외에 다른 뷰포트들이 배치되어 조정된 모습

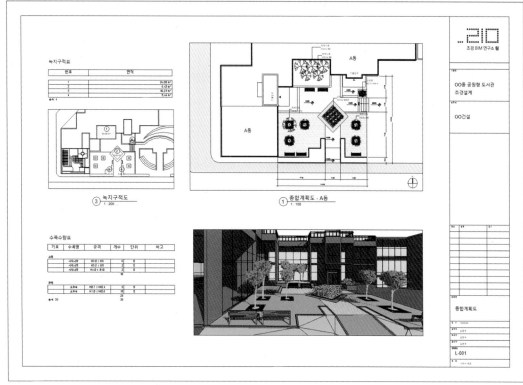

[실습하기] 주요 단면도 작성하기

실습파일 : 06_9_주요단면도.rvt(전단계 실습예제 '06_8_종합계획도_완료.rvt'와 동일한 파일)
완성파일 : 06_9_주요단면도_완료.rvt

[개요]

① 작성할 시트를 새로 만들고 '주요단면도'로 이름 지정하기

② 시트에 삽입할 뷰포트 준비하기

　　: 구획 1(주요단면 A-A'), 구획 2(주요단면 B-B')

　　: 1층 평면도를 복사하여 단면도 키맵 만들기

　　: 상세 단면 콜아웃 뷰 작성하기

③ 준비된 뷰포트를 제목블록의 내부에 불러오기

④ 뷰포트의 위치, 제목 선, 축척 등 레이아웃 정리하기

⊙ STEP 1. 새로운 시트 만들고 이름 지정하기

- 프로젝트 탐색기의 ❶ '시트 (모두)'에서 마우스 오른쪽 버튼을 클릭하고 ❷ '새 시트' 클릭하기. '새 시티' 창에서 ❸ '제목 블록_LIM'을 선택하고 ❹ '확인' 버튼 클릭하기

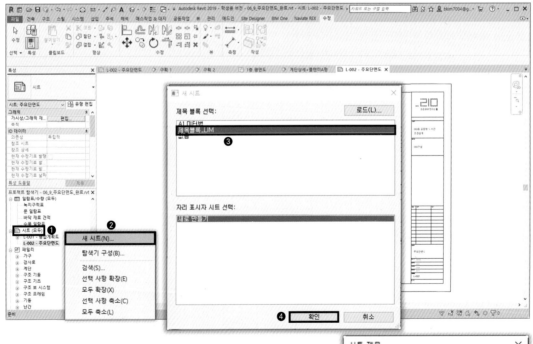

- 프로젝트 탐색기에 새로 생성된 시트에서 마우스 오른 쪽 버튼을 클릭하고 '이름 바꾸기'를 클릭한 후 ❺ '번호'에는 'L-002', '이름'에는 '주요단면도' 입력하기

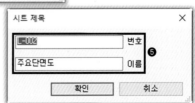

◉ STEP 2. 주요 단면 뷰포트 준비하기

- 프로젝트 탐색기에서 '구획 1'의 이름은 '주요단면 A-A'', '구획 2'의 이름을 '주요단면 B-B''
  로 변경하기

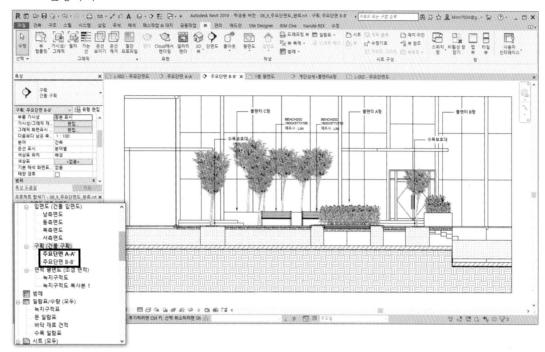

◉ STEP 3. 상세단면 콜아웃으로 생성하기

- '주요단면 B-B''를 열고 ❶ '뷰' 탭 〉 ❷ '콜아웃' 〉 ❸ '직사각형'을 선택한 후 화면에서 ❹ 사각
  형 그리기 ❺ 나타난 콜아웃 기호를 적당히 이동하여 배치하기
- 프로젝트 탐색기에서 ❻ '주요단면 B-B' - 콜아웃 1'이 생성된 것 확인하기

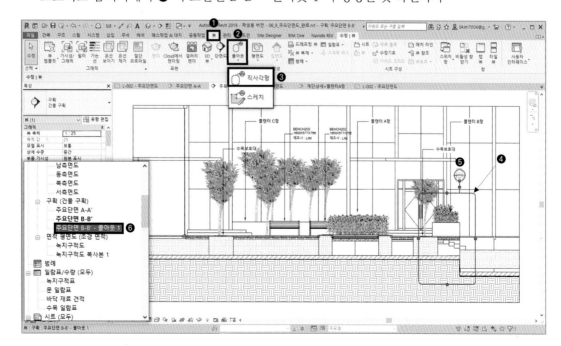

- 프로젝트 탐색기에서 '주요단면 B-B' - 콜아웃 1'의 이름을 ❶ '계단 상세 및 플랜터 B형'으로 변경하기
- ❷ '주석' 탭 〉 ❸ '영역' 〉 ❹ '채워진 영역'을 선택하고 ❺ 계단의 외곽선을 따라 그리기

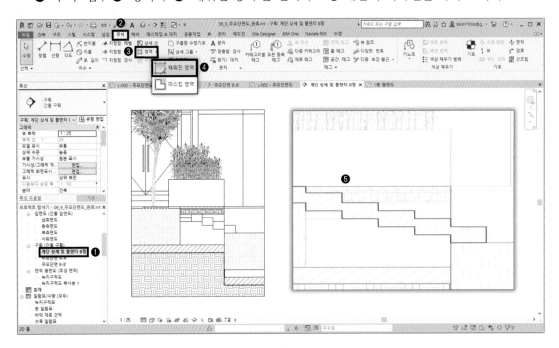

- 외곽선을 완성한 후 ❻ '편집 모드 완료' 버튼을 클릭하고 경계 편집에서 빠져나오기
- 채워진 영역이 선택된 상태에서 ❼ '특성' 창의 '유형'을 클릭한 후 ❽ '복제'를 클릭하여 ❾ '모르타르 [초안]'이라고 이름을 지정하기. ❿ '전경 채우기 패턴' 버튼을 클릭하고 ⓫ '채우기 패턴' 창에서 적당한 것을 지정하고 ⓬ '확인' 버튼 클릭하기

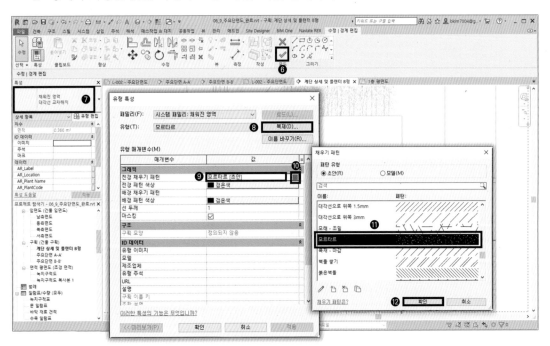

- 동일한 방법으로 아래의 그림과 같이 다른 영역도 채우기

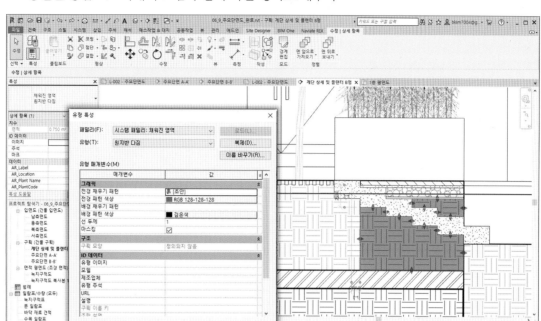

- 기타 주석 달기

: ❶ '주석'의 ❷ '카테고리별 태그'로 ❸ 수목 태그 달기

: ❹ 문자를 사용하여 ❺ 설명글 넣기(포장재의 경우 '재료 탐색기' 창에서 ❻ ID 이름이 설정되어 있다면 재료 태그로 자동 입력됨)

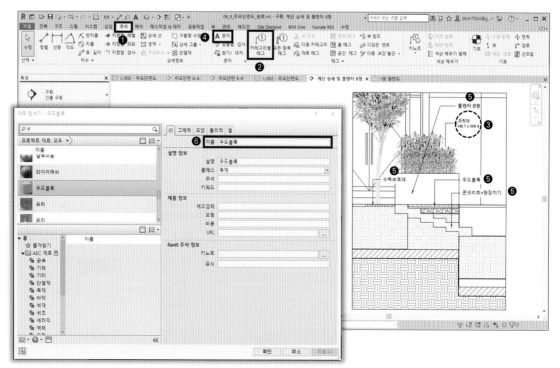

⊙ STEP 4. 키맵 만들기

- 프로젝트 탐색기에서 1층 평면도를 복제한 후 '단면 키맵' 이름 지정하기

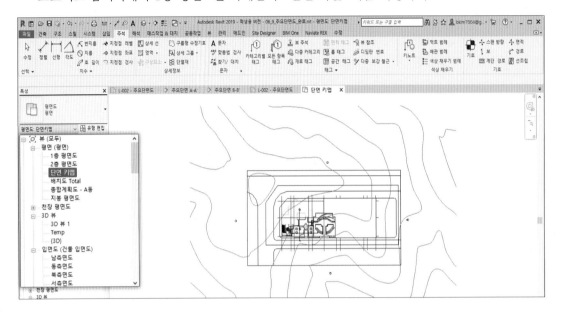

- ❶ '뷰 자르기'와 '자르기 영역'을 켜고 단면 심벌이 모두 보이도록 ❷ 자르기 영역 설정하기
- V + V 를 눌러 '단면 키맵에 대한 가시성/그래픽 재지정' 창을 열고 가져온 카테고리에서 CAD 선의 가시성 변경하기. ❸ 'center_lines', ❹ 'contours', ❺ 'level_line' 레이어의 체크 해제하기. 'buildings' 레이어는 ❻ '선'의 '가시성' 버튼을 클릭하고 '색상'을 ❼ '검은색'으로 변경한 후 ❽ '확인' 버튼 클릭하기

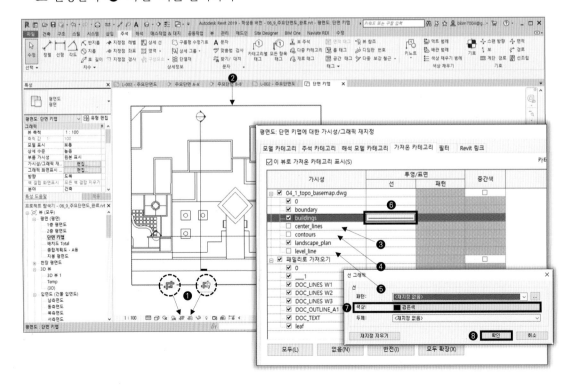

◉ STEP 5. 시트에 뷰포트 배치하기

- 프로젝트 탐색기에서 'L-002-주요단면도'를 더블클릭하여 열기
- '주요단면 A-A'', '주요단면 B-B'', '단면 키맵', '계단 상세 및 플랜터 B형'의 4개 뷰를 탐색기에서 드래그 앤 드롭하여 배치시키기

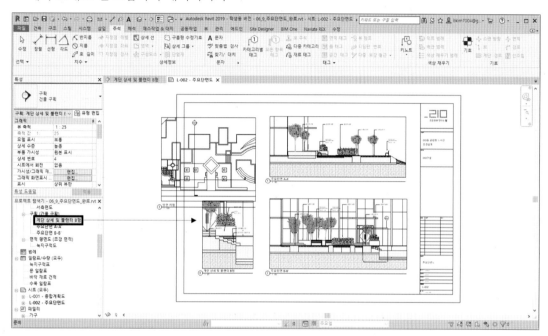

◉ STEP 6. 뷰포트 조정하기

- '단면 키맵'을 열고 ❶ 단면 심벌(구획)을 선택한 후 '특성' 창의 ❷ '다음보다 낮은 축척에서 숨기기'의 옵션을 '1 : 200'으로 설정하기. 이렇게 두 개의 단면 심벌을 모두 설정하기
- 화면 하단의 ❸ '축척'을 '1 : 200'으로 변경하기

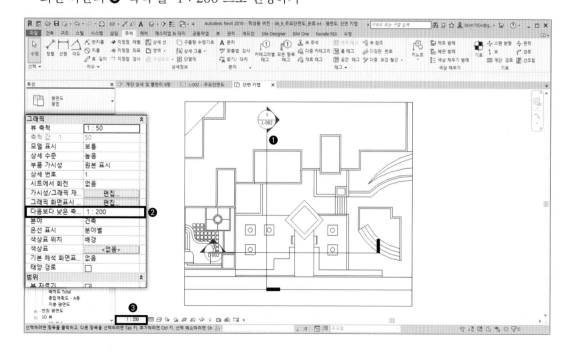

- 뷰포트의 제목 선 편집하기
  : ❶ '단면 키맵'을 선택하고 ❷ '특성' 창의 유형에서 ❸ '제목 선 없음' 선택하기
  : 다른 제목 선들의 위치와 길이 조정하기

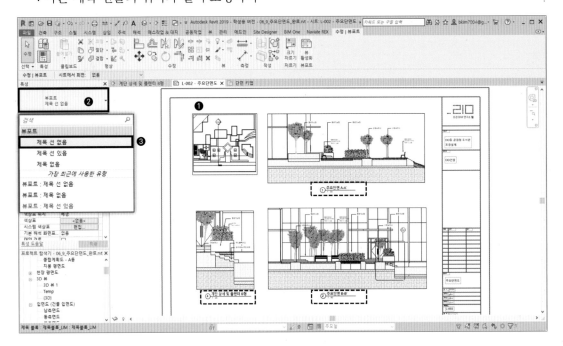

- 제목 선의 상세 번호 수정하기
  : 뷰포트를 시트에 배치하면서 자동으로 뷰포트의 상세 번호가 달림
  : 이 번호를 수정하려면 ❶ 뷰포트를 선택하고 '특성' 창에서 ❷ 상세 번호 수정하기(먼저 사용하고 있는 상세 번호로는 변경할 수 없으므로 이 번호를 다른 번호로 수정한 후 변경하기)
- 수목의 선 색상을 변경하려면 각 해당 뷰로 가서 가시성/그래픽 재지정 창에서 색상 수정하기

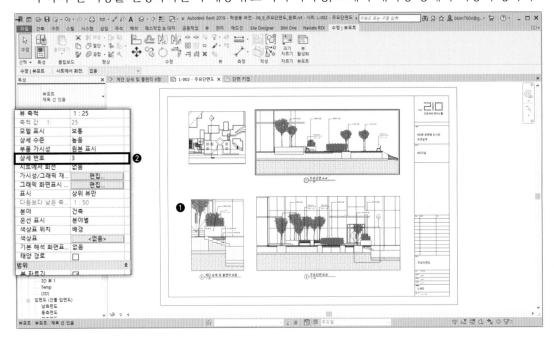

[실습하기] 포장상세도 작성하기

실습파일 : 06_10_포장상세도.rvt(전단계 실습예제 '06_9_주요단면도_완료.rvt'와 동일한 파일)
완성파일 : 06_10_포장상세도_완료.rvt

> **[개요]**
> ① 작성할 시트를 새로 만들고 '포장상세도'로 이름 지정하기
> ② 시트에 삽입할 뷰포트 준비하기
>   : 점포블록포장, 화강석판석포장, 포장계획도, 포장수량표
> ③ 준비된 뷰포트를 제목블록의 내부에 불러오기
> ④ 뷰포트의 위치, 제목 선, 축척 등 레이아웃 정리하기

◉ STEP 1. 새로운 시트 만들고 이름 지정하기

- 프로젝트 탐색기의 ❶ '시트 (모두)'에서 마우스 오른쪽 버튼을 클릭하고 ❷ '새 시트' 클릭하기. ❸ '새 시트' 창에서 '제목블록_LIM'을 선택하고 ❹ '확인' 버튼 클릭하기

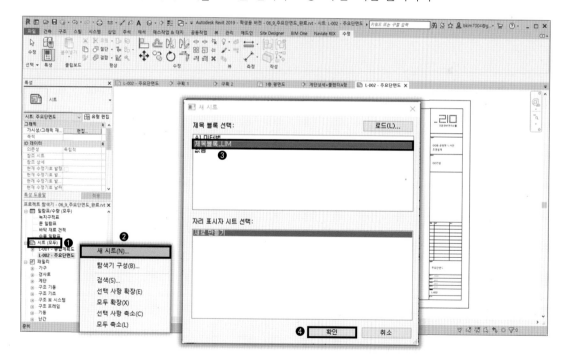

- 프로젝트 탐색기의 새로 생성된 시트에서 마우스 오른쪽 클릭하고 '이름 바꾸기' 클릭하기. ❺ '시트 제목' 창의 '번호'에는 'L-003', '이름'에는 '포장상세도' 입력하고 ❻ '확인' 버튼 클릭하기

◉ **STEP 2. 화강석판석 포장과 점토블록 포장의 단면 뷰 작성하기**

- 단면도 작성 시작하기

  : 프로젝트 탐색기에서 '1층 평면도'로 가서 ❶ '뷰' 탭의 ❷ '단면도'를 클릭하고 화면에서 화
  강석판석 포장이 있는 부분을 확대한 후 다음과 같이 ❸ 단면을 끊기

  : ❹ 끌기 점을 이동해 단면을 끊은 영역이 최소화되도록 하기

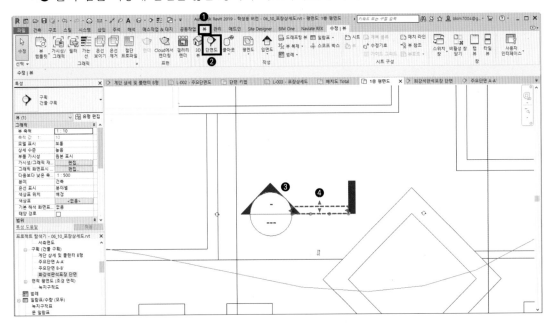

- 점토블록포장이 있는 부분에 앞에서 만든 단면 심벌을 ❺ 복사하고 회전시켜서 같은 길이로 단
  면이 끊어지도록 위치시키기

- 뷰 이름을 ❻ '화강석판석포장 단면'(구획 1), ❼ '점토블록포장 단면'(구획 2)이라고 변경하기

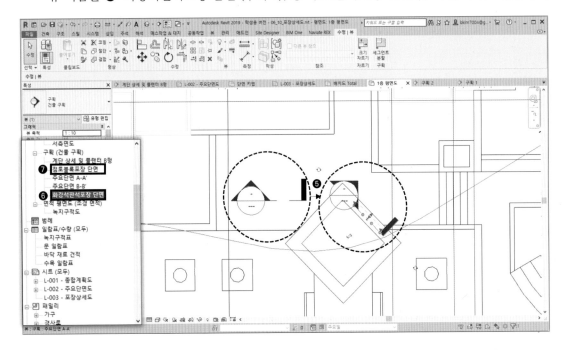

- '화강석판석포장 단면'으로 가서 화면 보기 정리하기
  : ❶ 단면 심벌과 ❷ 레벨 선은 선택하고 숨기기. 기타 CAD 등고선('contours' 레이어)이 보일
    경우 가시성/그래픽 재지정으로 숨기기

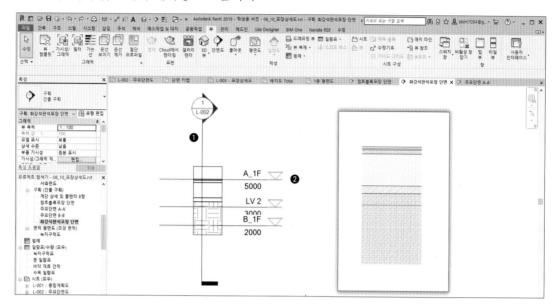

- ❸ '축척'을 '1 : 10'으로 수정하고 '상세 수준'은 ❹ '높음'으로 설정하기
- ❺ '주석' 탭 〉 ❻ '마스킹 영역'을 클릭하고 ❼ 호와 선 그리기로 아래와 같이 영역 그리기
  : 영역을 그린 후 ❽ '하위카테고리'를 '〈보이지 않는 선〉'으로 지정하고 ❾ '편집 모드 완료' 버
    튼 클릭하기

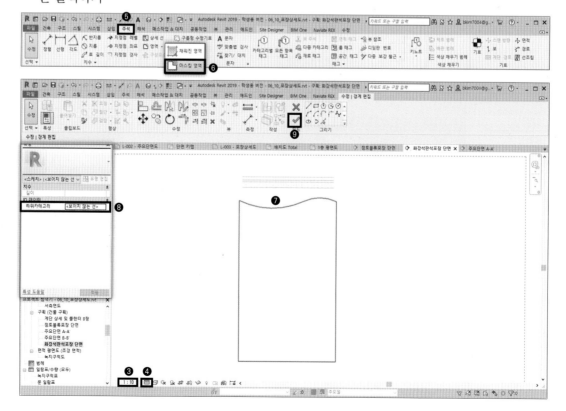

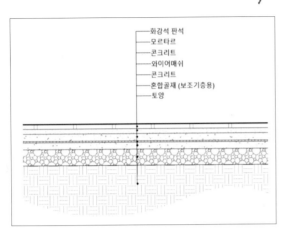

- 재료 태그 달기
  : '주석' 탭 〉 '재료 태그'를 선택하고 아랫부분부터 태그 달기

- 재료 태그 설명 수정하기
  : ❶ '토양' 태그를 선택한 후 '특성' 창의 ❷ '유형 편집' 버튼을 클릭하고 '유형 특성' 창에서 ❸ '구조'의 '편집' 버튼 클릭하기
  : '자연토사'의 ❹ '재료 탐색기' 버튼을 클릭하고 '재료 탐색기 - 자연토사' 창에서 '설명 정보'의 ❺ '설명'을 '원지반다짐'으로 수정하기

- 위와 같은 방법으로 점포블록포장 단면도 작업하기

⊙ STEP 3. 포장계획도 작성하기

- 포장계획도와 포장수량표는 녹지구적도를 복제하여 작성하되 앞에서 녹지구적도와 녹지구적
  표를 구한 방법과 마찬가지로 작업하기
  - ❶ 면적 계획하기('면적 및 체적 계산' 창. '포장재별 면적')
  - ❷ 색상표 정의하기
- 카테고리('포장재별 면적', '패턴스키마2')
  : 색상표('우드블록', '점토블록포장', '콘크리트', '화강석판석포장')

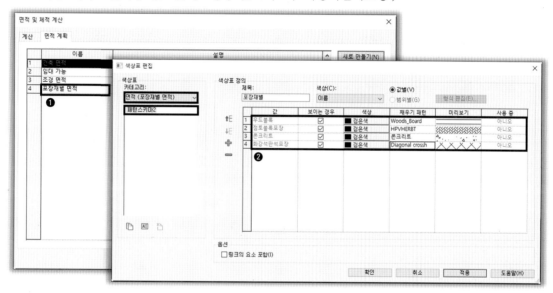

- 면적 평면도를 만들어서 ❸ '포장계획도'라고 이름을 지정하고 ❹ 필요한 포장 경계선에 면적
  경계선을 그린 후 ❺ 면적 작성하기

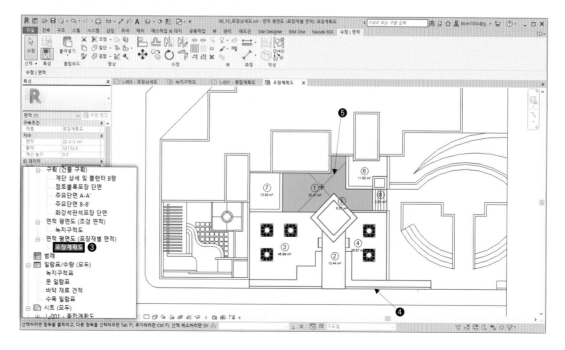

- 작성한 면적에 포장재별 유형 적용하기

  : ❶ 화강석판석포장이 적용된 면적을 선택하고 '특성' 창에서 ❷ 'ID 데이터'의 '이름'에서 '화강석판석포장' 지정하기. 다른 포장재들도 모두 이와 같이 각각 포장재 지정하기

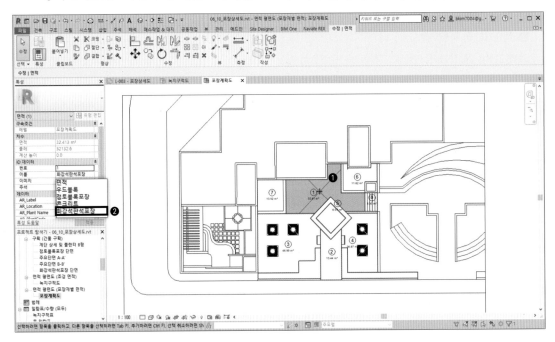

- 색상 채우기 범례 적용하기

  : ❸ '주석' 탭 〉 ❹ '색상 채우기 범례'를 클릭하기. '공간 유형 및 색상표 선택' 창에서 ❺ '공간 유형'은 '면적 (포장재별 면적)', '색상표'는 '패턴스키마2'로 지정하고 ❻ '확인' 버튼 클릭하기

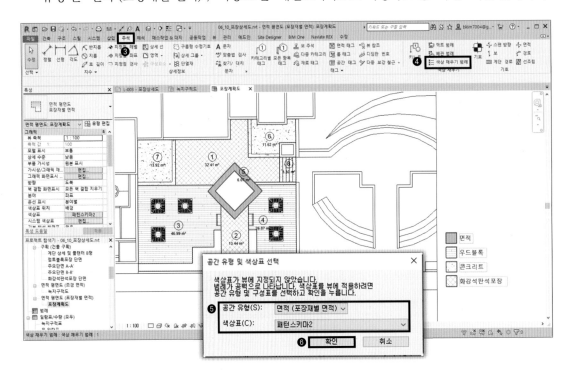

⊙ STEP 4. 포장수량표 작성하기

- ❶ '주석' 탭 〉 ❷ '일람표' 〉 ❸ '일람표/수량' 클릭하기
- '새 일람표' 창의 '카테고리'에서 ❹ '면적 (포장재별 면적)'을 선택하고 '이름'에는 ❺ '포장수 량표' 입력하기
- 새로 나타난 '일람표 특성' 창의 '필드' 탭에서 ❻ '면적'을 선택하고 ❼ '번호', '이름', '면적' 을 '일람표 필드(순서대로)'에 추가한 후 ❽ '확인' 버튼을 클릭하고 ❾ 생성된 포장수량표 확 인하기

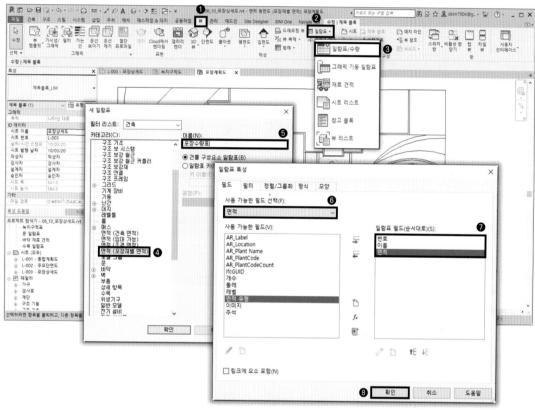

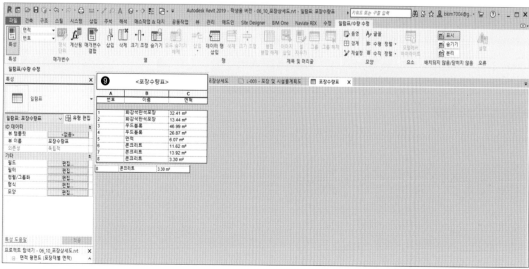

- 일람표 특성을 편집하기 위해 '특성' 창에서 ❶ '정렬/그룹화'의 '편집' 버튼 클릭하기
  : ❷ '정렬/그룹화' 탭의 ❸ '정렬기준', ❹ '형식' 탭의 ❺ 번호, ❻ 이름, ❼ 면적, ❽ '모양' 탭의
  옵션들을 하단의 그림과 같이 변경하기
  : ❾ '확인' 버튼을 클릭한 후 ❿ 수정된 포장수량표 확인하기

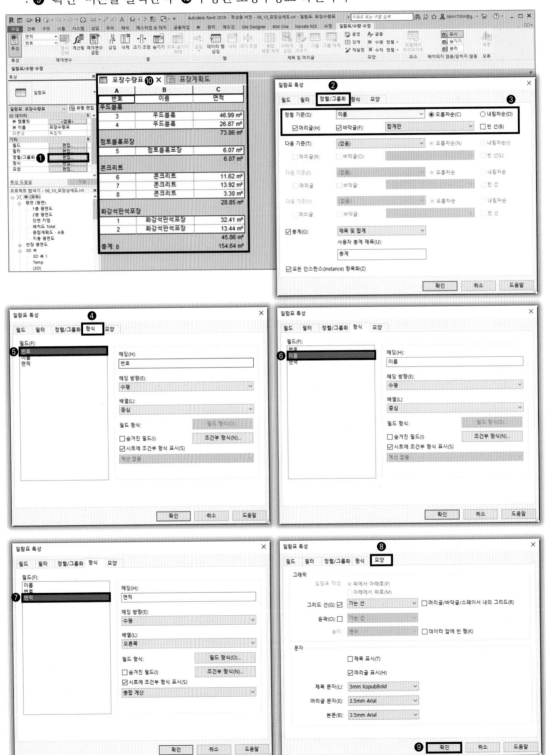

⊙ STEP 5. 시트에 뷰포트 배치하기

- 프로젝트 탐색기에서 ❶ 'L-003 - 포장상세도'를 더블클릭하여 열기
- ❷ '포장계획도', ❸ '화강석판석포장 단면', ❹ '점토블록포장 단면', ❺ '포장수량표'를 프로젝트 탐색기에서 드래그 앤 드롭하여 시트에 배치시키기

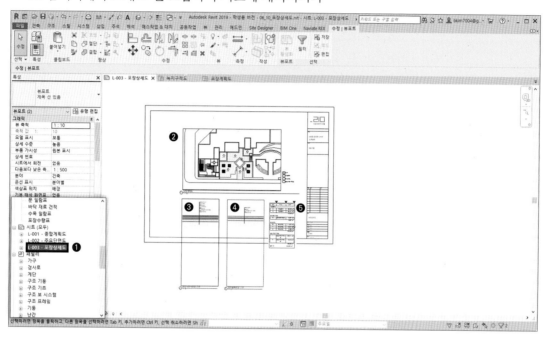

⊙ STEP 6. 뷰포트 조정하기

- ❶ 포장 단면도의 뷰포트를 더블클릭하여 편집 모드로 들어가서 ❷ 뷰 자르기와 자르기 영역을 켜고 ❸ 포장 단면의 조절점을 드래그하여 영역 크기 조정하기
- 각 뷰포트의 제목 선 위치와 선 길이 조정하기

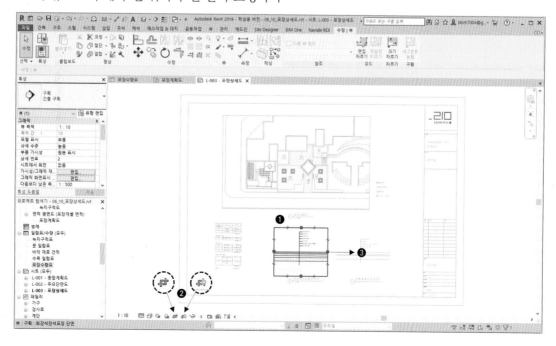

- 포장수량표 완성하기

  : 포장수량표의 ❶ 상단 조절점들을 이용하여 셀의 좌우 폭 조정하기

  : ❷ '주석' 탭 〉 ❸ '문자' 도구로 ❹ '포장수량표' 입력하기(5mm Arial)

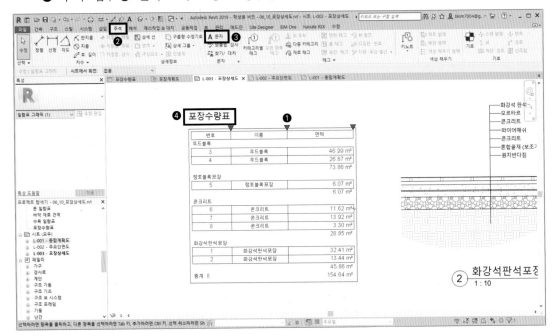

- 각 뷰포트를 조정하여 전체 레이아웃을 아래와 같이 정리하기

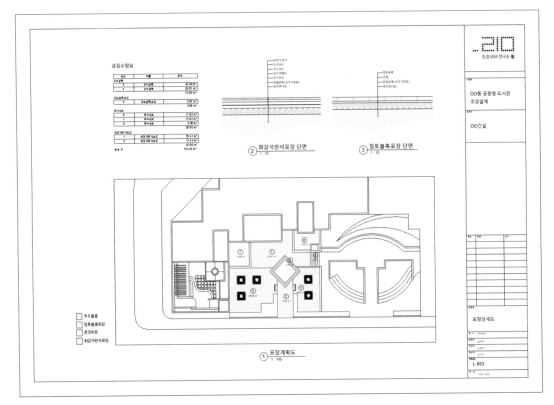

[실습하기] **도면 목록 작성하기**

실습파일 : 06_11_도면목차.rvt(전단계 실습예제 '06_10_포장상세도_완료.rvt'와 동일한 파일)
완성파일 : 06_11_도면목차_완료.rvt

[개요]

① 도면목차에 포함될 시트들을 준비하기
   : L-001-종합계획도, L-002-주요단면도, L-003-포장상세도
② 시트 리스트 일람표로 도면목차 작성하기
③ 작성한 도면목차를 'L-001-종합계획도' 시트에 삽입하기

⊙ STEP 1. 도면목차에 포함할 시트들 확인하기

- 프로젝트 탐색기에서 ❶ '시트 (모두)'의 아래쪽에 위치한 'L-001 - 종합계획도', 'L-002 - 주요단면도', 'L-003 - 포장상세도' 확인하기
- 프로젝트 탐색기에서 ❷ 'L-001 - 종합계획도'를 더블클릭하여 열기

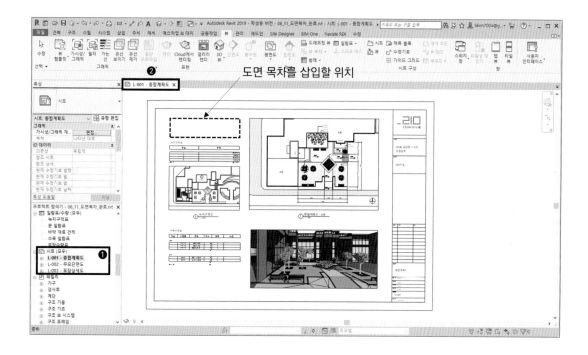

◉ STEP 2. 시트 일람표 만들기

- ❶ '주석' 탭 〉 ❷ '일람표' 〉 ❸ '시트 리스트' 클릭하기
- '시트 리스트 특성' 창의 '사용 가능한 필드'에서 ❹ '시트 번호'와 '시트 이름' 매개변수를 추가한 후 ❺ '확인' 버튼을 클릭하고 ❻ 생성된 시트 리스트 확인하기

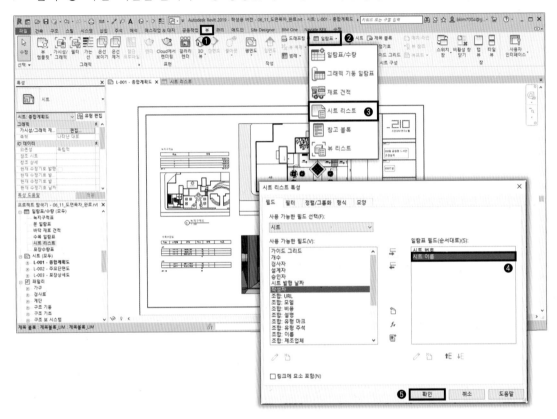

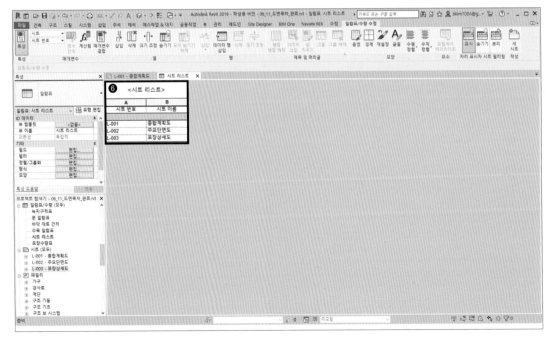

- ❶ '특성' 창에서 '모양'의 '편집' 버튼 클릭하기. ❷ '시트 리스트 특성' 창의 '모양' 탭에서 ❸ '데이터 앞에 빈 행'과 ❹ '제목 표시'의 체크 해제하기

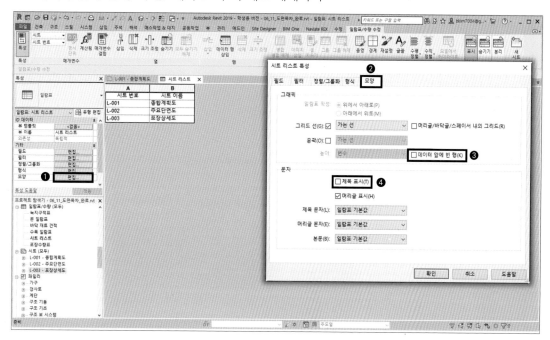

- ❶ '시트 리스트'를 'L-001-종합계획도'에 ❷ 드래그 앤 드롭하여 추가하고 ❸ '문자' 도구로 제목 입력하기

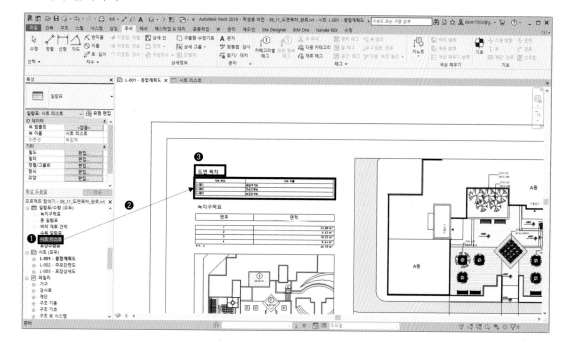

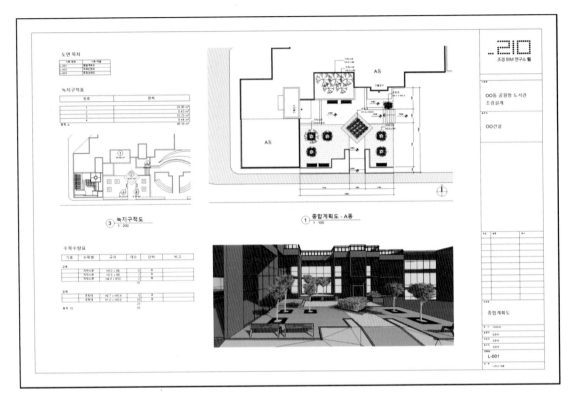

▲ 도면 목차를 삽입하여 완성한 종합계획도

기타 | 단축키 사용하기

보기

W + T	열린 화면의 창들을 타일 뷰로 정렬
T + W	열린 화면의 창들을 탭 뷰로 정렬
V + V , V + W	그래픽 가시성/재지정
T + L	선 두께 ON/OFF
Z + E , Z + F	현재 화면 전체 보기
Z + A	모든 열린 화면 전체 보기
Z + R	줌 윈도우
V + H	카테고리 숨기기
V + U	카테고리 숨기기 해제
E + H	요소 숨기기
E + U	요소 숨기기 해제
H + H	요소 임시 숨기기
H + I	요소 분리하기
H + R	요소 임시 숨기기 해제

편집

M + D	수정하기
M + V	이동하기
C + C	복사하기
T + R	코너로 자르기/연장하기
S + L	요소 분할하기
O + F	간격 띄우기
R + O	회전하기
A + R	배열
M + A	유형 일치 특성

C + O	복사하기
P + P	위치 잠금
U + P	위치 잠금 해제

객체 / 주석

C + S	유사 작성
W + A	건축 벽
S + V	건축 바닥
T + G	카테고리별 태그 달기
D + I	치수선
T + X	문자

스냅 점

S + E	끝점 찾기
S + C	중심점 찾기
S + M	중간점 찾기
S + T	접점 찾기
S + Q	사분점 찾기
S + I	교차점 찾기
S + P	수직점 찾기

기타

Ctrl	객체 선택 더하기
Tab	겹친 객체 순차적 선택하기
spacebar	패밀리 방향 전환
Enter	최근 명령 재실행
S + U	태양 설정

조경BIM 기초 입문서

2021. 1. 11. 초 판 1쇄 인쇄
2021. 1. 19. 초 판 1쇄 발행

지은이 | 김복영
펴낸이 | 이종춘
펴낸곳 | BM (주)도서출판 성안당
주소 | 04032 서울시 마포구 양화로 127 첨단빌딩 3층(출판기획 R
      | 10881 경기도 파주시 문발로 112 파주 출판 문화도시(제작 · ·ㄹ류)
전화 | 02) 3142-0036
     | 031) 950-6300
팩스 | 031) 955-0510
등록 | 1973. 2. 1. 제406-2005-000046호
출판사 홈페이지 | **www.cyber.co.kr**
ISBN | 978-89-315-6948-3 (13000)
정가 | 30,000원

이 책을 만든 사람들
책임 · 진행 | 최옥현
교정 · 교열 | 안혜희
본문 디자인 | 조경BIM연구소 림 인포테크
표지 디자인 | 조경BIM연구소 림 인포테크, 박원석
홍보 | 김계향, 유미나
국제부 | 이선민, 조혜란, 김혜숙
마케팅 | 구본철, 차정욱, 나진호, 이동후, 강호묵
마케팅 지원 | 장상범, 박지연
제작 | 김유석

■ 도서 A/S 안내

성안당에서 발행하는 모든 도서는 저자와 출판사, 그리고 독자가 함께 만들어 나갑니다.
좋은 책을 펴내기 위해 많은 노력을 기울이고 있습니다. 혹시라도 내용상의 오류나 오탈자 등이 발견되면 **"좋은 책은 나라의 보배"**로서 우리 모두가 함께 만들어 간다는 마음으로 연락주시기 바랍니다. 수정 보완하여 더 나은 책이 되도록 최선을 다하겠습니다.
성안당은 늘 독자 여러분들의 소중한 의견을 기다리고 있습니다. 좋은 의견을 보내주시는 분께는 성안당 쇼핑몰의 포인트(3,000포인트)를 적립해 드립니다.

잘못 만들어진 책이나 부록 등이 파손된 경우에는 교환해 드립니다.